블록체인 기술과
혁신적 서비스 개발 활용

블록체인 기술과
혁신적 서비스 개발 활용

비트코인, 이더리움 기술
그리고 ICO, 암호화폐, 헬스케어, 오픈 사이언스까지

비크람 딜론 · 데이비드 멧칼프 · 맥스 후퍼 지음 차연철 옮김

i!i
에이콘

비크람 딜론은 아론 힐렐 슈왈츠와 그의 유산에 이 작업을 바치고자 한다.

데이비드 멧칼프는 UCF에서 수년간 비트코인과 블록체인 기술의 힘을
확인하고, 그들의 지식과 미래 전략을 공유해 이 분야의 연구를 일찍 추진하도록
영감을 준 NSF I-Corps 프로그램을 통해 함께한 동료와 학생 그리고
저술 활동을 하는 동안 인내해준 케이티, 아담, 앤드루에게 감사를 표한다.
공동 저자와 외부 협력자, 공헌자 그리고 일상 속에서 지금의 기회를
만들도록 지혜와 능력, 내적 동기를 주신 신에게 감사한다.

맥스 후퍼는 UCF/METIL 연구소의 공동 저자와 동료들,
그리고 지원과 도움을 준 민디 후퍼에게 특별히 감사의 뜻을 전한다.
또한 신이 주신 영감, 인도, 지도, 지혜에 대한 안내에 감사한다.

비크람 딜론^{Vikram Dhillon}

센트럴 플로리다 대학교의 시뮬레이션 및 교육 연구소^{Institute of Simulation and Training}의 연구원으로, 기존 인프라와 신흥 기술의 통합에 대한 연구를 하고 있다. 최근 관심을 갖고 있는 작업은 탈중앙화 원장 기술이다. 센트럴 플로리다 대학교에서 생물정보학에 관심을 두고 분자생물학으로 박사 학위를 취득했으며, 현재 노바 사우스이스턴 대학교의 의과 대학에서 DO−MBA 후보자다. 전산 유전체학 분야의 몇몇 과학 논문과 두 권의 책을 집필했으며, 『블록체인 기술과 혁신적 서비스 개발 활용』(에이콘, 2018)을 가장 최근에 저술했다. 또한 「비트코인 매거진^{Bitcoin Magazine}」 기사와 『뉴욕타임스^{New York Times}』 논고를 심도 있게 썼다. 비크람은 고객을 찾아내는 연구와 상업적으로 위험성이 높은 스타트업 기업의 아이디어에 적용하는 프로그램인 이노베이션 콥스^{Innovation Corps}를 통해 국립과학 재단^{National Science Foundation}의 자금 조달을 했다. 비크람은 리눅스 재단^{Linux Foundation}의 회원이다. 그리고 오픈소스 프로젝트와 이니셔티브에 지난 몇 년 동안 적극적으로 참여했으며, 프로그래밍, 설계, 보안, 기업가 활동에 관한 지역 컨퍼런스와 모임에서 발표하기도 한다. 현재 플로리다 포트로더데일에서 살고 있으며, opsbug.com에 기술 중심 블로그를 쓰고 있다.

데이비드 멧칼프 David Metcalf

학습 및 헬스케어를 할 수 있도록 웹 기반과 모바일 기술을 융합하는 설계 및 연구 분야에서 20년 이상 경험을 쌓아왔다. UCF의 시뮬레이션 및 교육 연구소에서 METIL Mixed Emerging Technology Integration Lab 이사다. 이 팀은 구글, J&J, 재향군인 관리국 Veterans Administration, 미군, UCF 의과 대학에서 mHealth 솔루션, 시뮬레이션, 게임, 이러닝, 모바일 및 기업용 IT 시스템을 구축했다. 최근 프로젝트로는 레이크 노나 Lake Nona 의 인텔리전트 홈 Intelligent Home 프로토타입과 모바일 활용 온라인 학위 및 e리소스 키트 eResource kit 인 SignificantTechnology가 있다. 멧칼프 박사는 혁신 프로세스의 일환으로 연구소의 분사를 장려하고 무빙 날리지 Moving Knowledge 및 여러 영리/비영리 벤처를 사례로 출범시켰다. 연구와 상업용 투자와 함께 교육 및 건강 분야에서도 사회적 기업가 활동을 지원하고 있다. 기업의 학습, 시뮬레이션 기술, 비영리 및 사회적 기업가 활동 사이의 격차를 지속적으로 해소해나가고 있으며, 현재 연구 주제는 시뮬레이션, 모바일화, 모바일 환자 기록 및 의학 결정 지원 시스템, 가상화 시스템, 확장성 모델, 안전한 모바일 데이터 통신, 게임, 혁신 관리, 운영적인 우수성이다. 또한 학습, 건강, 인간 수행 능력을 향상하기 위한 기술의 사용과 비즈니스 전략을 형성하는 산업 및 연구 행사에서 자주 발표하곤 한다. 『Connected Health』(Productivity Press, 2017), 『HIMSS mHealth Innovation』(HIMSS Publishing, 2014)을 비롯해 HIMSS Publishing의 베스트셀러 『mHealth』(2012)의 저자이자 공동 편집자다.

맥스 후퍼 ^{Max Hooper}

머징 트래픽^{Merging Traffic}의 CEO로, 금융 서비스 산업 및 다양한 자본 형성 그룹에 대한 기업 연락 담당자 역할을 하는 회사의 경영 및 성장 전략을 담당하고 있다. 회사를 시작하기 전에는 미국 전역에 100개 이상의 텔레비전 방송국을 소유하고 운영하는 미디어 회사인 EBC^{Equity Broadcasting Corporation}의 공동 창립자였다. 케이블, 위성, 투자 은행, 기술 산업 분야의 활동을 담당했으며, 재임 기간 동안 미국 최대 10대 방송사 중 하나로 성장시켰다. 평생 학습자인 그는 다양한 기관에서 5개의 박사 학위(PhD, DMin, PhD, ThD, DMin)를 받았다. 열렬한 주자로서 100번 이상의 마라톤과, 50마일이나 100마일을 달리는 울트라 마라톤을 20번 완주했으며, 울트라 러닝 그랜드 슬램^{Grand Slam of Ultra Running}을 달성했다. 가족에게 헌신하는 그는 남편, 다섯 아이의 아버지, 일곱 손주의 할아버지다. 많은 조직에서 적극적으로 활동하고 여러 이사회에서 책임을 다했을 뿐만 아니라, 여러 부처 및 비영리 원조 그룹과 함께 전 세계적으로 활동하고 있으며, 2015년 뉴욕에 있는 UN에서 연설하는 영광을 누렸다.

감사의 글

편집자 낸시 첸과 루이즈 코리건의 도움과 안내에 감사를 전하고자 한다. 이 책에 실린 그림은 루시드차트^{Lucidchart}의 도움으로 만들었다. 외부 출처의 모든 그림은 승인받아 사용했다.

지샨 차드하리 Zeeshan Chawdhary

업계에서 13년 이상 경험을 쌓은 열정적인 기술자다. 2005년 J2ME로 모바일 개발 분야에서 경력을 쌓기 시작했으며, 2006년 웹 개발에 나선 뒤 강력하고 확장성 있는 웹 애플리케이션을 구축한 풍부한 경험을 갖추고 있다.

그는 노키아Nokia, 모토로라Motorola, 메르세데스Mercedes, 지엠GM, 아메리칸 항공American Airlines, 메리어트Marriott 등의 회사에서 웹 및 모바일 앱을 만드는 팀을 이끌었다. 샌프란시스코에 기반을 둔 회사에서 CTO로 일했으며, 인도 뭄바이에 본사를 두고 iOS, 윈도우폰, iBooks 관련 책을 저술하는 한편, Houzz+Etsy 모델과 차량 렌탈 플랫폼을 구축하는 팀을 이끌면서 인도의 몇몇 스타트업과 협업하고 있다.

현재 마젠토Magento, 워드프레스Wordpress, 우커머스WooCommerce, 라라벨Laravel, ReactJS, 닷넷 등의 기술을 고객에게 제공하는 개발 팀장으로 국제적인 팀과 협력하고 있다.

imzeeshanc@gmail.com과 @imzeeshan으로 그와 연락할 수 있다.

옮긴이 소개

차연철(loveflag@paran.com)

정보관리기술사로 보안 소프트웨어 개발에 대한 다양한 경험을 쌓아왔다. 현재는 빅데이터 개인정보 비식별 조치 기술 자문으로 활동하고 있으며, 보안 소프트웨어에 대한 신뢰와 신념을 가지고 해당 인력 양성에 큰 관심을 갖고 있다. 또한 『쿠버네티스 마스터』(에이콘, 2018), 『쿠버네티스 시작하기』(에이콘, 2018) 등 번역 활동에 참여하고 있다.

블록체인이 가져온 거센 물결은 나비 효과와도 같다. 블록체인의 탄생이 가져온 작은 변화의 시작이 큰 파동이 되어 복잡한 현대 사회에 큰 변화를 불러온 것은 결코 쉽게 넘길수 없는 사실이다. 블록체인을 바라보는 시선은 다양하다. 이는 블록체인이 지닌 내재적 활용 가치로 인해 우리가 기대하는 기대치가 크다는 뜻이다.

블록체인은 4차 산업혁명의 물결과 함께 ICT 분야와 더불어 개인 간 상호 신뢰를 중요하게 생각하는 지금의 실생활과도 밀접한 관계를 형성하는 데 있어 중요한 요소로서 그 가치를 인정할 수 있다.

블록체인은 많은 스타트업 기업의 탄생 과정에서 그 가치가 더욱 인정되며, 다양한 서비스 개발에 활용되고 있다. 블록체인은 단어가 의미하는 바와 같이, 어떠한 블록과 그것을 연결한 사슬 구조다. 이 블록에는 다양한 정보를 담을 수 있을 뿐만 아니라, 안전하게 보호할 수 있다. 그리고 블록을 연결한 사슬은 블록 사이의 신뢰를 매우 높게 형성한다. 이러한 구조로 인해 블록체인은 다양한 분야에서 활용할 수가 있다. 또한 블록 형태와 사슬 구조는 다양한 서비스 구조를 만들 것이다. 우리가 블록체인에 열광하는 이유가 바로 여기에 있다.

상상하는 것 그 이상을 블록체인을 통해 만들 수 있다. 블록체인은 독자들의 상상을 현실로 만들어주는 마법을 펼칠 것이다. 마법은 블록체인과 그것을 활용한 서비스를 확인함으로써 시작될 것이다.

차 례

들어가며

블록체인 기술은 온라인 세계에 대한 근본적 변화를 시도하려고 한다. 블록체인은 기적적인 만병통치약처럼 돈을 벌 수 있는 해결책은 아니다. 비트코인 같은 블록체인의 특별한 용도가 있지만, 정보 접근이 쉬운 웹, 이전에 경험하지 못한 전 세계적 수준의 쉬운 배포 방법, 데이터 및 콘텐츠의 디지털 사본을 만드는 능력은 온라인 세계의 근본적인 변화를 주도한다. 웹의 이름은 월드 와이드 웹World Wide Web 여기에서 유래했다. 상호 연결성은 TRUST 거래가 발생할 때 근본적인 문제를 겪는다.

블록체인 기술이 대표하는 근본적인 변화는 대규모의 분산 네트워크에서 중앙 신뢰 기관 없이 운영하는 방식으로 이동하는 것이다. 그리고 블록체인은 구성원 모두가 동의 시 다수의 출처를 신뢰하는 것 대신, 거래의 유효성과 신뢰를 바탕으로 하는 알고리즘을 기반으로 한다. 또한 신뢰할 수 있거나 신뢰할 수 없는 출처가 변경 또는 수정되기 쉽지 않기 때문에, 대부분의 블록체인 솔루션은 거래에 대한 불변의 지속적인 기록을 제공한다. 이것은 온라인 세계에 대한 완전히 새로운 수준의 보안, 프라이버시, 신뢰를 제시한다. 이 책 전체에서 볼 수 있듯이, 용도와 프로토콜, 표준의 다양성은 현재의 블록체인 생태계를 구성한다.

또한 기술 참고문헌과 현재와 미래의 사용 사례에 대한 실용적인 예제를 보여주는 입문용 핸드북 사이에서 완벽한 균형을 유지하고자 노력한다. 포괄적인 수준은 아니지만 블록체인 기술은 완전히 새로운 산업 분야에서 응용할 수 있도록 높은 수준의 선택지들을 제공한다. 이 책은 블록체인 기술을 활용해 성공하는 로드맵을 제공한다. 그리고 이 책을 비즈니스의 새로운 응용 분야에 활용하기 바란다.

이 책 전반에 걸쳐 핵심적인 내용은 다양한 애플리케이션 예제를 통해 살펴볼 것이다. 초기 예제는 핀테크^{FinTech}, 레그테크^{RegTech} (규제), 보험테크^{InsuranceTech}, 거브테크^{GovTech} (e 투표, 라이선스, 기록 및 인증), 헬스테크^{HealthTech} 등 여러 측면을 다루기 위한 금융 거래를 넘어 확대되고 있다.

이러한 초기 예제를 이해하기 위해서는 앞 장에서 블록체인 산업, 분산 신뢰의 기초, 합의, 하드웨어 및 소프트웨어, 암호화에 대해 살펴볼 필요가 있다. 다음으로 블록체인의 기본사항인 네트워크 거래와 단순 지불에 대해 학습할 것이다. 이더리움 및 가스 작동 방식과 서비스로서의 블록체인 사례에 따른 분산 앱의 특별한 기능의 확장 기능과 비교할 것이다. 이러한 기능을 더욱 확장하기 위해, DAO/탈중앙화 조직$^{Decentralized Organization}$ 과 이 분야에 대한 세부사항 및 예제를 2개의 장에서 다룬다. 7장에서는 다양한 기술과 비즈니스 부문의 예제로 가치 창출을 위해 이더리움 토큰에 집중한다. 이 예제는 스마트 계약의 영향력을 강조해 다수의 가치 원천 및 규칙을 직접적으로 거래에 포함시킬 수 있다. 그런 다음 3개의 장(8장, 9장, 10장)에서는 과학에서의 블록체인, 헬스케어에서의 블록체인, 하이퍼레저 프로젝트의 구조에 대한 상세 정보를 각각 예제로 다룬다. 마지막 2개 장 (11장, 12장)에서는 많은 최근 개발, 특히 ICO에서 미래 추세, 금융 시장 및 프로세스에 미치는 영향에 대해 살펴본다. 해시드 헬스 리더십 팀과 함께한 자세한 인터뷰와 헬스케어에서 블록체인에 대한 관심 등, 부록에 수록된 내용을 놓치지 말아야 한다. 블록체인 활용 애플리케이션에 대한 기본 사항, 현재의 모범 사례, 향후 잠재력을 살펴보면서 유용하고 즐겁게 이 책에서 정보를 찾기를 바란다. info@metil.org로 피드백을 주기 바란다.

오탈자

내용을 정확하게 전달하려고 최선을 다했지만, 실수가 있을 수 있다. 책에서 텍스트나 코드상의 문제를 발견해서 알려준다면, 매우 감사하게 생각할 것이다. 그러한 참여를 통해 다른 독자에게 도움을 주고, 다음 버전에서 책을 더 완성도 있게 만들 수 있다. 오자를 발견한다면 http://www.acornpub.co.kr/contact/errata에서 구체적인 내용을 알려주기 바란다. 보내준 내용이 확인되면 해당 서적의 정오표에 그 내용이 추가될 것이다. 정오표는 에이콘출판사의 도서정보 페이지 http://www.acornpub.co.kr/book/blockchain-application에서 찾아볼 수 있다.

질문

이 책에 관한 질문은 옮긴이나 에이콘출판사 편집 팀(editor@acornpub.co.kr)으로 문의할 수 있다.

1

탈중앙화를
꿈꾸는 사람들

어느 한 종류의 걱정으로 인해 다른 걱정으로 가득한 인생을 살아야 하는가?

– 임볼로 음비우이(Imbolo Mbue)

2008년 말 이래, 금융 시장을 향한 일반 대중과 투자자의 마음을 지배하는 태도를 설명하는 최고의 단어는 '걱정'이다. 엄청난 우울증으로 인해 많은 경제학자가 최악의 금융 위기로 2008년 금융 위기를 꼽는다. 금융 위기에 이르기까지 수년간 무책임한 모기지 대출이 넘쳐났고, 금융 규제와 감독은 대규모 시스템적 실패를 경험했다. 이로 인해 파생된 결과는 비참했으며 거대 금융 기관의 붕괴를 이끄는 위협이었다. 각국 정부는 주요 은행의 구제를 위해 중재에 나섰다. 1장은 2008년 금융 위기에 대한 논의를 시작으로, 비트코인Bitcoin이 번성하도록 매개한 새로운 은행 시스템과 대체 통화 환경의 파급 효과에 대해 논의할 것이다. 그리고 비트코인에 필요한 기술 스택에 대해 살펴볼 것이다. 놀랍게도이 기술 스택의 구성요소는 완전히 새로운 것은 아니다. 그렇지만 독창적인 디자인으로조화를 이루고 있다. 마지막으로, 블록체인의 높아지는 관심에 대한 대화로 논의를 끝낼것이다. 블록체인은 다양한 산업혁명을 일으킬 잠재력을 지닌 주요 기술 혁신이다.

패러다임의 이동

혁명은 흔히 혼돈처럼 보인다. 그렇지만 사토시 나카모토^{Satoshi Nakamoto}라는 이름의 알려지지 않은 개인이 주도하며 조용히 싹을 틔우기 시작했다. 사토시 나카모토는 금융계의 변화를 꿈꿔왔다. 금융 위기로 수많은 사람들이 비난받을 수 있지만, 전체 시스템의 무결성 유지에 사용되는 기본적인 금융 및 회계 도구를 효율적으로 사용하기에는 너무 복잡하다는 문제가 있다. 2008년 모든 금융 시스템의 궁극적인 끈끈한 신뢰가 사라지기 시작했다. 유사 상황의 발생을 방지하도록 규정의 변화를 이끌었다. 또한 거래 당사자 간 신뢰의 자동 조절과 모든 형태의 판매 계약 체결 능력에 대한 투명성의 필요성이 명확하게 나타났다. **거래 상대**^{counterparty}는 본질적으로 금융 거래의 다른 당사자다. 즉, 판매자와 구매자를 연결하는 것이다. 금융 거래와 관련된 많은 위험 중 하나는 **거래 상대방의 위험**^{counterparty risk}으로, 계약과 관계있는 각 당사자가 계약의 일부를 이행하지 못하는 것이다. 이제 앞서 언급한 시스템적 실패는 거래 상대방의 위험으로 이해할 수 있다. 즉, 거대한 상대방 위험을 축적해가던 거래의 두 당사자는 결국 계약에 따라 무너지고 말았다. 다수의 당사자가 참여한 유사한 거래 시나리오를 상상해보자. 이제 이 시나리오의 모든 개별 참여자가 수백만의 고객에게 서비스하는 주요 은행 또는 보험사라고 상상할 수 있다. 이 시나리오가 바로 2008년 위기 당시 발생한 일이다.

논의에 필요한 다음 이슈는 **이중 지출**^{double spending}이다. 비트코인의 맥락에서 이중 지출을 다시 엄격하게 재검토하겠지만, 비트코인을 금융 위기에 적용하고 그 개념을 기본적으로 이해할 필요가 있다. 이중 지출의 원리는 한 가지 도메인(예를 들어, 하나의 거래)에 커밋된 자원이 동시에 또 다른 제2의 도메인에 커밋될 수 없다는 것이다. 이 개념은 디지털 통화에 대한 명확한 함의다. 또한 2008년에 발생한 위기 상황에서의 일부 문제를 요약할 수 있다.

2008년의 위기 상황이 어떻게 시작됐는지 다음과 같이 설명할 수 있다. 신용 이력이 부족한 채무자가 모기지 형태로 대출을 받았다. 그 채무자는 대출 상환에 어려움이 있었다. 이러한 고위험 모기지를 대형 은행의 금융 전문가가 판매했다. 금융 전문가들은 많은 수의 고위험 모기지를 안전 자산과 합쳐 저위험 공공 주식으로 포장했다. 이런 유형의 혼합은 개별 대출(모기지)과 관련된 위험이 서로 연결되지 않을 때 가능하다. 대형 은행의 전문가는 전국 여러 도시의 부동산 가치가 독립적으로 움직이므로 이런 혼합이 위험을 가져오지는 않을 것이라 가정했으나, 이러한 가정은 매우 큰 실수였다. 혼합된 모기지 패키지는 부채담보부증권^{CDO, Collateralized Debt Obligation}이라는 유형이 주식 구매에 사용됐다. 부채담보부증권은 계층으로 구분해 투자자에게 판매됐다. 금융 표준 기관이 계층을 평가하고 등급을 매겼으며, 투자자는 등급에 따라 안전 계층의 자산을 구매했다. 미국 주택 시장이 변화하는 경우 도미노 효과가 있어 연쇄적인 방법으로 모든 것을 파괴한다. 평가에도 불구하고 부채담보부증권은 아무런 가치도 없는 것이 돼버렸다. 혼합된 모기지의 가치는 없어지고 모든 패키지는 연기처럼 즉시 판매됐다. 이런 복잡한 거래로 모든 판매의 위험이 증가하고 여러 수준에서 이중 지출이 발생했다. 결국 거대한 간격이 발견됐고 시스템은 균형을 잃고 그 무게를 견디지 못하고 붕괴됐다. 다음은 2008년의 간략한 연대표다(이 연대표는 2016년 'Distributed Health'에서 마이카 윈켈스페치^{Micah Winkelspech}가 발표한 내용이다).

- **1월 11일**: 뱅크오브아메리카^{Bank of America}가 고군분투 중인 컨트리와이드^{Countrywide}를 매입
- **3월 16일**: 연방에서 베어스턴스^{Bear Stearns}의 판매를 강제
- **9월 15일**: 미국 파산법 제11조에 따른 리먼브라더스^{Lehman Brothers}의 파산 보호 신청
- **9월 16일**: 연방이 850억 달러에 대해 AIG^{American International Group}를 구제
- **9월 25일**: 워싱턴 뮤추얼^{Mutual} 실패
- **9월 29일**: 금융 시장 붕괴. 다우존스 산업 평균 지수^{Dow Jones Industrial Average} 777.68로 하락, 전체 시스템 붕괴 위기
- **10월 3일**: 미국 정부가 은행 구제 금융으로 7천억 달러 승인

구제 금융은 엄청난 경제적 결과를 가져왔다. 그렇지만 더욱 중요한 건, 구제 금융으로 인해 비트코인이 번영할 수 있는 환경을 조성했다는 점이다. 2008년 11월, 사토시 나카

모토라는 단독 저자가 '비트코인: P2P 전자 현금 시스템^{Bitcoin: A Peer-to-Peer Electronic Cash} System'이란 제목으로 암호학 및 암호학 정책에 대한 논문을 게재했다. 이 논문은 비트코인 프로토콜을 상세하게 설명하며, 비트코인 초기 버전의 원본 코드를 함께 제공했다. 어떤 면에서 이 논문은 직전에 발생한 경제 붕괴에 대한 대응이었다. 그렇지만 기술 혁명에 이르기까지 얼마간의 시간이 걸릴 것이었다. 어떤 개발자는 전자 현금 시스템이 자리 잡기 전에 해당 시스템의 실패를 고민했다. 그리고 이들은 그림 1-1의 지적과 같이 확장성을 고려했다.

Re: 비트코인 P2P 전자 현금 논문

제임스 A. 도널드 | 2008년 11월 2일(일요일) 17시 55분 45초(-0800)

사토시 나카모토 씀:

> 저는 제3자의 신뢰가 필요 없는 완전한 P2P 구조의 새로운 전자 현금 시스템에 관한 작업을 하고 있습니다.
> 논문은 다음 사이트에서 확인할 수 있습니다. http://www.bitcoin.org/bitcoin.pdf

우리는 그런 시스템이 꼭 필요합니다.
그리고 제가 당신의 제안을 이해한 바에 의하면, 필요한 크기로 확장되지 않을 듯합니다.

가치를 가진 작업 증명(PoW, Proof of Work) 토큰을 양도하는 것은 화폐 가치를 가져야 합니다.
화폐 가치를 갖기 위해, 대규모 네트워크 안에서 양도돼야 합니다. 예를 들어, 비트토렌트의 파일 거래 네트워크와 유사합니다.

▲ **그림 1-1** 비트코인의 확장성과 현실적인 전망에 대한 생각을 포함한 비트코인 프로토콜의 최초 수신 메일

그러면 나카모토는 누구인가? 어떤 배경을 가진 사람인가? 짧고 간단한 답은, 우리는 모른다는 것이다. 실제 '그'로 추측하는 것은 무의미하다. 사토시 나카모토란 이름은 가명으로 거의 사용되지 않았고, 그가 남자 아니면 여자, 아니면 다른 어떤 존재인지 모른다. 몇몇 기자와 뉴스 소매상은 후보군을 좁히기 위해 디지털 포렌식에 시간과 열정을 쏟았다. 그런데 나카모토의 실체를 찾는 모든 노력은 야생 거위를 쫓아다니는 것과 같았다. 이 경우 오픈소스의 특성으로 인해 저자를 찾는 건 거의 무의미하다. 뉴스 커뮤니티는 나카모토가 누구인지는 중요하지 않다는 사실을 인식하기 시작했다. 비트코인 커뮤니티에서 최고로 존중받는 개발자 중 한 사람인 제프 가직^{Jeff Garzik}은 다음과 같이 설명했다. "사토시는 자신의 존재, 자신의 신뢰성, 자신의 지식에 대해 관심을 가질 필요가 없다는 뜻으로

오픈소스 시스템을 공개했다." 오픈소스의 진정한 정신은 발명자나 프로그래머의 어떤 개입 없이 코드 자체로 표현하는 것이다.

사이퍼펑크 커뮤니티

비트코인 프로토콜을 만든 나카모토의 진정한 천재성은 비잔틴 장군의 문제[1]^{Byzantine generals' Problem}를 해결했다는 데 있다. 이 문제의 해결은 사이퍼펑크 커뮤니티[2]^{cypherpunk community}에서 차용한 코멘트와 아이디어로 일반화됐다. 완전한 비트코인 프로토콜을 위해 제공한 아이디어와 구성요소 세 가지에 대해 짧게 언급한다. 세 가지 아이디어와 구성요소는 작업 증명을 위한 해시캐시^{Hashcash}, 탈중앙화 네트워크를 위한 비잔틴 결함 허용^{Byzantine fault tolerance}, 중앙의 승인 또는 중앙집중식 신뢰의 필요를 제거하는 블록체인이다. 이제 해시캐시부터 시작해 각 요소에 대해 알아보자.

해시캐시는 1990년대 말 무렵 작업 증명^{PoW, Proof of Work} 알고리즘을 활용한 첫 번째 사례로서, 이메일 스팸을 제한하기 위해 아담 블랙^{Adam Black}이 고안했다. 해시캐시를 사용하는 이유는 보내려는 이메일에 약간의 연산 비용을 추가하기 위해서다. 스팸 발송자는 각 메시지와 관련해 매우 적은 비용으로 많은 이메일을 보낼 수 있는 비즈니스 모델을 이용한다. 그렇지만 개별 스팸 이메일 전송에 적은 비용이 들더라도 이메일 수천 통에 대한 비용은 증가하며 비즈니스 수익이 나빠진다. 해시캐시는 암호학적 해시 함수^{hash function}의 아이디어에 기반한다. 그림 1-2와 같이 해시 함수(비트코인은 SHA1 사용[3])는 입력값을 받아 메시지 다이제스트를 생성하는 문자열로 변환한다. 해시 함수는 일방향 함수의 특성을 갖도록 설계됐다. 일방향은 해시 함수를 통해 잠재적 입력값과 다이제스트의 일치 여부를 매우 쉽게 검증할 수 있으며, 다이제스트로 입력값을 재생산할 수 없음을

---

1   신뢰되지 않는 참여자 간의 메시지 통신 문제 – 옮긴이

2   블록체인을 활용한 암호화폐를 널리 사용해 프라이버시를 강화하고 정치적, 경제적 변화를 이끌어내려는 사람들 – 옮긴이

3   해시 함수 SHA1의 경우 안전성이 깨져, 현재 SHA2 사용 – 옮긴이

의미한다. 실제 해시 함수는 해시캐시의 연산 집약 요소이며, 그뿐 아니라 비트코인의 핵심 요소다.

This book is amazing ———————→ SHA-256 ———————→ 327be3a62161a5fe a0a9b6eccf55a0a3 28d88d8929448ff9 1711828484a5ea15

입력값   암호학적 해시 함수   다이제스트(출력값)

▲ 그림 1-2 암호학적 해시 함수의 메커니즘. 입력값을 받아 출력값으로 메시지 다이제스트된 문자열로 일관되게 변환한다.

다음 아이디어는 비잔틴 장군의 문제에 대한 것이다. 비잔틴 군대의 한 진영에서 각자 명령을 다른 진영으로 전달하고 도시를 공격할 준비를 하는 장군들 사이에는 합의 문제가 있다. 장군들은 해당 도시를 공격하기 위해 전략을 공식화하고 서로 적절한 의사소통을 해야 한다. 모든 장군이 공동의 결정에 동의하는 것이 핵심이다. 왜냐하면 일부 장군의 미온적인 공격은 공격과 퇴각을 조정하는 것보다 더 좋지 않기 때문이다. 일곱 번째 장군이 후퇴에 찬성하는 합의를 전달하고, 또 다른 장군의 공격에 합의하는 경우 전체 합의는 무너진다. 본질적인 중앙 권력이 7명의 장군 간 신뢰를 확인할 수 없기 때문에 그 공격으로 도시를 함락시키지 못할 것이다.

이 시나리오에서 모든 충실한 장군이 전략에 대한 확실한 합의에 도달하도록 효과적인 의사소통이 가능한 경우, 비잔틴 결함 허용을 달성할 수 있다. 그렇다면 반역 장군의 잘못된 투표가 밝혀지고 전체 시스템에 대한 교란은 없을 것이다. 비트코인 프로토콜에서 비잔틴 결함 허용이 가능한 나카모토의 핵심적인 혁신은 원장^{ledger}으로 P2P 네트워크를 형성하는 것이다. 이 원장은 주요 승인을 기록하고 확인한다. 그래서 잘못된 거래를 밝혀낼 수 있다. 이 원장은 일관된 의사소통 도구를 제공하며, 전체 시스템에서 신뢰를 제거할 수 있게 한다. 원장은 블록체인이며, 비트코인에 연결된 블록체인은 광범위한 네트워크에서 이중 지출의 문제를 해결하는 첫 번째 디지털 통화가 되었다. 이 장의 나머지 부분에서 블록체인을 활용한 애플리케이션의 기술과 개념에 대한 전체 개요를 더 요약해서 제시할 것이다.

블록체인은 시작부터 끝까지 안전하고 동기화된 거래 기록을 모든 관계 당사자에게 제공하는 필수적인 기록 원장이다. 블록체인은 수백 개의 거래를 매우 빠르게 기록할 수 있다. 그리고 데이터 보안, 일관성, 유효성을 위해 설계된 고유한 몇 가지 암호학적 요소를 갖고 있다. 블록체인에서 비슷한 거래는 **블록**block이라 부르는 기능 단위로 서로 풀링pooling된다. 그리고 현재 블록과 그 블록의 다음 블록을 연결하는 타임스탬프timestamp인 암호학적 지문으로 봉인한다. 블록체인의 아키텍처는 네트워크에 참여한 모든 구성원이 모든 거래에 대해 매우 빠르게 거래를 검증하는 구조다. 또한 구성원은 최신 사본으로 로컬에 블록체인을 포함하며, 탈중앙화된 네트워크에서 합의에 도달할 수 있다. 불변의 기록 유지와 네트워크 전반의 합의 기능으로, 새로운 형태로 개발된 탈중앙화 앱DApp, decentralized app을 기술 스택에 통합할 수 있다. 그림 1-3의 DApp 프로토타입을 살펴보자. 이 프로토타입은 MVCModel-View-Controller[4] 프레임워크를 구성하고 있다.

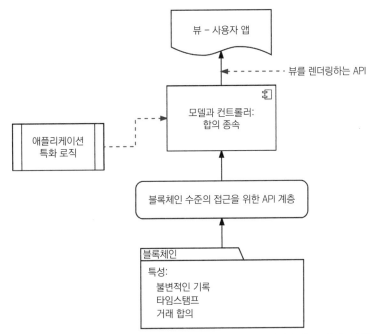

▲ 그림 1-3 마지막 단계에서 최종 사용자와 상호작용하는 탈중앙화 애플리케이션(DApp)의 단순한 프로토타입

---

4   애플리케이션 설계 기법으로, 화면과 데이터 그리고 처리 장치를 분리해 구현하는 설계 패턴 – 옮긴이

모델과 컨트롤러는 데이터(데이터 무결성, 보안성)에 대한 블록체인에 사용한다. 따라서 최종 사용자를 위한 뷰를 갱신한다. 이 프로토타입에서 비밀 소스는 API $^{application\ programming\ interface}$인데, 블록체인에서 정보를 가져와 모델과 컨트롤러에 제공하는 일을 한다. 이 API는 입력 블록을 가져오고 이진 질문의 답변을 제공하는 기본 운영에 따라 비즈니스 로직을 확장하고 블록에 추가하는 기회를 제공한다. 블록체인은 외부 데이터와 블록체인 자체의 타임스탬프를 검증할 수 있는 신탁 같은 더 많은 특성을 가질 수 있다. 탈중앙화 앱 ^{DApp}이 대량의 유효 데이터와 정교한 비즈니스 로직을 처리할 때, 블록체인을 활용한 애플리케이션을 분류할 수 있다.

요약

1장에서는 비트코인의 역사와 동시에 비트코인의 등장으로 인한 금융 환경에 대한 언급을 시작했다. 블록체인과 채굴자 같은 P2P 네트워크의 특별한 특성에 대한 논의는 이후의 장들에서도 계속된다. 1장에서 사용된 참고문헌은 이 책의 마지막 부분에서 확인할 수 있다.

2

골드 러시:
비트코인 채굴

금맥을 찾아다니던 시절 대부분의 채굴자는 의지가 있음에도 불구하고 돈을 잃었다. 그렇지
만 채굴용 삽, 텐트, 청바지를 파는 사람들은 좋은 수익을 냈다.

– 피터 린치(Peter Lynch)

채굴^{mining}은 비트코인 프로토콜의 운영 방법을 이해하는 기본적인 개념이다. 채굴은 신
뢰를 제공하는 중앙 당국 없이 합의에 도달하기 위해 블록체인의 개별 블록에서 수행되
는 탈중앙화 검토 프로세스다. 즉, 채굴은 당사자들이 서로 신뢰하지 않는 탈중앙화 환경
에서 동료 검토를 컴퓨터가 수행하는 것과 동일하다. 채굴과 작업 증명$^{PoW, Proof of Work}$
기능 해결의 방법으로 1장에서 설명한 해시 함수에 대한 논의를 계속할 것이다. 그리고
채굴에서 블록의 목푯값$^{target value}$과 네트워크 난이도$^{network difficulty}$의 개념을 연계하고,
증가하는 어려움 속에서 채굴을 지속적으로 유지하려고 어떻게 진화하는지 살펴볼 것이
다.

합의 도출

채굴은 비트코인 프로토콜의 중심으로, 통화량에 새로운 비트코인을 추가하고 거래를 검증하는 두 가지 주요 역할을 한다. 2장에서는 이 두 가지 프로세스의 메커니즘을 살펴본다. 근본적으로 채굴은 이전에 논의한 이중 지출 문제에 대한 적합한 해결책이다. 중앙 기관의 필요성을 제거하기 위해, 채굴자로 불리는 채굴자의 머신에서 각각 구동하고 있는 비트코인 클라이언트는 해당 네트워크에 적합하게 설계됐다. 그리고 두 당사자 사이에서 발생하는 거래의 사기 여부를 검증한다. 채굴은 실제로 연산 집약적인 활동이다. 그렇다면 새로운 비트코인을 찾는 이들에게 주는 인센티브는 무엇인가? 채굴자를 위한 핵심 인센티브는 참여에 대한 비트코인 형태의 보상이다. 그림 2-1에서 채굴 프로세스의 간단한 도식을 살펴보자.

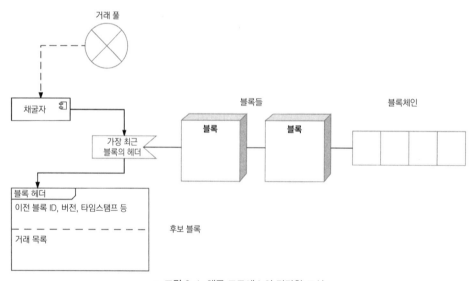

▲ 그림 2-1 채굴 프로세스의 간단한 도식

비트코인 네트워크에서 패키징되지 않은 최근 발생한 거래는 채굴자가 블록에 패키징되도록 할 때까지 거래 풀^{transaction pool}에 남는다. 채굴자는 거래 풀에서 거래를 선택하고 블록에 선택한 거래를 패키징한다. 생성된 블록은 블록 헤더를 통해 블록체인과 연결할 수 있다. 이러한 과정은 패키지를 선적하는 것으로 이해하면 좋을 듯하다. 패키지를 생성하고 선적에 필요한 도장을 찍어야 한다. 채굴자는 블록체인의 가장 최근 블록의 헤더를 사용해 현재 블록의 새로운 헤더를 구성한다. 또한 블록 헤더는 타임스탬프, 비트코인 클라이언트의 버전, 체인의 이전 블록 ID 등 다른 요소를 포함한다. 이렇게 구성된 블록을 후보 블록^{candidate block}이라 하며, 몇몇 다른 조건이 충족되면 바로 블록체인에 추가할 수 있다.

채굴 과정은 매우 복잡하다. 그림 2-1은 프로토콜에서 채굴자의 참여를 일반적인 그림으로 표현해 제공한다. 다음으로 도장(앞서 언급한 비유)과 패키지에 도장을 찍는 메커니즘의 기술 특성을 살펴볼 것이다. 채굴이 경쟁력 있는 처리 과정임을 명심해야 한다. 그림 2-1은 채굴자 한 명만 참여하는 채굴 과정을 설명하고 있다. 그렇지만 실제 상황에서는 매우 많은 수의 채굴자가 네트워크에 참여한다. 채굴자는 생성한 패키지(블록)의 도장을 찾기 위해 서로 경쟁한다. 그리고 도장을 먼저 발견한 채굴자가 승리한다. 도장을 찾기 위한 채굴자 간 경주는 10분 이내에 종료된다. 그리고 새로운 경주는 다음 10분 안에 시작된다. 도장을 발견했을 때, 채굴자는 블록을 완성할 수 있다. 그리고 네트워크에 해당 블록에 대해 알린 후 블록체인에 추가할 수 있다. 그림 2-2에서 블록 헤더로 알려진 도장을 탐색하는 과정을 살펴보자.

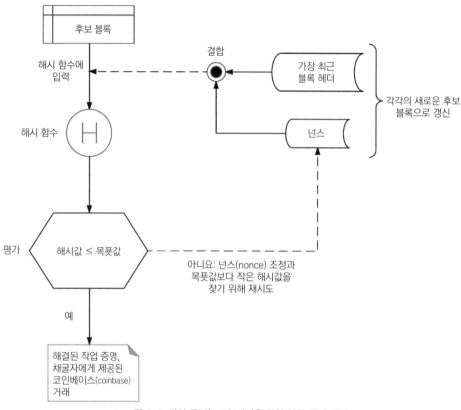

▲ 그림 2-2 작업 증명(PoW) 해결을 통한 블록 헤더 생성

채굴자가 생성한 패키지는 헤더가 없는 블록이다. 이것을 후보 블록이라 한다. 후보 블록은 도장(또는 헤더)이 추가된 후 블록체인에 추가될 수 있다. 블록체인에서 가장 최근 블록의 헤더를 가져와 32비트의 넌스nonce와 결합한다. 이 결합의 결괏값을 해시 함수(SHA-256)의 입력값으로 사용한다. 해시 함수는 연산을 통해 새로운 해시값을 출력한다. 주어진 시간에 이렇게 생성된 해시값을 네트워크의 목푯값과 비교한다. 해시값이 목푯값보다 큰 경우, 넌스를 재조정한다. 그리고 새로운 출력값(해시값)을 생성하기 위해 새로운 입력값을 해시 함수에 보낸다. 목푯값보다 작은 적당한 해시값을 찾는 문제는 작업 증명의 핵심이다. 그리고 이 문제는 무차별 대입brute force을 사용해 해결할 수 있다. 채굴자가 목푯값보다 작은 해시값을 발견했을 때, 이 해시를 후보 블록의 블록 헤더에 사용할 수 있다.

그리고 해시를 발견한 첫 번째 채굴자를 승리자로 간주한다. 승리한 채굴자를 해시의 발견에 대한 작업 증명으로 표현한다. 그리고 이때 블록 내에 포함된 거래가 유효한 것으로 간주하며 이 블록을 블록체인에 추가할 수 있다. 또한 승리한 채굴자는 작업 증명 문제의 해결에 대한 보상을 받는다. 그것이 바로 비트코인이다. 비트코인 네트워크에서 해시를 찾고 블록에 대해 알리기 위해 블록 단위로 거래를 패키징하는 전체 프로세스는 대략 10분마다 반복해서 발생한다.

그림 2-2에서 새로운 용어들을 소개했다. 완전한 이해를 위해 해당 용어들을 아래에서 설명한다.

- **후보 블록**^{candidate block} : 불완전한 블록으로, 거래 풀에서 거래를 저장하기 위해 채굴자가 임시로 생성함. 작업 증명 문제의 해결을 통해 헤더를 완성한 후 완성된 블록이 된다.
- **작업 증명**^{PoW} : 후보 블록의 블록헤더에 사용되는 새로운 해시를 발견하는 문제. 가장 최근 블록에서 가져온 해시를 평가하고 네트워크의 목푯값에 대해 넌스를 첨부하는 것과 관련 있는 연산 집중 프로세스다. 이 문제는 무차별 대입을 사용해 풀 수 있다. 즉, 가장 최근 블록 헤더의 해시를 사용해 여러 차례 시도하는 것이다. 그리고 매회 조정되는 넌스는 작업 증명 문제를 푸는 데 필요하다.
- **넌스**^{nonce} : 가장 최근 블록 헤더의 해시에 연결되는 32비트값. 목푯값의 새로운 해시가 발견되기 전까지, 해시 넌스는 계속해서 갱신되고 각 시도마다 조정된다.
- **해시 함수**^{hash function} : 해시를 만드는 함수. 비트코인 프로토콜이 사용하는 해시 함수는 SHA-256이다.
- **해시값**^{hash value} : 해시 함수의 출력 결과로 얻어진 해시
- **목푯값**^{target value} : 모든 비트코인 클라이언트가 공유하는 256비트 수. 짧게 논의될 난이도에 의해 결정됨
- **코인베이스 거래**^{coinbase transaction} : 블록에 패키징되는 첫 번째 거래. 후보 블록의 작업 증명 해법을 찾는 채굴자에 대한 보상

- **블록 헤더**^{block header} : 타임스탬프, 작업 증명 등 많은 특성을 포함하는 블록의 헤더. 3장에서 블록 헤더에 대해 더 자세하게 설명한다.

> **⚙ 참고**
> 위에 정의한 용어를 살펴본 후, 그림 2-1과 그림 2-2를 다시 확인해보자. 추상적이었던 개념들이 이제 명확해지고, 해당 정보는 더 잘 통합될 것이다.

현재 채굴 작업 방법에 대한 더 좋은 아이디어가 있다. 채굴 난이도와 목푯값에 대해 살펴보자. 이 두 가지 개념은 다이얼이나 손잡이와 유사해서, 네트워크 시간 조정 과정과 모든 비트코인 클라이언트가 최신값을 갖도록 갱신할 수 있다. 그러면 채굴 난이도란 무엇인가? 기본적으로 채굴자가 작업 증명 문제를 풀 때 목푯값의 해시를 찾는 어려움으로 정의할 수 있다. 난이도 증가에 따라 해시를 발견하고 작업 증명을 풀기 위해 필요한 시간은 더 길어진다. 이렇게 필요한 시간을 채굴 시간이라 한다. 이상적인 채굴 시간은 네트워크에 의해 대략 10분으로 설정된다. 다시 말해, 10분마다 새로운 블록을 네트워크에 알린다는 뜻이다. 채굴 시간은 목푯값, 네트워크에 참여한 채굴자 수, 채굴 난이도라는 세 가지 요소에 의존한다. 이러한 요소가 어떻게 상호 연결되어 있는지 살펴보자.

1. 채굴 난이도의 증가는 채굴 시간을 보상하기 위한 목푯값 감소의 원인이다.
2. 네트워크에 참여하는 채굴자 수의 증가는 작업 증명을 푸는 비율을 증가시키고, 채굴 시간을 감소시키는 원인이다. 이것을 조정하기 위해, 채굴 난이도는 증가하고 블록 생성률은 정상으로 돌아간다.
3. 목푯값은 대략 2주 동안 생성되는 2,016개의 블록마다 재계산되고 조정된다.

이와 같이 매우 탄력적인 허용 환경을 가진 비트코인 네트워크는 자기 조절에 대한 공통된 주제를 갖고 있다. 채굴자는 비트코인 네트워크의 심장 소리와 같다. 채굴자는 참여에 대해 두 가지 인센티브를 받는다.

- 블록에 패키징된 첫 번째 거래를 코인베이스 거래라고 한다. 이 거래는 블록을 채굴한 후 승리한 채굴자에게 주어지는 보상이다. 그리고 네트워크에 결과를 알린다.
- 두 번째 보상은 전송한 거래에 대해 네트워크 사용 비용을 청구하는 형태다. 블록거래를 포함하기 위해 채굴자에게 해당 비용을 지불해야 한다. 또한 이 비용을 채굴자의 수입으로 생각할 수 있다. 더 많은 비트코인을 채굴하기 때문에 이 비용은 수입 중 중요한 부분이 될 것이다.

이제 그림 2-3에서 보는 바와 같이 또 다른 순서도로 이러한 개념을 표현할 수 있다. 이것으로 난이도와 목푯값에 따라 채굴 프로세스를 확실히 이해할 수 있다.

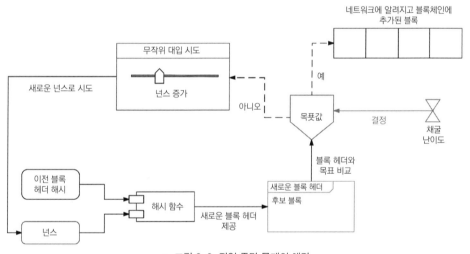

▲ 그림 2-3 작업 증명 문제의 해결

네트워크에서 채굴자는 문제를 풀기 위해 경쟁하며, 승리한 채굴자는 네트워크에 해당 블록을 알린다. 그리고 블록체인에 통합한다. 작업 증명을 풀기 위해 채굴자는 증가하는 넌스를 이용해 해시 함수로 새로운 해시를 생성한다. 이 작업은 목푯값의 해시가 발견될 때까지 수행된다. 이 경우, 넌스가 조정값임을 주목해야 한다. 이것은 단순한 작업 증명 체계이고, 그것을 구현하는 데 있어 작은 차이가 있다.

비트코인 네트워크의 자기 조절 특성과 네트워크 적응 방법에 대해 논의했다. 다음으로 비트코인의 인기 때문에 네트워크에서 수많은 채굴자가 경험하는 예기치 않은 사례들을 살펴볼 것이다. 이것은 일종의 군비 경쟁 같은 행위로 이어졌으며 광범위하게 많은 결과를 가져왔다. 먼저 새로운 유형의 채굴 하드웨어 부각에 대해 논의할 것이다.

채굴 하드웨어

비트코인이 상인에게 더 많은 인기와 지지를 받기 시작했기 때문에, 더 많은 채굴자가 보상 획득에 대한 희망을 품고 네트워크에 참여한다. 더 많은 해시를 생성할 수 있는 특별한 하드웨어를 사용함으로써 채굴에 대한 접근 방법은 더욱 창조적이 되었다. 이 절에서는 비트코인이 전 세계로 퍼져나가기 시작함에 따른 채굴 하드웨어의 진화에 대해 논의할 것이다.

- **CPU 채굴**: 비트코인 클라이언트이며 채굴의 초기 형태다. 초기 버전의 비트코인 클라이언트에서 채굴 표준이 됐다. 그렇지만 더 좋은 옵션이 발생했기 때문에 이후 업데이트에서 제거됐다.

- **GPU 채굴**: 고급 채굴을 위한 차세대 주자로 표현한다. GPU$^{graphics\ processing\ unit}$를 사용한 채굴은 CPU$^{central\ processing\ unit}$보다 수백 배 많은 해시를 생성할 수 있기 때문에 훨씬 더 강력해졌다.

- **FPGA와 ASIC**: FPGA$^{field-programmable\ gated\ array}$는 특별한 사용 목적으로 설계된 통합 회로다. 이 경우 FPGA는 비트코인 채굴을 위해 설계됐다. FPGA는 사용 효율

과 출력 효율이 강력하며, 매우 특별한 하드웨어 언어로 제작한다. FPGA가 소개된 이후, 더 최적화되고 대량 생산 및 상업적 설계가 가능한 ASIC application-specific integrated circuit 형태가 등장했다. ASIC은 생산 단가가 낮으며 대량 생산이 가능하다. 또한 ASIC 기반의 디바이스는 집약적인 구성을 가지며 단일 디바이스에 통합할 수 있다. 낮은 가격으로 배열의 형태로 결합할 수 있어 ASIC의 채굴 능력은 채굴률을 높이는 매우 설득력 있는 사례다.

- **채굴 풀**mining pool : 채굴자는 ASIC이 부각됨에 따라 증가된 채굴의 어려움과 함께 채굴을 계속하는 것이 재정적으로 현명하지 않다는 사실을 알게 됐다. 채굴 시간은 너무 오래 걸렸고, 보상은 채굴에 들어간 자원에 비해 부족했다. 채굴자는 이때 풀pool이라 불리는 그룹을 조직하고 모든 구성원의 연산 자원을 하나의 단위로 결합했다. 오늘날 대부분의 암호화폐 채굴은 시작과 함께 풀에 가입하는 것이 매우 일반적인 형태다.

- **채굴 클라우드 서비스**: 단순히 특별한 채굴 장비를 갖고 있는 계약자. 특정 시간 동안 정해진 가격으로 계약에 따라 채굴하는 서비스

개발자와 하드웨어 하비스트hardware hobbyist[1]가 ASIC 맞춤형 어레이를 매우 싼 가격에 조립할 수 있다는 사실을 인식한 후, 어떻게 ASIC이 채굴을 완전히 변화시켰는지 쉽게 볼 수 있다. 비트코인 하드웨어에서 새로운 군비 경쟁이 시작됐다. 그래서 개발자는 새로운 칩을 설계하고, 가장 많은 비트코인을 채굴할 수 있는 채굴 도구를 준비하기 위해 새로운 장비를 주문했다. 이 초기 추진은 수익에 힘입어 대체 통화의 황금 시대를 생성하고 비트코인의 가치를 상승시켰다. 더 많은 개발자와 애호가들이 맞춤형 하드웨어 구매에 합류해 최대 수익을 추구했다. 채굴자 수의 증가로 네트워크의 어려움은 증가했다. 짧은 시간 동안 프로토콜에 존재하는 자체 수정 기능과 채굴의 어려움이 높아짐에 따라 버블을 유지할 수 없게 됐다. 일부의 경우 채굴자가 구매한 하드웨어는 공장에 도착했을 때 더 이상 채굴에 적합하지 않았다. 어떤 주목할 만한 수익 회수를 위해서는 많은 자본 투자가

---

1   하드웨어에 애착을 가지고 다루는 취미를 가진 사람들 - 옮긴이

필요했다. 대부분의 ASIC 하드웨어는 현재 역사 속에 있을 정도로 구형이 되었고, 심지어 비트코인 채굴 풀조차 채굴자에게 평균적인 수익을 주지 않는다. ASIC과 맞춤형 하드웨어를 상업화한 스타트업 및 기업은 단기간 이익을 창출하고 쇠퇴했다. 다음 절에서 이러한 일부 대형 실패 사례를 조사할 것이다.

스타트업 이야기

이 절에서는 2013년 중반에서 2014년 말 사이 비트코인의 골드 러시 시기에 있었던 몇 몇 이야기를 강조할 것이다. 여기서 다루는 스타트업은 단순한 도구를 제공하는 판매 전략을 따랐다. 그러나 일부는 한 발짝 더 나아갔다. 논의할 첫 번째 스타트업은 버터플라이 연구소^{Butterfly Labs}다. 미주리주 출신의 이 회사는 경쟁에 앞서 드라마틱한 개선으로 비트코인을 채굴할 수 있는 기술 판매를 약속하면서 2011년 말 탄생했다. ASIC이 1,000배 빠르게 비트코인을 채굴할 수 있을 것이라고 생각하며, 2012년 최초 발표 후 곧바로 선주문을 받기 시작했다. 채굴자는 그 하드웨어를 구매하기 위해 몰려들었고 같은 해 12월에 배달될 것을 약속했다. 연방 무역 위원회^{FTC, Federal Trade Commission}의 보고서에 따르면, 버터플라이 연구소는 2천만 달러에서 3천만 달러 사이의 선주문을 받았다. 2013년 4월쯤 일부 고객을 대상으로 배송을 시작했다. 그렇지만 대부분의 고객은 그다음 해에도 채굴 장비를 받을 수 없었다. 고객이 머신을 받은 후 그것은 쓸모없어졌다. 그리고 일부는 주문한 하드웨어가 배달되기 전에 채굴을 위해 자체적으로 하드웨어를 사용하며 버터플라이 연구소를 비난했다. 버터플라이 연구소는 초기 주문을 처리할 수 없었지만, 새롭고 더욱더 강력한 채굴 장비를 제공하기 시작했고 새로운 채굴 장비의 선주문을 받았다. 궁극적으로 버터플라이 연구소는 비트코인 커뮤니티에서 가장 증오하는 대상 중 하나가 되었다. 그리고 연방 무역 위원회는 버터플라이 연구소를 폐업시켜야 했다.

두 번째로 논의할 회사인 코인테라^{CoinTerra}는 더욱 복잡한 경우다. 왜냐하면 이 스타트업은 현장에서 깊은 전문성을 갖춘 팀이 설립했기 때문이다. 사장 라비^{Ravi}는 이전에 삼성의 CPU 아키텍트였다. 그리고 해당 분야에서 다른 많은 리더를 포함해 기업의 이사를 역임했다. 초기에 벤처기업 자금을 지원받았고, 2013년 첫 번째 제품 테라마이너 4 ^{TerraMiner} ^{IV} 를 발표했다. 테라마이너 4는 같은 해 12월에 출하될 것이라 했다. 코인테라는 시간 안에 제품을 출하하지 못했고, 결국 출하 날짜를 변경했다. 2014년에도 여전히 제품을 출하하지 못해, 결국 코인테라는 고객에게 사과와 함께 일부 보상을 제공했다. 또한 출하가 매우 지연되어 고객을 더욱 좌절시켰다. 이 회사는 클라우드 채굴 서비스 중심으로 재도약을 시도했지만, 대부분의 고객 신뢰를 벌써 잃은 상태였다.

마지막으로, 해시패스트 ^{HashFast} 라 불리는 스타트업에 대해 조명해본다. 이전 두 사례와 유사하게, 해시패스트는 베이비 젯 $^{Baby\ Jet}$ 이란 채굴 도구를 제공했다. 이 채굴 도구는 2013년 12월 안에 배송될 것이라 했다. 해시패스트의 해당 팀은 특징에 대해 과한 약속을 했고, 어려움이 급증하자 시간 안에 배달하지 못했다. 이 회사는 얼리어답터 ^{early} $_{adopter}$ 에게 현금을 자체 개발 자금으로 조달하기 원했다. 그리고 고객이 어려움을 겪었을 때 고객은 주문에 대한 환불을 요구했다. 문제는 그때 비트코인의 가격이 꾸준히 상승하고 있었다는 점이었다. 그래서 이 회사는 고객에게 갚을 충분한 자금을 보유하고 있지 않았다. 해시패스트는 여러 소송에 직면했고 현금 보유량이 매우 빠르게 감소했다. 결국 판사는 투자자와 채권자에게 돈을 돌려주도록 회사가 소유한 모든 자산을 경매에 붙이게 했다. 이 기업들이 공유한 공통 주제는 약속한 일정에 맞춰 채굴 하드웨어를 배송할 수 없었으며, 고객 환불을 미루거나 거절했다는 것이다.

버터플라이 연구소와 유사한 실패를 한 그 밖의 ASIC 스타트업과 여기서 제시한 사례를 바탕으로 운영에 관한 일반적인 내용을 구성해보면 다음과 같다.

- 매우 높은 가격으로 선주문을 받고, 투자에 대한 큰 수익으로 엄청나게 높은 해싱 비율을 부당하게 광고한다.
- ASIC과 맞춤형 하드웨어에 대한 연구 및 개발 시작을 위해 선주문의 모든 자금을 투자한다.

- 해외 제조업체에서 채굴 하드웨어를 얻었을 때, 내부적으로 몇 달 동안 쉬지 않고 채굴에 그것을 사용한다.
- 제조 과정이 예상보다 오래 걸린다는 사실을 소셜 미디어를 통해 고객에게 알린다.
- 선적이 시작됐다는 조기 증명으로 소송 가능성이 있는 고객에게만 하드웨어를 배송한다.
- 이미 심각하게 오래된 ASIC 하드웨어는 다른 고객에게 배송한다.
- 고객 불만 제기와 소송 제기 시, 회사는 결국 무너지고 많은 벌금을 부과받는다.

새로운 합의

2장을 시작하면서부터 '합의'라는 주제를 계속해서 다뤄왔다. 이 장의 중심 아이디어는 비트코인에서 이중 지출로부터 사용자를 보호하고 모든 거래를 검증하기 위해 채굴이 합의에 도달해야 한다는 것이다. 그래서 비트코인의 출현 이래 다른 합의 알고리즘이 개발되고 있다. 나카모토의 합의와 같이 합의에 도달하기 위해 원래 비트코인 프로토콜에서 참조하는 작업 증명 알고리즘을 언급했다. 최근 인기를 얻은 새로운 합의 알고리즘은 지분 증명PoS, Proof of Stake 이다. 여기서 참여자는 본질적으로 검증자의 역할을 수행한다. 비트코인에서 사기 거래를 하는 나쁜 행위자는 채굴자의 네트워크에서 엄격한 승인 프로세스와 검증을 받아야 한다. 지분 증명에서 참여자는 화폐 형태로 네트워크에서 지분을 가져야 한다. 따라서 채굴자는 네트워크가 성공하고 검증자가 투자한 화폐의 거대 지분을 가져 블록에서 신뢰가 부각되기를 원한다. 게다가 악성 검증자는 악의적인 행동으로 지분이 삭감될 것이다. 지분 증명의 기술적 특성과 작업 증명의 메커니즘을 비교하는 방법에 대해서는 이 책의 후반부에서 살펴볼 것이다. 합의와 함께 이 장의 여정은 끝난다. 그리고 다음 장에서는 비트코인 네트워크와 블록체인에 대해 논의할 것이다.

요약

2장에서는 채굴의 개념에 대해 논의했다. 그리고 채굴자가 블록을 검증하는 방법을 이해하는 필수적인 기술적 기반을 제시했다. 작업 증명[PoW, Proof of Work]으로 불리는 비트코인 채굴의 토대를 깊이 있게 논의했으며, 이 책의 나머지 부분을 통해 그 밖의 합의 메커니즘을 제시할 것이다. 그리고 최상의 하드웨어 생산을 통한 비트코인 채굴의 군비 경쟁에 대해 설명했다. 이로 인해 어려움이 크게 나타났고, 그 시기에 스타트업은 실패했다. 마지막으로, 다음 장에서 다룰 지분 증명[PoS, Proof of Stake]에 대해 언급하며 이 장을 끝냈다.

참고문헌

2장에서 사용한 핵심 참고문헌은 비트코인 채굴을 다룬 마이클 닐슨[Michael Nielsen]의 게시글(http://www.michaelnielsen.org/ddi/how-the-bitcoin-protocol-actually-works/)과 알렉산드르 벌킨[Aleksandr Bulkin]의 게시글이다. 나머지 참고문헌은 이 책의 마지막 부분에서 찾을 수 있다.

3

블록체인의 기초

존재하고 있는 현실과 싸워서는 어떠한 것도 결코 변화시키지 못한다. 어떠한 것을 변화시키려면 존재하는 모델을 무너뜨릴 수 있는 새로운 모델을 만들어야 한다.

– R. 버크민스터 풀러(R. Buckminster Fuller)

블록체인의 탈중앙화 데이터 구조는 네트워크의 현재 상태에서 모든 사용자의 합의를 통해 유지되는 내부적 일관성을 갖게 한다. 블록체인은 비잔틴 장군의 문제(신뢰되지 않는 참여자 간의 메시지 통신)를 해결하고, 신뢰성 없는 거래와 정보 교환에 대해 새로운 지평을 여는 가치와 활용성이 높은 기술이다. 인터넷이 개인 간 정보 교환을 민주화했다면, 블록체인은 개인 간 가치 교환을 민주화했다. 3장에서는 비트코인 네트워크에서 사용자 간 발생하는 거래 방법에 대해 살펴볼 것이다. 블록과 거래의 구조에 대한 기술 논의를 비롯해, 지갑wallet과 사용자 주소의 역할에 대해 살펴본다. 지갑에 대해 논의한 후, 비트코인 네트워크에서 구현되는 단순 지불 검증SPV, Simple Payment Verification에 대해 살펴볼 것이다. 단순 지불 검증은 블록의 특이한 구조를 비롯해, 비트코인 네트워크에서 높은 확장성과 함께 효과적으로 동작하는 방법에 대한 이해를 도울 것이다. 마지막으로, 블록체인의 하드 포크와 소프트 포크에 대한 논의로 이 장을 마칠 것이다. 비트코인의 핵심 코드를 실행하는 데 관련된 가맹점과 사용자를 위한 상위 호환성의 맥락에서 포크의 의미를 보여줄 것이다.

거래 업무 흐름

비트코인 프로토콜의 핵심 목적은 탈중앙화 수단으로 사용자 간 네트워크를 통해 거래가 일어나도록 하는 것이다. 우리는 백그라운드를 구축하기 위한 프로토콜의 작은 부분에 대해 논의하고 있다. 이제 이러한 개념을 단일 프레임워크에 통합하고 블록체인에 대해 살펴볼 수 있다. 네트워크의 발전과 함께 채굴의 결과로 결국에는 블록의 증가가 따르고 있다. 앨리스와 밥, 두 사용자 간의 거래 방법을 이해하기 위해서는 먼저 거래와 관계된 블록의 구조를 이해해야 한다. 가장 단순하게 말하자면, 블록체인은 두 가지 주요 원칙에 따라 묶여 있는 블록의 집합이다.

- **내부적인 일관성**: 내부적으로 블록을 일관되게 만드는 각 블록의 기능에 몇몇 고유한 설계 원칙이 있다. 예를 들어 각 블록은 이전 블록과 연결되어 있고, 생성된 시간에 대한 타임스탬프를 갖고 있다. 블록체인의 이러한 메커니즘을 통해 일관된 거래 기록을 유지하도록 내부적으로 일관성 있는 데이터 구조를 갖게 된다.
- **거래 합의**: 2장에서 설명한 채굴 개념은 거래 검증을 위해 필요한 구현의 일부다. 여기에는 무작위 대입 해싱과 관련 없는 다른 방법이 있다. 그러나 이러한 모든 구현에는 네트워크에서 일정 시간 동안 발생하는 거래에서의 합의 도달과 관련된 계획이 있다. 일종의 작업 증명이나 네트워크에서 사용자가 확인하는 거래를 풀링하는 유사 전략을 이용해 탈중앙화 시스템에 대한 거래 검증을 일반화할 수 있다.

거래는 본질적으로 블록에 따른 데이터 구조다. 그런데 정확하게 어떠한 구조인가? 이 프로세스를 확인하기 위해, 그림 3-1의 완전한 블록 구조를 살펴본다. 각 블록은 적어도 2개의 유일한 구성요소를 갖는다. 2개의 구성요소는 머클 루트 merkle root 로 불리는 유일한 해시를 포함하는 블록 헤더^{block header}와, 새로운 거래를 포함하는 거래 목록^{transaction}이다. 각 블록이 목록에 같은 거래량을 포함하고 있고, 사용자 사이의 정확한 거래는 다르다는 사실에 주목해야 한다. 이것은 블록체인에서 10분마다 하나의 블록만 채굴 경쟁에서 승리하고 다른 후보 블록은 거절되며 새로운 경쟁이 다시 시작되기 때문이다. 이런 단순한 모델에는 블록의 두 가지 구성요소인, 전체 네트워크의 일관성을 유지시키는 블록 크기와 각 블록에 발생하는 거래량에 대한 계수가 있다. 여기서는 블록 헤더와 거래 목록에 대해 더욱 관심 있게 살펴본다.

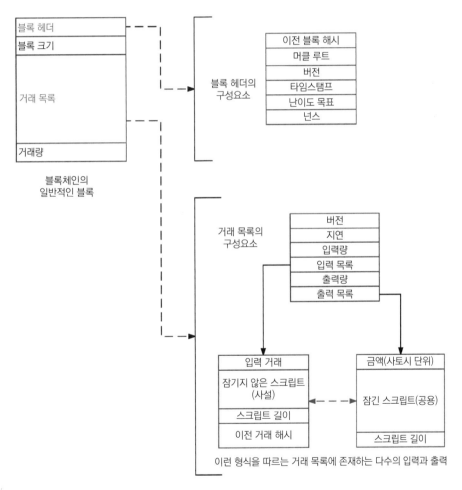

▲ 그림 3-1 블록 체인 구조의 간략한 개요

블록 헤더는 난이도 목표$^{difficulty\ target}$와 이전에 논의한 넌스^{nonce} 같은 여러 표준 구성요소를 포함한다. 또한 승리한 채굴자가 동작하고 있는 비트코인의 핵심 코드에 대한 버전을 포함한다. 또한 타임스탬프는 모든 블록의 고유한 특성이다. 이것은 타임스탬프가 네트워크에서 하나의 특별한 블록임을 식별해주기 때문이다. 또한 헤더는 체인에서 이전 블록의 해시와 머클 루트로 불리는 이 블록을 식별하는 특별한 해시를 포함한다. 이 장의 뒷부분에서 특정 해시의 도출 방법에 대해 논의한다.

> **📀 생명의 증명**
>
> 최근 위키리크스(WikiLeaks)의 설립자인 줄리안 어산지(Julian Assange)가 사망했다는 소문이 있었다. 어산지는 최근 레딧(Reddit)[1]에서 'Ask Me Anything' 세션을 담당했다. 그리고 살아있음을 증명하기 위해 블록체인의 가장 최근 블록 해시를 읽음으로써 그 소문에 대응했다. 이 세션은 사전 녹화된 것이 아니었고 해당 블록이 불과 10분 빨리 생성됐으므로 의심의 그림자를 넘어 어산지가 살아있음을 증명할 수 있었다. 이것은 블록 해시가 대중 문화 영역에서 사용된 첫 사례다. 그리고 어산지는 이 사례를 생명의 증명(proof of life)이라 불렀다.

블록 헤더와 거래 목록은 모든 블록에 포함된 고유한 두 가지 구성요소다. 블록 헤더는 더 작은 여러 부분으로 구성된다. 이 구성 중 머클 루트가 가장 독특한 특성을 가지며, 블록을 유일하게 식별하는 해시를 포함한다. 헤더는 이전 블록의 해시, 특정 블록을 생성하는 데 사용하는 넌스, 네트워크의 난이도 등을 포함한다. 이러한 것들은 이전에 논의한 표준 채굴 구성요소다. 또한 각 블록은 거래 목록을 포함한다. 거래 목록은 실질적인 거래와 별도로 블록이 거래를 수용할 수 있도록 중요한 여러 구성요소를 포함한다. 예를 들어, 잠금 시간 지연$^{lock\ time\ delay}$은 블록에서 거래를 수용할 수 있는 시간을 말한다. 마지막으로, 목록은 송신자로부터 수신자에게 비트코인의 전송을 보장하는 일련의 서명된 입력과 출력으로서 블록에 수용된 모든 거래를 포함한다.

---

1   소셜 뉴스 웹사이트로, 자신이 쓴 글을 등록하고 그 글에 대해 다른 사용자들이 투표를 통해 'up' 혹은 'down'을 선택해 순위에 따라 주제별 섹션이나 메인 페이지에 올라가게 한다. – 옮긴이

여기에 소개된 새로운 용어와 개념에 대해 지금 모두 살펴볼 것이다. 블록 헤더, 블록에 있는 타임스탬프의 개념, 머클 루트, 이전 블록의 해시 등은 이미 논의했다. 이제 거래 목록의 구성요소에 집중할 것이다. 구성요소 중 지연을 먼저 살펴볼 텐데, 지연에 대한 적당한 기술 용어는 블록에서 거래를 수용할 수 있는 시간인 잠금 시간 지연이다. 정확한 메커니즘은 블록높이^{blockheight}로 불리는 매개변수의 사용과 관련이 있다. 블록체인에 더 많은 블록이 추가되는 경우 이 매개변수는 증가한다. 주어진 거래는 해당 거래의 블록높이가 지정한 값을 초과할 때까지 잠긴 상태와 미검증 상태로 남는다.

다음은 입력과 출력에 대한 거래의 개념이다. 거래의 기초 단위는 미사용 거래 출력^{UTXO,} $^{unspent\ transaction\ output}$이다. UTXO는 사토시^{Satoshi}로 표현한다. 1달러를 100센트로 나누는 방법과 비슷하게, 1 BTC는 100,000,000사토시다. UTXO는 블록체인에서 사용자(사용자가 소유-자임)가 통제하고 기록하는 화폐 단위다. 더 정확하게 UTXO는 비트코인 경제에 존재하는 실제 화폐 잔고 또는 미사용 화폐다. 전체 네트워크는 화폐로서 UTXO를 수용한다. 그리고 사용자가 비트코인을 받을 때마다, 금액^{amount}을 UTXO로서 블록체인에 기록한다. 본질적으로 사용자에 속한 비트코인은 몇몇 거래와 UTXO 같은 많은 블록 전체에 퍼진다. 결과적으로 특정 사용자를 위한 저장 잔고를 정의하는 개념은 없다. 그렇지만 UTXO만이 소유자가 소유한 네트워크를 통해 퍼져 있다. 사실 지갑 소프트웨어의 사용으로 사용자의 계정 잔액에 대한 아이디어를 생성한다. 이 소프트웨어는 블록체인을 검색하고 특정 주소에 속한 모든 UTXO를 수집한다. 지갑과 주소의 개념에 대해서는 곧 논의할 것이다.

UTXO를 이해하기 위해서는 변경의 개념에 대해 논의해야 한다. 이 생각은 사실 매우 간단하다. 식료품을 구입하고 현금으로 지불한 마지막 시간을 생각하면 된다. 아마도 지불 방법에 대한 일부 변경을 감지했을 것이다. 그림 3-2에서 볼 수 있듯이, UTXO는 유사한 개념을 갖는다. 모든 거래는 쇼핑으로 얻을 수 있는 변경과 마찬가지로 다른 사용자에게 소비되고 잠기는(할당되고) 부분과 원래 사용자에게 반환되는 부분으로 나뉜다. 거래에서 거래를 소비하는 UTXO를 입력이라고 하며, 거래를 생성하는 UTXO를 출력이라 한다. 그림 3-2의 예제는 비슷한 시나리오를 보여준다. 밥이 앨리스에게 1 BTC를 보내려 한다. 그리고 이 프로세스에서 밥이 소유한 10 BTC는 두 부분으로 분리된다. 1 BTC를 앨리스에게 보냈다. 따라서 현재 앨리스에게 할당됐다. 그리고 UTXO의 형식으로 9 BTC가 밥에게 반환된다. 그림 3-2에서 볼 수 있듯이, 이것은 거래의 일부분이기 때문에 두 구성요소에 대해 블록체인에 기록한다.

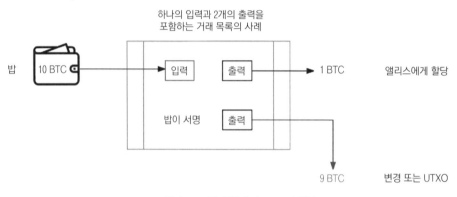

하나의 입력과 2개의 출력을 포함하는 거래 목록의 사례

밥   10 BTC   →   입력   출력   →   1 BTC   앨리스에게 할당

밥이 서명   출력

9 BTC   변경 또는 UTXO

▲ 그림 3-2 거래 목록에서 UTXO의 형식

이 사례에서 밥은 앨리스에게 1 BTC를 보내려고 한다. 그리고 그림 3-2는 거래의 발생 방법을 보여준다. 밥이 소유한 BTC는 거래에서 입력으로 사용된다. 그리고 출력에는 두 부분이 있다. 하나는 앨리스에게 보내려는 1 BTC이고, 다른 하나는 밥에게 다시 변경되어 반환된다. 여기서 초기 거래, 새롭게 할당된 거래, 변경이 입력과 출력으로서 블록체인에 기록됨을 기억해야 한다.

이제 UTXO에 대해 잘 파악했으니, 특정 사용자에서 다른 사용자에게 거래가 할당되는 방법에 대해 논의해보자. 이것은 거래를 잠금과 잠금 해제하는 개인키-공개키 쌍의 사용과 관계가 있다. 거래에서 잠금과 잠금 해제 프로세스[2]는 다음과 같다.

---

2   거래의 잠금 및 잠금 해제 프로세스는 암호화 개인키와 공개키를 이용하는 PKI(Public Key Infrastructure)의 전자서명 프로세스와 같다. - 옮긴이

- 사용자(앨리스)가 밥에게 보내려는 거래를 초기화한다.
- 앨리스가 거래의 서명을 위해 자신의 개인키를 사용한다.
- 거래가 네트워크에 알려지고, 특정 사람의 거래가 앨리스로부터 이뤄졌음을 검증하기 위해 앨리스의 공개키를 사용할 수 있다.
- 네트워크에서 검증되고 전파된 후에 해당 거래를 밥이 수신한다.
- 밥은 자신의 개인키를 사용해 해당 거래의 잠금을 해제한다. 해당 거래에서 수신자만 거래의 잠금을 해제하고 수신자에게 할당할 수 있도록 스크립트script로 거래가 서명됐다.

거래의 잠금과 잠금 해제 메커니즘이 스크립트를 사용한다고 언급했다. 그러면 스크립트란 무엇일까? 비트코인 프로토콜은 최소한의 베어본bare-bone, 튜링 불완전 프로그래밍 언어를 사용해 거래를 관리한다. 사토시의 의도는 프로그래밍 로직을 매우 간단하게 유지해 가능하면 블록체인을 간단하게 만드는 것이었다. 모든 거래에 스크립트를 포함시킨다. 그리고 비트코인을 수신하는 사용자가 거래에 접근할 수 있는 방법에 대한 명령instruction을 포함한다. 송신자는 공개키와 서명을 필수적으로 제공해야 한다. 공개키는 네트워크의 어떤 사용자가 해당 거래가 스크립트에 포함된 주소로부터 정말 발생했는지 결정할 수 있게 할 것이다. 또한 서명은 송신자의 개인키를 사용해 서명된 거래인지를 확인하게 한다. 개인키-공개키 쌍을 이용한 승인 없이는 사용자 사이의 거래가 발생하지 않는다. 그림 3-3에서 보는 것과 같이 UTXO로 생성하기 시작한 그림을 완성한다.

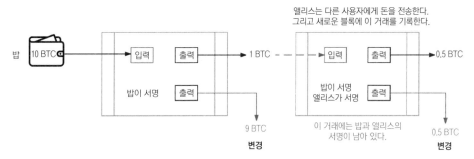

▲ 그림 3-3 블록체인에서의 거래

개념적으로 미사용 거래 출력^{UTXO}이 수백 개의 블록에 걸쳐 있기 때문에 네트워크에서 거래를 생각하는 것은 괴기한 일이 될 것이다. 그렇지만 이 프로세스의 경우 네트워크를 통해 거래가 전파되는 방식이다. 예를 들어, 밥은 먼저 앨리스에게 1 BTC를 할당하도록 앨리스에게 보내는 거래를 초기화했다. 밥은 미사용 출력으로 변경된 9 BTC를 수신했다. 앨리스는 다른 사용자에게 0.5 BTC를 보낸다. 그리고 밥과 같이 했다. 앨리스는 거래의 변경으로 반환된 0.5 BTC를 수신했다. 거래를 초기화한 밥이 첫 번째 거래를 서명했고, 앨리스는 두 번째 거래에 서명했다는 점을 주목해야 한다. 어떤 의미에서 첫 번째 거래의 출력은 두 번째 거래의 입력이다. 그래서 밥의 서명은 첫 번째 거래의 증명으로 유지되고, 앨리스의 서명은 이제 잠금 해제 메커니즘으로 제공된다. 이것은 원래 소유자로부터 마지막 소유자(마지막 주소)에게로 비트코인 네트워크를 통한 거래를 추적하는 방법이다. 네트워크 주소를 사용해 네트워크는 가명성^{pseudonymity} 수준을 유지한다.

방금 UTXO, 서명, 스크립트, 거래 기록 방법에 대해 논의했다. 이러한 개념을 통합해 그림 3-4와 같이 앨리스와 밥 사이에서 발생하는 거래의 업무 흐름을 검토한다.

앨리스는 여러 주소가 포함된 자신의 지갑에서 거래를 초기화한다. 각 주소는 새로운 거래를 생성할 수 있는 비트코인 잔액(해당 주소와 관계된 모든 UTXO의 합계)을 갖고 있다. 앨리스의 개인키로 거래를 서명하며, 서명된 거래는 채굴 단계에 진입한다. 그리고 후보 블록에 패키징될 수 있다. 채굴의 결과로 승리한 채굴자는 네트워크에 해당 블록을 알리고 블록체인에 이 블록을 포함시킨다. 추가될 거래 풀에 나머지 거래를 보낸다. 거래는 밥에게 전파되고, 이제 밥은 거래 출력량을 잠금 해제하기 위해 자신의 개인키를 사용해 거래를 할 수 있다. UTXO에 대한 생각과 잠금 및 잠금 해제 스크립트는 탈중앙화 원장으로서 블록체인의 내부적 일관성을 유지하는 방법에 대해 더 깊은 통찰력을 제공한다.

그림 3-4는 지갑의 개념을 소개하는데, 거래 초기화에 지갑을 사용할 수 있다. 지갑은 이제 비트코인에서 핵심 코드의 표준 부분이다. 그리고 지갑을 통해 사용자에게 세 가지 목적을 제공한다.

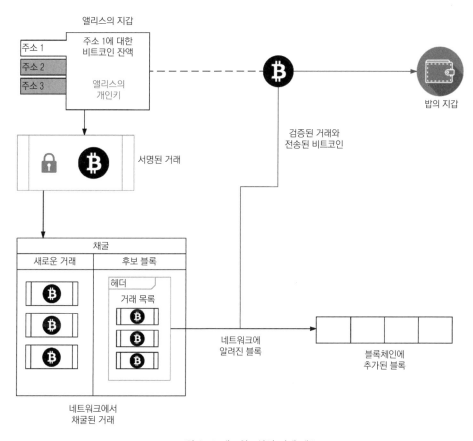

앨리스의 지갑

주소 1

주소 2

주소 3

주소 1에 대한
비트코인 잔액

앨리스의
개인키

밥의 지갑

서명된 거래

검증된 거래와
전송된 비트코인

채굴

새로운 거래

후보 블록

헤더

거래 목록

네트워크에
알려진 블록

블록체인에
추가된 블록

네트워크에서
채굴된 거래

▲ **그림 3-4** 네트워크상의 거래 개요

- **거래 생성**: 사용자가 지갑을 사용하는 그래픽 인터페이스로 거래를 쉽게 생성할 수 있다.

- **잔액 유지**: 지갑 소프트웨어는 주소와 관계된 모든 UTXO를 추적하고, 사용자에게 최종 잔액을 제공한다.

- **다수의 주소 유지**: 지갑의 범위 안에서 사용자는 여러 개의 주소를 가질 수 있다. 그리고 각 주소는 거래와 관련되어 있다.

어떤 의미로 주소는 비트코인 네트워크의 독특한 소유권 수단이다. UTXO와 잔액은 특정 주소와 관련이 있다. 그리고 사용자는 원하는 만큼 주소를 많이 생성할 수 있다. 그림 3-4를 보면 앨리스는 자신의 지갑에 3개의 주소를 갖고 있으며, 각 주소는 개인키로 사용할 수 있다. 사실 소프트웨어 지갑뿐만 아니라 다른 종류의 지갑도 있다. 그림 3-4는 소프트웨어 지갑을 사용했지만, 그 프로세스는 다른 두 가지 주요 종류(모바일 지갑과 콜드 스토리지cold storage3 물리 지갑)와 비슷하다.

모바일 지갑은 편의를 위해 비트코인 같은 암호화폐를 사용하는 모바일 지불 세계의 관문으로 주로 설계됐다. 이러한 지갑은 대개 독립적인 버전이며, 완전한 지갑의 소형 버전으로 사용된다. 또한 이동 중에 잔액과 거래에 접근할 수 있다. 지갑으로 동작하는 앱은 대개 오픈소스 환경에서 설계된다. 따라서 커뮤니티에서 개발자와 파워 사용자가 함께 참여한다. 콜드 스토리지 지갑은 오랜 시간에 걸쳐 비트코인을 저장하는 좀 더 영구적인 방법이다. 지갑이 손상되거나 사용자가 지갑의 잠금 해제 키를 분실해 보유한 잔액을 효과적으로 사용할 수 없는 경우가 있다. 그런데 지갑의 비밀번호를 회복시키는 메커니즘은 없다. 여기서 착안한 것은 새로운 지갑을 만드는 것이다. 그리고 그 지갑의 새로운 주소로 거래를 전송하는 것이다. 이제 이 지갑을 플래시 드라이브 같은 물리적인 디바이스에 백업하고 저장해 안전하게 보관할 수 있다. 블록체인에서 거래 검증을 통해 비트코인을 언제든지 플래시 드라이브에서 안전하게 검색할 수 있다. 또한 이것으로 발생할 수 있는 사고를 방지할 수 있으며, 보유한 화폐를 비트코인용 거래나 채굴에 사용하는 주된 지갑과 분리할 수 있다. 일부 개발자는 한 걸음 더 나아가 QR 코드로 표현한 주소를 이용해 종이 지갑을 만들었다. 또한 또 다른 QR 코드로 종이에 특정 지갑의 개인키를 인쇄했다.

---

3 에너지 절감을 위해 연산 능력에서 손해를 보더라도 낮은 가격과 저전력으로 자주 이용되지 않는 데이터를 처리하는 데이터 저장 장치 및 시스템 – 옮긴이

단순 지불 검증

지금까지 블록 구조, 거래 목록, 사용자 사이에서 발생하는 거래 방법, 블록체인에 기록되는 방법에 대해 논의했다. 블록은 기본적으로 블록체인에 연결된 데이터 구조다. 그리고 거래는 데이터 구조의 속성으로 생각할 수 있다. 더 정확하게 말하면, 블록체인의 경우 머클 트리의 잎으로 거래를 표현한다. 해시는 데이터 일관성을 유지하는 방법으로 일반적인 비트코인 프로토콜에 사용된다. 왜냐하면 해시는 검증이 매우 쉽고 역공학이 사실상 불가능하기 때문이다. 이러한 속성을 바탕으로 블록체인에 있어 매우 어려운 기술적 도전과제를 해결할 수 있다. 특정 거래가 어떤 블록에 속하는지 어떻게 확인할 수 있는가? 목록에서 N개의 항목을 검사하는 것은 매우 비효율적이므로, 수백만 개의 블록을 포함하고 있는 블록체인의 모든 거래를 검증을 위해 단순히 확인할 수는 없다. 이러한 이유로 머클 트리^{merkle tree}를 사용해 향상된 속도와 효과를 제공한다.

그림 3-5에서 머클 트리를 시각화해 보여준다. 머클 트리는 검증을 목적으로 신속한 접근이 가능하며, 블록에 대한 거래 정보로 구성된다. 그림 3-5의 사례를 따라 확인할 수 있다. 이 경우 8개의 거래가 하나의 블록에 있고 머클 트리에 표시된다. 가장 하위 수준은 거래 자체이며, 2개의 거래를 함께 해싱해 출력 해시를 얻으며 더 높은 수준으로 추상화한다. 이렇게 얻은 해시는 다른 해시와 결합되고, 더 높은 수준으로 추상화하기 위해 해시값을 구하게 된다. 이 과정은 2개의 해시만 남을 때까지 반복된다. 각 수준은 하위

수준에 대한 정보를 포함하고, 최상위 수준은 전체 트리에 대한 정보로 생성된 해시를 갖고 있음을 명심해야 한다. 이런 해시를 머클 트리라고 한다. 어떻게 머클 루트가 거래를 탐색할 수 있도록 도움을 줄까? 그림 3-6의 머클 트리에서 거래 6을 찾아보자. 처음에 머클 루트는 트리의 다른 절반을 건너뛸 수 있다. 따라서 거래 5부터 8까지로 검색을 제한할 수 있다. 해시값으로 검색을 더욱 빠르게 지원해, 세 번의 시도로 거래 6을 찾을 수 있다. 전체 트리를 검색하는 경우와 비교해보자. 이는 모든 수준에서 검색하고, 모든 거래를 거래 6과 비교하는 것이다. 이 프로세스는 검색 단계 및 필요 시간과 관계가 있을 텐데, 수백만 건의 거래로 확장할 경우 매우 소모적이다.

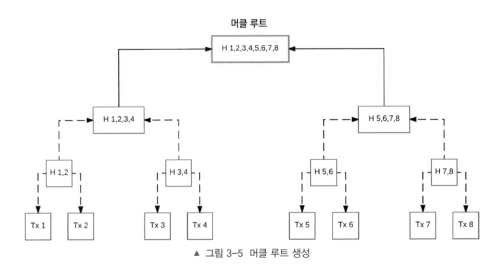

▲ 그림 3-5 머클 루트 생성

머클 트리는 거래의 가장 낮은 수준에 구성된다. 그리고 일반적인 아이디어는 2개의 요소를 함께 해싱하고 하위 수준에 대한 일부 정보를 유지하는 것이다. 궁극적으로 머클 트리를 구성하기 위해 함께 해싱된 2개의 요소만을 남겨둔다.

언제 거래를 검색하면 편리한가? 표준 비트코인 지갑 클라이언트로서 시작한 모든 새로운 사용자는 전체 블록체인을 다운로드해야 한다. 그런데 시간에 따라 블록체인은 다운로드 수가 증가하고 있다. 최근에는 기가바이트 크기까지 도달했다. 이러한 크기의 증가는 블록체인을 다운로드할 때까지 자신의 지갑을 사용할 수 없어 새로운 사용자에게 위협이 될 수 있다. 그러면 새로운 사용자는 블록체인에 등을 돌릴 수 있다. 많은 거래를 수행한 블록체인을 다운로드해야 한다는 문제를 해결하고자, 사토시는 단순 지불 검증^{SPV,} $^{Simple\ Payment\ Validation}$이라는 해결책을 내놨다. 단순 지불 검증은 전체 블록체인이 아닌 블록체인의 헤더만 다운로드하는 지갑 클라이언트를 만드는 것이다. 새로운 경량 클라이언트는 특정 거래가 주어진 블록에 잔류하는지 검증하기 위한 블록 헤더에서 머클 루트를 사용할 수 있다. 정확한 메커니즘은 그림 3-6에서 보여주는 예와 같이, 지갑이 머클 분기$^{merkle\ branch}$에 의존적이고 특정 거래에 도달하게 하는 것이다. 현재 비트코인은 일렉트럼^{Electrum}으로 알려진 대체 지갑 클라이언트가 있다. 일렉트럼은 사용자가 단순 지불 검증을 구현하고 전체 비트코인을 다운로드하는 혼란을 피하게 할 수 있다.

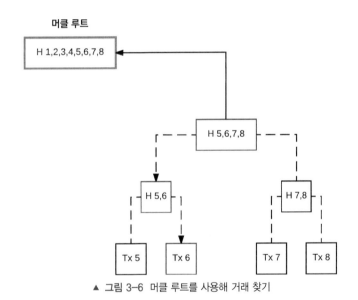

▲ 그림 3-6 머클 루트를 사용해 거래 찾기

머클 루트를 사용함으로써 검색 시 트리의 절반을 건너뛸 수 있으며, 다음 단계에서 검색 범위는 훨씬 더 좁아진다. 머클 루트를 사용하면 단지 세 번의 단계로 찾는 거래에 도달할 수 있다. 이것으로 비트코인의 현재 네트워크에 필요한 운영 효율성이 매우 높아질 것이다. 거래 6에 도달하는 경로와 잎을 루트에 연결하는 것을 머클 분기라고 한다.

블록체인 포크

여기에 고려할 만한 흥미로운 시나리오가 있다. 여러 채굴자가 작업 증명을 해결하고 블록을 생성하기 위해 경쟁하고 있다. 우연히 두 명의 채굴자가 몇 분 내에 서로 유효한 값을 찾았고, 네트워크에 찾은 값에 대해 알린다. 이제 어떤 일이 발생하겠는가? 이 상황을 포크^{fork}라고 한다. 그리고 특정 네트워크가 확장하기 시작하고 수천 명의 채굴자가 네트워크에 포함되는 경우, 포크는 비트코인 네트워크에서 극히 정상적인 상황이다. 포크를 해결하기 위한 규칙으로 네트워크에 합의 규칙$^{consensus\ rule}$이 있다. 동점 상황은 2개의 블록체인 버전을 생성한다. 그리고 동점 상황은 다음 블록이 발견될 때 해결된다. 일부 동료는 블록체인의 어느 한 버전으로 작업을 진행할 것이다. 그리고 다른 동료는 다른 한 버전으로 작업을 진행할 것이다. 다음 블록이 발견될 때 체인 중 하나가 새로운 블록에 포함되기 때문에 더 길어질 것이다. 이 체인은 이제 활성 체인이 된다. 그리고 그 노드는 새로운 체인을 수렴할 것이다. 그림 3-7은 이 프로세스를 설명하고 있다.

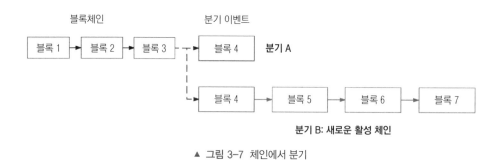

▲ 그림 3-7 체인에서 분기

이 예제에서 두 명의 채굴자가 동시에 블록 4를 발견했다. 그리고 분기 B에서 다음 블록을 발견했을 때 동점 상황이 해결된다. 이제 이 분기는 활성 체인이 된다. 그리고 모든 노드는 새로운 활성 체인인 분기 B를 사용할 수 있도록 수렴한다.

블록체인에서 정상적인 포크는 고려할 만한 이벤트가 아니다. 왜냐하면 대개 몇 분 안에 해결되기 때문이다. 그러나 소프트 포크와 하드 포크는 완전히 다른 문제다. 새롭게 생성된 블록이 유효하지 않은 상태의 업그레이드되지 않은 노드와 새로운 합의 규칙에 따라 블록을 생성하기 시작한 업그레이드된 노드 사이에서 영구적인 분리가 발생하는 비트코인의 핵심 코드로 업그레이드되는 경우가 발생할 수 있다. 2개의 완전히 다른 유형의 블록이 네트워크에서 나타나기 시작했다. 그리고 그 네트워크에서 새로운 규칙으로 업그레이드될 때까지 노드는 단일 활성 체인에서 수렴될 수 없다.

이 경우 두 가지 가능성이 있다. 첫 번째 가능성은 네트워크 과반수가 새로운 규칙으로 전환되는 소프트 포크soft fork다. 또한 새로운 규칙은 일부 유효한 구형 블록의 새로운 환경에서 사용할 수 있도록 이월을 가능하게 한다. 두 번째 대안은 구형 블록이 새로운 노드에 유효하지 않게 남겨두는 것이다. 이것을 하드 포크hard fork 라고 한다. 하드 포크는 상위 호환성이 없으며, 새로운 노드는 구형 블록을 더 이상 수용하지 않는다. 모든 채굴자와 노드는 새로운 소프트웨어로 업그레이드해야 한다. 그러면 새로운 규칙에서 블록을 유효한 것으로 간주할 것이다. 하드 포크는 혼란을 만든다. 그리고 지불 시스템과 거래에서 구형 규칙을 따르는 인터페이스를 생성한 사용자와 판매자에게 문제를 일으킬 것이다. 백엔드 소프트웨어를 새로운 규칙과 호환되도록 업그레이드하고, 들어오는 비트코인의 유연한 이전을 보장해야 한다. 비트코인 네트워크에 하드 포크가 도래하지는 않지만, 개발자는 프로세스가 얼마나 복잡할 것인지 조사하기 시작했다. 블록체인 포크에 대한 논의는 여기서 끝마친다. 하지만 나중에 다시 살펴볼 것이다. 다음 장에서는 블록체인 프로토콜의 다음 세대에서 하드 포크가 필요한 상황을 살펴볼 것이다.

요약

3장에서는 채굴 개념을 전체 블록체인 네트워크에 통합했다. 블록체인이 무엇이며, 기술적인 수준에서 어떻게 기능하는지를 설명했다. 그리고 거래의 업무 흐름과 미사용 거래 출력UTXO 의 추적에 대해 설명했다. 블록체인에서 거래가 서로 진행되고 전파되는 방법에 대해서도 논의했다. 지갑과 채굴 클라이언트 같은 채굴 소프트웨어에 대해 논의한 다음, 적절한 네트워크의 상황에 채굴을 놓고, 전파되고 있는 블록에 포함되는 거래 방법을 살펴봤다. 그 후 비트코인에서 단순 지불 검증[SPV]의 개념, 머클 해시의 중요성과 머클 루트에 대해 논의했다. 블록체인 포크가 네트워크에 얼마나 영향을 미치는지에 대한 논의로 이 장을 마쳤는데, 이 내용은 나중에 다시 다룰 것이다.

참고문헌

3장을 준비하기 위해 사용한 주요 참고문헌은 미사용 거래 출력[UTXO]과 블록 헤더에 대한 논의를 담은 비트코인 개발자 가이드[Bitcoin Developer Guide]다. 머클 트리 서명에 대한 게오르그 베커[Georg Becker]의 작업은 단순 지불 검증과 머클 루트 관련 절을 준비하는 데 사용했다.

4

이더리움 이해

충분히 발전된 기술은 마술과 구분할 수 없다.

– R. 버크민스터 풀러(R. Buckminster Fuller)

이더리움^{Ethereum}은 스크립트 언어로 사용자 간 가치의 전달을 통해 기본적인 화폐 교환을 재구성하는 연산 기능을 가진 오픈소스 탈중앙화 블록체인 플랫폼이다. 비트코인 프로토콜의 차세대 주자로서 광범위하게 인식되고 있는 이더리움은 독창적인 아이디어의 일반화와 좀 더 다양한 애플리케이션으로 최고의 블록체인 기술이 될지 모른다. 첫 번째 구성요소는 이더리움의 자원을 적재하고 스크립트를 실행할 수 있는 튜링 완전 가상 프로세서다. 이 가상 프로세서를 이더리움 가상 머신^{EVM, Ethereum Virtual Machine}이라 한다. 두 번째 구성요소는 이더^{Ether}다. 이더는 사용자 사이의 거래나 네트워크에서 채굴자에 대한 보상에 사용되는 네트워크 화폐로, 가치 토큰^{token of value}다. 4장에서는 비트코인과 비교되는 이더리움 아키텍처의 개요를 먼저 살펴본 다음, EVM과 튜링 완전성에 집중할 것이다. 아키텍처에 이어 이더리움의 계정 모델을 간단히 논의하고, 머클-패트리샤^{Merkel-Patricia} 트리로 계정을 표현하는 것에 대해 설명할 것이다. 네트워크에서 스팸 방지 메커니즘인 스토리지, 이더리움에서 가스의 글로벌 상태를 이러한 논의의 주제로 삼을 것이다. 그런 다음 EVM을 통해 할 수 있는 스마트 계약의 개념, 실행 가능한 코드를 샌드박싱하는 것과 관련된 보안 문제, EVM이 블록체인상에 실행 가능한 코드(바이트코드)를 주입하는 방법에 대해 상세히 살펴볼 것이다. 이더리움의 스마트 계약을 작성하는 프로그래밍 언어인 솔리디티^{Solidity}에 대해서도 소개할 텐데, 솔리디티 구문과 일반적인 통합 개발 환경^{IDE, integrated development environment}에 대해 살펴볼 것이다. 다음으로 이더리움을 사용하는 데 제안된 월드 컴퓨터^{World Computer} 모델을 비롯해, IPFS와 위스퍼^{Whisper} 같은 몇몇 관련 있는 탈중앙화 기술에 집중할 것이다. 그 후 이더리움에서 사용할 수 있는 앱에 대해 살펴볼 것이다. 기업의 측면에서 특히 주목할 만한 개발은 마이크로소프트의 애저^{Azure} 클라우드에 배포된 BaaS^{Blockchain-as-a-Service}이다. 네트워크의 경우 분산앱^{Dapp, distributed app}은 이더리움에서 구축되고, Mist 같은 월드 컴퓨터 구성요소를 사용해 게시되고 있다.

이더리움의 개요

2013년 중반 무렵 주요 비트코인 커뮤니티가 단순한 화폐를 넘어 다른 애플리케이션에 대한 아이디어로 관심이 급변하기 시작했다. 그리고 곧바로 온라인 포럼에서 논의된 새로운 아이디어가 홍수처럼 밀려왔다. 일부 일반적인 예로 도메인 등록, 자산 보험, 투표, 심지어 사물인터넷^{IoT, Internet of Things} 등을 포함한다. 비트코인에 대한 과대포장이 점차 사라지기 시작한 후, 비트코인 프로토콜의 좀 더 깊이 있는 분석으로 블록체인에서 구축할 수 있는 잠재적인 애플리케이션의 심각한 한계가 드러났다.

논쟁의 핵심은 전체 스크립트 언어를 블록체인 내부에서 사용할 수 있는지 또는 애플리케이션을 블록체인의 외부에 존재하는 로직으로 구축할지의 여부다. 이 논쟁을 촉발한 두 가지 핵심 이슈가 있다.

- 비트코인 프로토콜에서 스크립트 언어와 OPCODES[1]는 기능성에 매우 제한을 둔 설계였다.
- 프로토콜 자체가 충분히 일반적이지 않았다. 그리고 네임코인^{Namecoin} 같은 대체 화폐 및 기타 화폐가 특정 태스크를 위해 특화되어 나타났다. 동시에 중요한 질문은 다음과 같았다. "프로토콜을 일반화하는 방법은 무엇인가? 그래서 미지의 애플리케이션과 미래에 호환성을 가질 수 있겠는가?"

결국 스크립팅과 관련해 두 가지 사상이 등장했다. 전통적으로 사토시의 논문은 기능성에 매우 제한을 두는 스크립트 언어를 유지하는 것을 제안했다. 이것은 블록체인에 실행 가능한 코드를 갖고 있다는 보안 문제를 피할 수 있었을 것이다. 이 경우 분산 상태를 갱신하는 블록체인에 있어 소수의 고유 실행 코드로 제한된다. 두 번째 사상은 비탈리크^{Vitalik}가 옹호했다. 비탈리크는 블록체인에 대한 생각을 단순한 원장^{ledger} 그 이상으로 생각했다. 비탈리크는 계약과 인수를 하는 잘 정의된 함수를 실행할 수 있는 연산 플랫폼으로서 블록체인을 계획했다. EMV의 설계는 실행 가능한 코드와 EVM에 만든 애플리케이션의 안전 실행을 완전히 격리할 수 있게 했다. 이제 이더리움의 설계 원칙과 핵심 아이디어를 바탕으로 설명을 시작한다.

> **⟁ 핵심 아이디어**
>
> 이더리움의 특정 애플리케이션을 지원하기 위한 플랫폼을 구축하는 대신, 확장성을 가진 네이티브 프로그래밍 언어를 지원하며, 그 언어를 사용하는 플랫폼에서 비즈니스 로직을 구현한다.

이 원리가 의미하는 바에 대해 간단히 논의해보자. 그리고 이더리움의 또 다른 기능인 합의에 대해 논의한다. 이전 장에서 합의의 개념에 대해 논의했다. 비트코인 같은 작업 증명 기반의 암호화폐에서 네트워크는 거래를 검증하는 암호학적 퍼즐을 해결하고 새로운 블록을 채굴에 성공한 채굴자에게 보상한다. 이더리움은 다른 합의 알고리즘인 지분 증

---

1   OpCodes(Operation Codes): 표준 거래의 공개키 스크립트에서 사용 – 옮긴이

명^{PoS}을 사용한다. 지분 증명 알고리즘에서는 계정이 네트워크에 갖고 있는 지분에 기반한 의사 임의 방법으로 다음 블록의 검증자 또는 생성자를 선택한다. 따라서 네트워크에서 높은 지분을 갖는 경우 검증자로 선택될 기회가 높다. 검증자는 그때 다음 블록을 단조하고 네트워크에서 보상을 받을 것이다. 여기서 검증자는 블록을 채굴하는 대신 (대장장이 의미에서) 블록을 단조하고 있다. 왜냐하면 지분 증명에서 하드웨어 기반의 채굴은 가상 지분으로 대체되고 있기 때문이다. 지분 증명이 사용되는 이유는 어느 정도는 빈번한 불만사항이 되는 작업 증명의 높은 에너지 요구 때문이다. 피어코인^{Peercoin}은 작업 증명을 가지고 출시한 첫 번째 암호화폐였다. 그렇지만 좀 더 현저하게 작업 증명을 구현한 최근의 사례는 새도캐시^{ShadowCash}, Nxt, 코라^{Qora}에서 확인할 수 있다. 프로토콜 등 비트코인과 이더리움의 주요 차이점을 그림 4-1에 표시했다.

주소는 거래를 가리키고, 블록체인은 발생한 전송 기능의 기록이다.

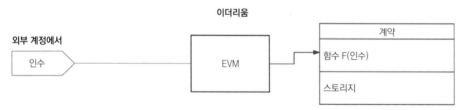

사용자는 계약에서 특별한 함수 F를 호출하는 EVM을 통해 인수를 전달한다.

▲ 그림 4-1 연산 플랫폼으로서 비트코인과 이더리움의 개요

비트코인 프로토콜에서 주소는 송신자에서 수신자로 거래를 연결한다. 블록체인에서 동작하는 프로그램만 전송 프로그램이다. 주소와 키 서명을 주었기 때문에, 이 프로그램은

어느 한 사용자에서 다른 사용자에게로 돈을 전송할 수 있다. 이더리움은 모든 노드에 EVM을 놓음으로써 이 개념을 일반화한다. 그래서 블록체인에서 검증 가능한 코드를 실행할 수 있다. 여기서 일반적인 계획은 외부 계정이 인수를 함수에 통과시키고, EVM이 그 호출에 대한 적당한 계약을 지시하고 함수를 실행할 것이며, 승인된 적당량의 이더와 가스를 공급하는 것이다. 결과적으로 이더리움의 모든 거래를 함수 호출로 생각할 수 있다. 이더리움에서 함수 호출과 거래는 지분 증명을 준수하며, 작업 증명에 의존하는 비트코인 블록체인보다 훨씬 빠른 해결책을 갖는다. 또한 네트워크가 검증하는 이 프로세스의 보안 수준은 매우 높다.

이더리움 계정

계정^{account}은 이더리움에서 메타구조이며 블록체인의 기본적인 운영 단위다. 또한 계정은 네트워크에서 사용자의 정보를 저장하고 추적하기 위한 모델로 제공된다. 네트워크에서 사용할 수 있는 두 가지 형태의 계정이 있다.

- **사용자 계정**$^{user\ account}$: 외부 계정으로도 알려진 사용자 통제 계정이다. 사용자 계정은 공개키-개인키 쌍으로 통제되는 이더 잔액을 갖는다. 그리고 거래를 송신할 수 있다. 그렇지만 관련 코드를 갖지 않는다. 이더리움 네트워크에서 모든 행위는 외부 계정으로 초기화된 거래에 의해 촉발된다. 비트코인 프로토콜에서 주소로서 단순히 외부 계정에 대해 언급했었다. 계정과 주소의 핵심적인 차이점은 이더리움에서 일반화된 코드를 포함하고 실행하는 기능에 있다.

- **계약**^{contract}: 계약은 본질적으로 자신의 코드에 의해 통제되는 계정이다. 계약 계정은 블록체인에 존재하는 이더리움의 기능적 프로그램 단위다. 계약 계정은 관련 코드를 갖는 이더 잔액을 갖는다. 계약 계정은 다른 계정에서 수신된 거래에 의해 유발될 때 코드를 실행할 수 있다. 그리고 자신의 영구 스토리지를 운영할 수 있다(블록체인의 모든 계약은 자신의 스토리지를 갖는데, 이 스토리지는 쓰기만 할 수 있다. 이 상태를 계약 상태$^{contract\ state}$라고 한다). 네트워크에서 어떤 구성원이든 계약으로 정의하고 있는 일부 임의의 규칙을 가진 애플리케이션을 생성할 수 있다.

계정이 그러한 핵심 역할을 하는 경우, 어떻게 블록체인에 계정을 표현하는가? 계정은 머클 트리의 요소가 된다. 즉, 계정은 모든 블록 헤더의 요소다. 이더리움은 머클-패트리샤 트리$^{Merkle-Patricia\ tree}$라고 부르는 이진 머클 트리의 변형된 형태를 사용한다. 머클-패트리샤 트리에 대한 자세한 설명(http://www.emsec.rub.de/media/crypto/attachments/files/2011/04/becker_1.pdf 참조)은 이 책의 범위를 넘어서지만, 그림 4-2에서 가시화된 개요를 제공한다.

> ✍ 참고
>
> 여기서 설명한 2계정 시스템(two-account system)은 장기적으로 이더리움에 남아 있지 않을 것이다. 최근 들어 개발자 커뮤니티에서 1계정 모델(one-account model)을 추진하고 있는데, 이 모델은 계약을 사용해 사용자 계정을 구현하는 것이다.

블록 헤더는 네트워크 상태를 알리는 여러 가지 표준 정의를 포함하고 있다. 추가적으로 이더리움의 모든 블록 헤더는 세 가지 분류의 객체에 세 가지 트리를 갖고 있다. 세 가지 객체는 함수 호출을 의미하는 거래^{transaction}, 개별 거래의 영향을 기록하는 함수 호출의 결과인 영수증^{receipt}, 상태 객체$^{state\ object}$다. 계정 객체를 포함하고 있는 상태 루트$^{state\ root}$를 가지고 더 깊이 있게 머클-패트리샤 트리에 대해 살펴볼 것이다. 이진 트리는 거래 이력을 관리하는 데 유용하다. 그리고 상태는 더 많은 구성요소를 갖고 있고 더 자주 갱신돼야 한다. 네트워크의 계정 잔액과 넌스는 종종 변경된다. 그러므로 전체 트리를 재계산하지 않고 추가, 변경, 삭제 작업을 한 후, 새로운 트리 루트를 빠르게 계산할 수 있는 데이터 구조가 필요하다. 머클 트리는 이런 구조에서 다음과 같은 질문에 답할 수 있게 한다. "이 계정이 존재하는가?", "이 거래가 특정 블록을 포함하는가?", "현재 나의 계정 잔액은 얼마인가?" 그림 4-2에서 보여주는 머클-패트리샤 트리는 2단계 수준이며, 수많은 분기를 갖고 있다. 분기 중 하나는 계정을 생성하는 4개의 구성요소를 포함하는 점선 상자를 가리킨다. 잔액은 외부 계정에만 관련되며, 유사하게 실행 가능한 코드를 갖고 있는 코드해시는 계약에만 적용할 수 있다. 스토리지 루트는 블록체인에 사용자가 적재한 데이터 또는 계약이 수행될 때 갱신될 수 있도록 계약을 가능하게 하는 내부 스토리지 공간을 실제로 포함하고 있다.

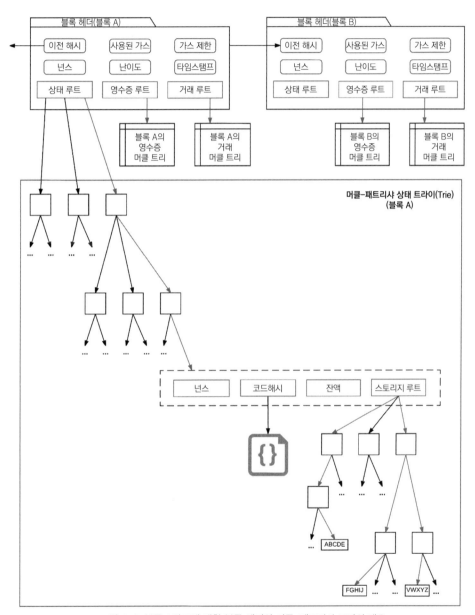

▲ 그림 4-2 블록 A와 B에 대한 블록 헤더와 머클-패트리샤 트리의 개요

상태, 스토리지, 가스

계약을 통해 소유한 스토리지의 운영과 상태를 갱신할 수 있다는 것에 대해 간단하게 언급했다. 그렇다면 상태^{state}란 무엇인가? 비트코인 프로토콜에서 사용자와 거래 데이터를 틀에 맞추고 미전송 거래 출력^{UTXO} 맥락에서 저장하는 것에 대해 상기해야 한다. 이더리움은 상태 객체를 사용하는 다른 설계 전략을 채용한다. 기본적으로 상태는 각 계정의 잔액이 있는 계정 목록뿐만 아니라 블록체인 특화 데이터(코드와 데이터 스토리지)를 저장한다. 송신 계정이 이중 지출을 방지할 정도의 충분한 지불 잔액을 갖고 있는 경우 유효한 거래로 간주하고, 송신 계정에서 인출되고 수신 계정에 그 금액만큼 입금된다. 거래와 관련된 수신 계정 코드가 있으면, 거래가 수신될 때 코드가 실행된다. 계약이나 계정과 관련된 코드의 실행은 상태에 다른 영향을 줄 수 있다. 내부 스토리지 또한 변경되거나 코드가 다른 계정에 부가적인 거래를 생성할 수 있을 것이다.

이더리움은 네트워크에서 상태와 이력 사이의 차이를 만든다. 상태는 주어진 시간에 네트워크 상태와 계정에 관한 현재 정보의 스냅샷이다. 반면에 이력은 함수 호출(거래), 결과로 생긴 변화(영수증) 등 블록체인에서 발생하는 모든 이벤트의 모음집이다. 대부분의 이더리움 네트워크 노드는 상태 기록을 유지한다. 좀 더 공식적으로 상태는 계정 객체와 주소를 연결하는 키 값을 갖는 데이터 구조다. 각 계정 객체는 다음과 같은 4개의 값을 갖는다.

- 현재 넌스 값
- 계정 잔액(이더)
- 코드해시(계약의 경우 코드를 포함하나 외부 계정에 대해 빈 값이 남아 있다.)
- 스토리지 루트(블록체인에 저장된 데이터와 코드를 포함하는 머클-패트리샤 트리의 루트)

다음으로 이더리움의 가스^{gas}에 대해 논의한다. 가스는 이더리움에서 실행 비용을 추적하기 위한 내부 단위다. 다시 말해, 블록체인에서 연산을 수행하기 위한 소액 거래 수수료$^{microtransaction\ fee}$다. 이더리움 같은 연산 플랫폼의 경우, 정지 문제 때문에 코드를 실행하고 있을 때 수수료는 매우 중요하다. 프로그램이 무기한으로 동작할지 또는 긴 시간 동작할지 말할 필요가 없다. 가스는 사용자가 계약의 단계별 지시를 실행하기 위해 지불해야 하는 것처럼 실행 중에 제한기limiter를 둔다. 소액 거래의 특성은 매우 저렴하게 실행되는 단계를 허용하는 것이다. 그렇지만 그러한 거래조차도 매우 긴 실행 시간을 주어야 할지 모른다. 계약을 위해 공급된 가스가 고갈되는 경우 사용자는 계속해서 더 많은 비용을 지불해야 할 것이다. 또한 특정 가스 수수료는 스토리지를 가져오는 동작에 적용된다.

스토리지, 메모리, 처리 같은 작업 모두는 이더리움 네트워크에서 가스를 소비한다. 스토리지에 대한 논의는 다음에 한다. 이더리움에서 외부 계정은 계약을 사용해 블록체인에 데이터를 저장할 수 있다. 계약은 업로드와 스토리지 처리를 관리할 것이나, 저장될 수 있는 데이터 유형은 매우 제한적이다. 이때 질문이 생긴다. "이더리움 블록체인에 콘텐츠와 정보를 업로딩하는 것에 대한 제한은 무엇인가?", "블록체인의 팽창을 방지할 수 있는 것은 무엇인가?" 결과적으로, 현재 데이터 오버로드를 방지하는 두 가지 메커니즘이 있다.

- 스토리지와 연산 작업에 블록당 소비되는 가스양을 지정하는 블록당 가스 제한
- 사용자가 데이터를 저장하기 위해 필요로 하는 가스를 구매하는 데 소비해야 하는 금액

두 번째 제한은 일반적으로 사용자가 블록체인에 직접 저장하는 것을 억제한다. 왜냐하면 스토리지로 STORJ(https://storj.io/)[2] 또는 IPFS InterPlanetary File System (https://ipfs.io/)[3] 같은 제3자 탈중앙화 서비스를 사용하고 계약에 있는 것을 포함해 이더리움의 위치를 해싱하는 편이 훨씬 더 효과적이고 경제적이기 때문이다. 미래에는 새로운 분산 스토리지 애플리케이션이 모든 종류의 데이터 파일을 업로드하고 블록체인의 계약에 포함시킬 수 있게 될 것이다. 지금까지 논의한 내용을 요약해보면, 계정, 동작을 위한 가스 충전, 블록체인에 직접 데이터 저장, 블록체인에 실행 가능한 코드 허용, 상태 객체, 머클-패트리

---

2   종단 간(E2E) 암호화를 지원하는 오픈소스 클라우드 스토리지. 오픈소스라고 모두 공짜는 아니다. 단지 저렴할 뿐이다. – 옮긴이

3   좀 더 빠르고 안전하며 공개된 웹을 만들기 위한 P2P 하이퍼미디어 프로토콜 – 옮긴이

샤 트리를 사용한 비트코인과 이더리움 간의 차이점으로 시작했다. 그림 4-3은 이더리움에서 발생하는 처리 과정의 간단한 기능 개요를 보여준다.

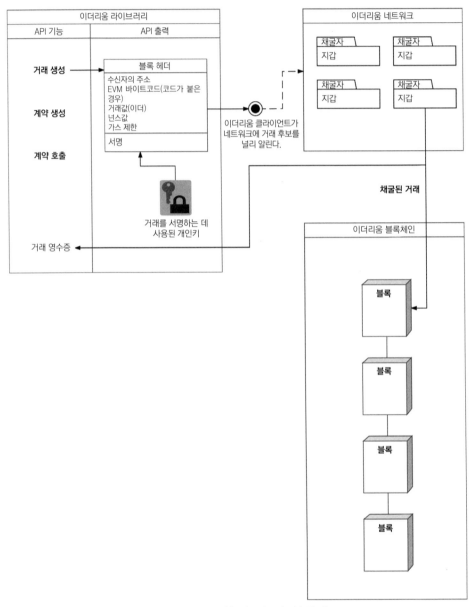

▲ 그림 4-3 이더리움 네트워크의 단순한 개요

중요한 이더리움 구성요소 세 가지인 API, 네트워크, 블록체인은 논의 대상이다. 이더리움 자바스크립트 API(web3.js)는 거래와 계약 구성, 함수 참조, 영수증 저장 같은 큰 기능 세트를 제공한다. Mist(https://github.com/ethereum/mist) 같은 이더리움의 향상된 지갑 클라이언트는 GUI로 이러한 여러 기능을 대신할 수 있다. 후보 블록을 구성하면 이더리움 클라이언트가 네트워크에 그 블록에 대해 알린다. 거래나 계약과 관련된 블록의 어떤 코드가 유효한 경우, 네트워크의 검증자는 거래의 유효성을 결정한다. 검증이 완료되면 검증자는 관련 코드를 실행하고 현재 상태에 검증 결과를 적용한다. 블록은 네트워크에 알리고, 채굴자는 블록을 단조할 것이다. 그런 다음 검증된 블록은 블록체인에 추가된다. 이 단계는 또한 블록에 포함된 모든 거래에 대한 거래 영수증을 생성한다. 새로운 블록은 또한 현재 블록에서 새로운 블록까지 상태에 대한 상태 객체와 관련하는 연결에 갱신을 유도한다.

> **✎ 참고**
>
> 무엇으로 이더리움 네트워크가 작은 미사용 계약에 의해 팽창하는 것을 방지할 수 있는가? 현재 계약의 수명을 조절하는 메커니즘은 없다. 그렇지만 임시 구독 기반 계약에 대한 일부 제안이 있다. 미래에는 두 가지 종류의 계약이 있게 될 것이다. 하나는 생성과 연산에 더 많은 비용이 소비되는 영구적인 수명을 갖는 방법이다. 다른 하나는 혼란을 방지하기 위해 구독이 종료된 후 스스로 해체하는 것으로, 좀 더 저렴하고 일시적인 방법으로 구독 만료 때까지 운영되는 것이다.

이더리움 가상 머신

공식적으로 이더리움 가상 머신$^{EVM, Ethereum Virtual Machine}$은 이더리움의 스마트 계약$^{smart contract}$을 위한 실행 환경이다. 계약은 솔리디티^{Solidity}라는 고수준 언어로 작성하고, EVM에서 번역기^{interpreter}를 사용해 바이트코드로 컴파일된다. 그런 다음 이더리움 클라이언트를 사용해 블록체인에 바이트코드를 적재한다. 계약은 실행 가능한 바이트코드 형식으로 블록체인에 존재한다. EVM은 환경 및 네트워크의 나머지 부분과 완전히 격리되도록 설계됐다. EVM의 내부에서 실행하는 코드는 네트워크나 다른 어떤 프로세스에 접근할 수 없다. 바이트코드로 컴파일된 후에 계약은 외부 세계와 다른 계약에 접근할 수 있다.

운영의 관점에서 EVM은 내부 데이터베이스의 유지 관리, 코드 실행, 메시지 전달을 통한 상호 소통 능력을 가진 수백만 개의 객체(계정)를 가지고 거대한 탈중앙화 컴퓨터로 동작한다. 이 모델은 아직 완성되지 않았다. 그러나 이더리움에서 이 개념은 흔히 월드 컴퓨터world computer에 대한 아이디어로 언급된다. 코드 실행과 그것이 어떻게 합의와 밀접하게 연결되어 있는지에 관한 주제로 돌아가 보자. EVM 사용으로 네트워크의 모든 사용자는 비신뢰 환경의 네트워크에서 결정적인 결과를 낳고 실행을 보장할 수 있는 임의의 코드를 실행할 수 있다. 기본 실행 환경과 설정은 정체를 가져온다. 네트워크에서 아무것도 발생하지 않으며 모든 상태는 동일하게 유지된다. 그렇지만 이전에 언급해듯이, 모든 사용자가 외부 계정으로부터 거래를 송신하는 행동을 촉발할 수 있다. 여기서 두 가지 결과를 확인할 수 있다. 수신자가 다른 외부 계정인 경우, 거래는 일부 이더를 전송할 것이다. 그렇지만 다른 아무것도 발생하지 않을 것이다. 그렇게 수신자가 계약인 경우, 계약은 활성화되고 내부에서 코드가 실행될 것이다. 네트워크 내부에서 코드를 실행하는 데는 다소 시간이 걸리며, 처리 과정은 비교적 느리고 비용이 든다. 명령의 모든 단계에서 사용자는 실행을 위한 가스를 충전한다. 사용자가 거래에서 실행을 시작할 때, 계약을 위해 가스로 지불할 수 있는 최대치의 화폐 상한선을 설정한다.

> **⊕ 팁**
>
> 이더리움은 최근에 적시공급 가상 머신(just-In-time virtual machine)으로 전환하는 프로세스를 시작했다. 적시공급 가상 머신은 가스 사용과 성능에 일부 최적화를 제공한다.

EVM의 결과가 결정론적^{deterministic}[4]이라는 건 무엇을 의미하는가? 기본적으로 계약 방법에 대해 각 노드가 동일한 입력이 주어질 때 동일한 최종 상태가 되는 것이다. 그렇지 않으면 거래 검증에 필요한 계약 코드를 실행하는 각 노드는 다른 결과로 종료되고 합의될 가능성은 없어질 것이다. 이것은 EVM의 결정론적 특성이다. 이 특성은 모든 노드가 계약의 실행과 계정의 동일한 최종 상태가 되도록 합의에 도달하게 한다. 또한 계약은 다른 계약을 참조할 수 있다. 그렇지만 다른 계약의 내부 스토리지에 직접 접근할 수는 없다. 모든 계약은 전용 사설 EVM 인스턴스에서 동작한다. 이 인스턴스에는 일부 입력 데이터, 내부 스토리지, 블록체인의 다른 계약 코드, 최근 블록 해시 같은 다양한 블록체인 매개변수만 접근할 수 있다.

네트워크의 모든 노드는 각 거래에 대해 계약 코드를 동시에 실행한다. 노드가 블록을 검증할 때는 블록에 지정된 순서에 따라 순차적으로 거래를 실행한다. 블록이 동일한 계약을 호출하는 다수의 거래를 포함하기 때문에 이것은 필수적이다. 그리고 계약의 현재 상태는 코드가 실행되는 동안 앞서 참조한 것에 따라 변경된 상태에 의존적일 것이다. 계약 코드를 실행하는 것은 비교적 비싼 편이다. 그래서 노드가 블록을 수신할 때, 거래에 대한 기본적인 확인만 수행한다. 송신 계정이 가스를 지불할 충분한 이더를 갖고 있는가? 거래가 유효한 서명을 갖고 있는가? 그때 채굴 노드는 비교적 비싼 태스크를 수행하는 블록에 포함시켜 거래의 실행과 함께 보상으로 거래 수수료를 받는다. 전체 노드가 블록을 수신하면, 블록의 거래를 실행해 블록체인에 포함된 거래의 보안성과 신뢰성을 독립적으로 검증한다. 그림 4-4에서 EVM을 시각적으로 살펴보자.

---

4   주어진 조건들을 만족하는 유일한 해가 존재한다는 가정하에서의 문제 접근 방법 – 옮긴이

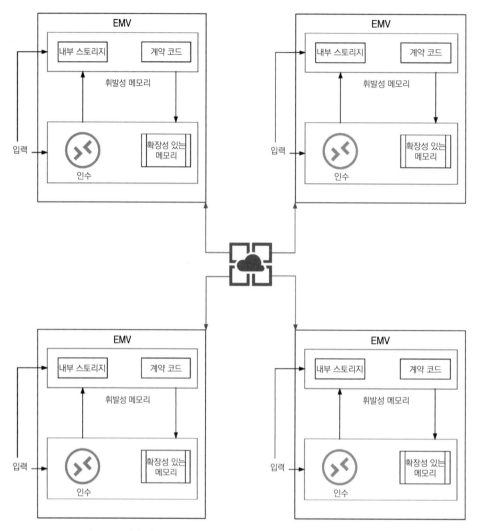

▲ 그림 4-4 4개의 다른 노드에서 동작 중인 이더리움 가상 머신(EVM)의 4개 인스턴스

4개의 EVM은 계약의 명령을 동기적으로 실행한다. 그리고 실행이 완료됐을 때, 동일한 계정 상태에 도달할 것이다. 이것은 EVM의 결정론적 특성에 의한 것이다. 이 특성은 명령의 모든 단계에서 네트워크를 통해 계약이 합의에 도달하게 한다. EVM은 매우 직선적인 사용의 근거를 갖고 있다. 명령은 한 번에 하나의 단계를 실행하도록 단일 실행 루프

를 갖고 있다. 이 루프 내에서 필요한 경우 각 명령을 위한 가스를 계산하고 할당된 메모리를 확장한다. 루프는 EVM이 성공적인 실행을 알리는 출구 코드를 수신하거나 가스의 범위를 넘는 것 같은 예외를 전달받을 때까지 계속해서 동작한다.

솔리디티 프로그래밍 언어

솔리디티는 이더리움의 스마트 계약을 작성하기 위한 고수준, 객체 기반 프로그래밍 언어다. 솔리디티로 작성된 코드는 EVM의 명령 세트인 바이트코드로 컴파일된 후 EVM에서 실행될 수 있다. 바이트코드가 실행 중에 호출되는 다른 함수와 계약에 참조를 인코딩하는 방법은 무엇인가? 이것은 ABI^{application binary interface}를 사용해 한다. 일반적으로 ABI는 두 프로그램 모듈, 즉 기계 수준 명령과 인간이 읽을 수 있는 고수준 프로그래밍 언어 사이의 인터페이스다. 세 가지 구성요소로 이 답을 세분화한다.

- **계약**^{contract} : 계약은 솔리디티 같은 공식 언어로 정의된 단순한 고수준 코드다.
- **컴파일된 계약**: 계약은 컴파일러 사양을 준수해 EVM에서 실행되는 바이트코드로 변환된다. 함수 이름과 입력 매개변수는 컴파일 동안 해싱되고 난독화된다는 점을 주목한다. 그러므로 함수를 호출하기 위한 또 다른 계정에 대해 주어진 함수 이름과 매개변수에 접근할 수 있어야 한다. 그리고 바이트코드의 부호화와 복호화를 연결하는 또 다른 계층이 필요하다.
- **ABI**: ABI는 JSON^{JavaScript Object Notation} 형식의 계약에 대한 함수 정의와 매개변수의 목록이다. 함수 정의와 입력 매개변수는 ABI로 해싱된다. 이것은 거래 데이터에 포함되고 목표 계정으로 EVM에 의해 번역된다. 함수가 기대하는 형식의 데이터를 반환할 것을 보증할 뿐만 아니라 계약에서 호출할 함수를 지정하도록 ABI가 필요하다.

솔리디티(https://solidity.readthedocs.io/en/develop/에 접속해 확인한다)는 강력한 IDE로 스마트 계약을 작성하도록 돕는 새로운 비주얼 스튜디오 플러그인(https://marketplace.

visualstudio.com/items?itemName=ConsenSys.solidity에 접속해 확인한다)이다. 그리고 이더리움 네트워크에 스마트 계약을 배포할 수 있다. 여기 나오는 솔리디티에 대한 논의는 변수 저장 및 단순 계약 생성 같은 기본적인 내용을 다루는 데 국한된다. 그럼, 이제 이러한 내용에 대해 살펴보자.

```
/* 계약 정의 */
contract ExampleStorage {

    uint storedNumber; // 상태 변수를 선언하는 데 사용된 unsigned integer (uint)

    /* set 함수는 상태 변수의 값을 변경할 수 있다. */
    function set(uint x) {
        storedNumber = x;
    }

    /* get 함수는 상태 변수의 값을 받을 수 있다. */
    function get() constant returns (uint retVal) {
        return storedData;
    }
}
```

이런 스토리지 계약은 사용자가 상태 변수 storedNumber로서 정수를 저장할 수 있게 한다. 그런 다음 get( )과 set( ) 함수를 사용해 값을 변경하거나 가져온다. 솔리디티는 또한 상속(계약을 위해), 함수 오버로딩, 클래스 인터페이스 등 현대 프로그래밍 언어에서 활용할 수 있는 여러 가지 고급 기능을 제공한다. 다음으로 좀 더 복잡한 계약의 예제를 살펴보자. 솔리디티를 사용해 단순한 은행 계약을 만들 것이다.

```
// 은행 계약은 예금, 인출, 잔액 확인을 하게 한다.

// 'contract'는 다른 OOP와 유사하게 선언한 키워드다.
contract SimpleBank {

    // 'mapping'은 주소 객체와 잔액을 연결하는 딕셔너리다.
    // 'private'는 다른 계약이 직접 잔액을 조회할 수 없음을 의미한다.
    mapping (address => uint) private balances;
```

```solidity
// 'public'은 블록체인의 사용자나 계약이 외부에서 읽을 수 있게 만든다.
address public owner;

// 이벤트는 이더리움 네트워크를 통해 메시지를 발생시킨다.
event LogDepositMade(address accountAddress, uint amount);

// 생성자
function SimpleBank() {

    // msg는 계약에 송신한 메시지에 대한 상세 정보를 제공한다.
    // msg.sender는 계약 생성자의 주소다.
    owner = msg.sender;
}


// 은행에 이더를 예치한다.
// 예치한 후 사용자의 잔액을 반환한다.
function deposit() public returns (uint) {
    // 계정 잔액에 예치되어 있는 값을 추가한다.
    balances[msg.sender] += msg.value;

    // 방금 만든 예치에 대한 로그를 남긴다.
    LogDepositMade(msg.sender, msg.value);

    // 예치 후 잔액을 반환한다.
    return balances[msg.sender];
}

// 은행에서 이더를 인출한다.
// withdrawAmount는 인출을 원하는 금액이다.
// 사용자에 대한 남아 있는 잔액을 반환한다.
function withdraw(uint withdrawAmount) public returns (uint remainingBal) {

/* 계정 잔액이 인출을 위한 금액보다 큰 경우, 잔액에서 인출 금액을 뺀다. */
    if(balances[msg.sender] >= withdrawAmount) {
        balances[msg.sender] -= withdrawAmount;

        // 실패 시, 원래 금액으로 잔액을 되돌리도록 증가시킨다.
        if (!msg.sender.send(withdrawAmount)) {
```

```
            balances[msg.sender] += withdrawAmount;
        }
    }

    // 인출 후 남아 있는 잔액을 반환한다.
    return balances[msg.sender];
}

// 사용자의 잔액을 반환한다.
// 'constant'는 상태 변수를 편집으로부터 함수를 보호한다.
function balance() constant returns (uint) {
    return balances[msg.sender];
}

}
```

이 계약은 이동 부분이 많지만 간단한 개념이다. 상태 변수의 선언을 시작으로, 여기서 매핑^{mapping}이라는 고급 데이터 유형을 사용했다. 그때 계약과 이벤트 로거^{logger} 전체에서 사용되는 주소 변수를 선언한다. 생성자는 소유자 객체를 사용할 수 있도록 준비했고, 함수에서 반환 유형의 형식으로 메시지를 수신하도록 소유자 객체를 할당했다. 은행의 기본적인 기능을 하도록 생성자 다음에 3개의 함수가 있다. deposit 함수는 잔액에 인수의 금액을 추가한다. withdraw 함수는 요청한 금액이 계정의 사용 가능한 잔액보다 작은지를 확인한다. 이 경우, 인출을 확정한다. 그리고 잔액에서 인수의 금액을 뺀다. 충분하지 않은 잔액이 있는 경우, 인출된 금액을 계정에 다시 추가한다. 그러면 최종 잔액이 사용자에게 반환된다. 마지막 함수는 계약에 의해 요청된 주어진 시간에 계정 잔액을 반환하게 한다.

월드 컴퓨터

이더리움 프로젝트는 통신의 스마트 로깅을 위한 백엔드가 되는 블록체인의 힘으로 수백만 계정의 공유된 월드 컴퓨터$^{world\ computer}$가 되는 웅장한 버전이다. 계약은 실행될 탈중앙화 로직을 제공하고, EVM은 실행 플랫폼이다. 연산과 처리만으로는 충분하지 않다.

컴퓨터는 또한 정보를 저장할 수 있어야 한다. 그리고 애플리케이션이 서로 통신하도록 메커니즘을 허용해야 한다. 그림 4-5에 묘사된 이런 월드 컴퓨터는 정보 흐름의 탈중앙화 특성에 의해 서버가 더 이상 필요하지 않은 인터넷 3.0 시대에 운영될 것이다. 이 야심찬 노력에서 이더리움은 프로젝트의 1/3에 불과하다. 따라서 다른 두 가지 구성요소를 소개한다.

- **위스퍼**^{Whisper} : 탈중앙화 애플리케이션과 블록체인의 계정이 서로 통신할 수 있게 하는 메시지 전달 프로토콜. 이 프로토콜은 애플리케이션이 동일한 머신에서 실행하는 전통적인 메시지 전달 프로토콜과 다르다. 여기서 탈중앙화 앱은 블록체인의 노드에서 실행할 수 있다.

- **스웜**^{Swarm} : 탈중앙화 데이터 스토리지와 이더리움 블록체인에서 사용 가능한 분산 자원. 스웜은 콘텐츠의 해시값으로 파일을 지정하는 P2P 데이터 공유 네트워크다. 스웜은 비트토렌트^{BitTorrent}와 매우 유사하다. 비트토렌트는 다수의 노드에서 파일의 작은 조각을 가져와 수신된 데이터를 하나의 파일로 구성한다. 스웜의 가장 강력한 기능은 단일 노드에서 데이터 조각을 서비스하면, 네트워크의 어디서든 접근할 수 있다는 것이다. 현재 스웜은 개발 초기 단계에 있다. 그래서 탈중앙화 스토리지를 제공할 수 있는 서비스(Storj, IPFS)를 지정하지 않는다. 그렇지만 스웜은 스토리지를 다루는 도구와 블록체인 외부에 저장된 데이터에 대한 해싱된 참조를 갖고 있다. 스웜의 사용은 어떤 유형의 서버를 서비스하지 않고 탈중앙화 방식으로 중복을 복제하기 위해 네트워크를 통해 데이터를 분산시킨다. 네트워크의 다수 노드는 RAID 구성과 같이 데이터를 저장하고 복제하기 위한 인센티브를 받을 수 있다. 따라서 네트워크에 서버 호스팅을 할 필요가 없다.

- **계약**^{contract} : 이것은 앞서 언급한 월드 컴퓨터의 마지막 구성요소다. 계약은 블록체인에 프로그래밍 방식의 접근을 허용한다. 결국 월드 컴퓨터에서 동작할 수 있는 애플리케이션에 전원을 공급하는 논리적 프레임워크를 제공한다.

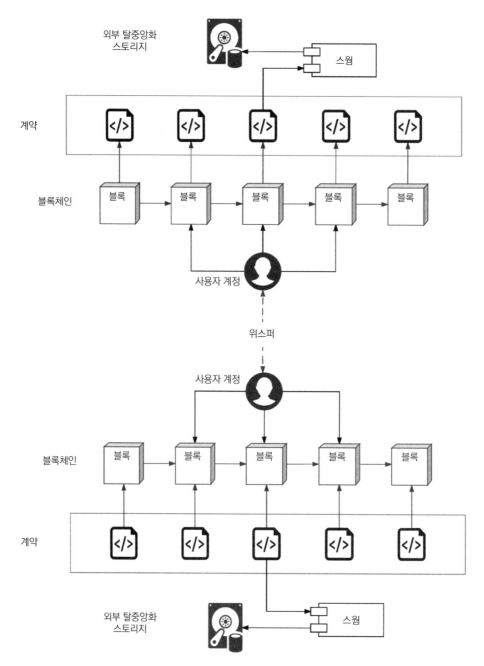

▲ 그림 4-5 이더리움의 월드 컴퓨터 모델에 대한 계층적 접근

월드 컴퓨터의 사용자 계정(또는 단순 사용자)은 월드 컴퓨터에서 기본적인 개체^{entity}다. 그래서 사용자는 첫 번째 계층이다. 두 번째 계층은 블록체인인데, 이 계층은 네트워크에서 다른 구성요소 간의 통신을 위한 시리얼 버스의 역할을 한다. 세 번째 계층은 블록체인에 있는 스마트 계약으로 불리는 논리적 프레임워크이며, 월드 컴퓨터에 연산 기능을 제공한다. 일부 계약은 출력을 위해 외부 스토리지가 필요하며, 네 번째 계층에 있는 스토리지를 조정하기 위해 스웜을 사용한다. 마지막으로, 첫 번째 계층으로 돌아가 사용자와 사용자 간 또는 애플리케이션과 애플리케이션 간 통신을 촉진하는 위스퍼라는 메시지 전달 프로토콜을 갖는다.

철학적 비전이나 기술적 청사진 이상으로 월드 컴퓨터와 인터넷 3.0의 개념은 웹을 통해 콘텐츠를 통제하고 배포하는 방법에 광범위한 영향을 미친다. 이더리움의 테일러 게링$^{Taylor\ Gerring}$은 이 꿈을 만드는 것에 대해 매우 강력한 발표를 했다.

이더리움 생태계의 경제가 성숙하고 저비용 스토리지에 대한 공개 계약이 개발됨에 따라, 콘텐츠 호스팅의 무료 시장이 진화할 수 있다. P2P 애플리케이션의 특성과 역동성으로, 인기 있는 콘텐츠는 특정 서버에 집중되거나 의존적이지 않고 스웜 공유로 쉽게 확장될 것이다. 결과적으로 인기 있는 콘텐츠는 빠르게 전달된다.

이런 변화는 개발자에게 차세대 아이디어의 창작자와 소비자에게 통제권을 돌려주는 차세대 탈중앙화, 사설, 안전, 검열에 견딜 수 있는 플랫폼을 구축하는 기회를 제공할 것이다. 꿈을 가진 모든 사람이 신용카드를 소유하거나 계정을 등록하지 않고 새로운 클래스의 차세대 탈중앙화 웹 서비스를 무료로 구축할 수 있다.

말하지 않고 기대하지 않더라도, 교란, 조작, 통제 대상의 공유 자원을 소중히 여기고 향상하려는 것은 피할 수 없는 일이다. 떠오르는 인터넷 집단 지성을 한 사람이 완전히 이해하지는 못하는 것처럼, 어떤 하나의 개체를 완전히 이해하거나 완벽하게 일치된 동기를 유지하기를 기대하지 말아야 한다. 오히려 인터넷의 문제 해결을 위해 인터넷에 의지해야 한다.

BaaS

마이크로소프트는 최근 클라우드 플랫폼 애저^{Azure}에 블록체인 기반 서비스를 런칭하기 위해 이더리움 재단^{Ethereum Foundation}과 협력 관계를 발표했다. 이러한 블록체인의 빠르고 쉬운 구현을 제공하는 수단으로서 IaaS^{Infrastructure-as-a-Service}는 개발자가 새로운 기능을 경험하고 저비용으로 탈중앙화 앱을 배포하게 할 것이다. 애저 블록체인 엔지니어링 팀의 말리 그레이^{Marley Grey}는 BaaS^{Blockchain-as-a-Service}가 탈중앙화 앱 생태계를 육성하는 방법에 대해 설명했다.

마이크로소프트와 콘센시스(ConsenSys)는 마이크로소프트 애저의 이더리움 블록체인을 제공하는 협력사다. 그래서 기업 클라이언트와 개발자는 한 번의 클릭으로 클라우드 기반 블록체인 개발 환경을 보유할 수 있다. 초기에 제공한 것은 애플리케이션 기반 스마트 계약의 신속한 개발을 허용하는 두 가지 도구를 포함한다. 통합 개발 환경(IDE)인 Ether.Camp와 사설이나 준사설 이더리움 블록체인 환경의 블록앱(BlockApp)으로 공개 이더리움 환경에 배포할 수 있다.

마이크로소프트 애저는 '서비스로서의 블록체인인 이더리움(Ethereum Blockchain as a Service)'을 제공한다. 그리고 콘센시스는 금융 서비스 고객과 협력사가 미리 준비된 개발/시험/운영 환경에서 저비용으로 활동하고, 학습하고, 신속하게 실패할 수 있게 한다. 애저의 전 세계 분산 (사설) 플랫폼으로 블록체인 제품을 배포하며, 매우 빠르게 산업 리딩 프레임워크를 사용해 사설, 공개, 컨소시엄 기반 블록체인 환경을 생성하게 할 것이다. 블록체인 애플리케이션을 위해 애저는 훌륭한 개발/시험/운영 환경을 만들었다. 코타나 애널리틱스(Cortana Analytics, 머신 러닝), 파워 BI(Power BI), 애저 액티브 디렉토리(Azure Active Directory), O365, CRMOL 같은 지배적인 기능을 차세대 탈중앙화 교차 플랫폼 애플리케이션을 런칭하는 앱으로 통합할 수 있다.

BaaS에서의 이런 초기 업데이트는 2015년 말에 제공됐다. 그리고 현재 블록체인 랩^{Lab}의 전체 생태계는 애저 DevTest 커뮤니티에서 번창하고 있다. DevTest 랩은 사용자와 개발자가 특정 사용 사례를 위해 설계된 템플릿을 탐색하고 시험할 수 있게 한다. 더욱이 플랫폼은 이더리움 블록체인으로 시작했지만, 최근에는 더 많은 스타트업이 이머

코인^{Emercoin}과 포키닷^{PokiDot} 같은 새로운 서비스를 제공하기 위해 애저에 구축하기 시작했다. 이머코인은 SSH 서비스를 제공하며, 포키닷은 독체인^{Dokchain}이라는 헬스 케어 기반 블록체인이다. 시간이 지남에 따라 더 많은 스타트업이 블록체인을 실행하기 위한 표준으로서 애저를 사용해 서비스를 시작했다. 그리고 애저에서 애플리케이션을 빌드했다. 코타나 같은 지능형 서비스의 통합으로 인해 외부 스트림(예: IoT 디바이스)에서 유입되는 데이터를 서명하고 무결성 수준을 제공할 수 있는 신탁 개발이 쉬워질 수 있다.

> 🖉 **참고**
>
> BaaS에서 마이크로소프트가 최근 개발한 두 가지는 주목할 만하다. 첫 번째는 Cryptlets에 대한 소개다. Cryptlets는 기업용 스마트 계약을 구축하기 위한 외부 이벤트와 인터페이스하기 위한 안전한 미들웨어다. 두 번째 개발은 Coco 프레임워크로, 노드와 행위자가 명시적으로 선언되고 통제되는 블록체인에서 고효율 네트워크를 구축하기 위한 오픈소스 시스템이다.

탈중앙화 애플리케이션

위스퍼에 대한 논의에서 탈중앙화 앱에 대해 언급했지만, 여기서 더 깊이 있게 탈중앙화 앱에 대해 논의할 것이다. 탈중앙화 앱은 이더리움 스택에서 동작하는 서버리스^{serverless} 애플리케이션이다. 그리고 백엔드 스택을 호출할 수 있게 HTML/자바스크립트로 만든 프론트엔드를 통해 최종 사용자와 인터페이스한다. 일반적으로 모바일과 웹 애플리케이션은 중앙집중식 전용 서버에서 동작하는 백엔드를 갖고 있다. 그렇지만 탈중앙화 앱은 탈중앙화 P2P 네트워크에서 동작하는 백엔드 코드를 갖고 있다. 탈중앙화 앱의 구조는 그림 4-6에서 확인할 수 있다.

▲ 그림 4-6 탈중앙화 앱의 구조

사용자 인터페이스는 대개 HTML이나 자바스크립트로 작성된다. 그리고 사용자 디바이스에 적재된 유일한 구성요소다. 외부 스토리지가 필요하거나 애플리케이션이 다른 앱과 통신해야 하는 경우, 인터페이스는 백엔드가 특정 계약을 실행하기 위한 블록체인 또는 스웜이나 위스퍼 같은 백엔드 자원을 호출하게 만든다.

전통적인 앱이 프론트엔드와 백엔드를 구동하는 서버로 구성된다면, 이더리움 스택에서 동작하는 탈중앙화 앱은 블록체인에서 동작하는 프론트엔드와 계약으로 구성될 것이다. 탈중앙화 앱은 대개 블록체인의 관련된 계약을 자체적으로 보유한다. 그리고 비즈니스 로직을 부호화하는 데 사용하며 합의가 중요한 상태를 영구 저장하게 한다. 이더리움 스택의 모든 코드가 단계별 작업을 추적하고 계약 소유자에게 가스를 청구하는 EVM 내부에서 동작한다는 사실을 다시 기억해두자. 이러한 환경은 블록체인에서 너무 많은 오퍼레이션이 실행되거나 블록체인에서 직접적인 데이터 저장으로 인해 체인이 증가하는 것으로부터 탈중앙화 앱 개발자를 보호한다.

> **⊘ 참고**
>
> 간단하게 리뷰하면, 이더리움 스택은 블록체인, 위스퍼, 스웜이라는 세 가지 구성요소로 구성되어 있다. 프론트엔드 인터페이스는 사용자 행위 기반의 탈중앙화 앱을 실행하는 특정 계약에 블록체인을 호출하게 만든다.

탈중앙화 앱 백엔드가 이더리움 스택에서 자바스크립트 같은 프론트엔드를 위한 정적 콘텐츠를 가져오는 방법은 무엇인가? 그리고 어떻게 블록체인에서 업데이트된 글로벌 상태를 가져오는가? 그림 4-7에 묘사된 것과 같이, 백엔드 호출을 이해하기 위한 스토리지로서 IPFS를 사용하는 예제를 살펴보자.

- 백엔드 코드는 적당한 자원량이 주어진 블록체인에서 실행하는 기본적인 계약이다.
- 일부 애플리케이션은 앱에서 사용되는 정적 콘텐츠를 서비스하기 위해 영구적인 데이터베이스를 사용해야 한다. 일부 노드의 네트워크를 통해 서비스되는 정적 파일을 저장하는 IPFS에 의존할 수 있다.

- IPFS의 해시는 탈중앙화 앱에 전달되고 계약 실행은 글로벌 상태를 업데이트한다. 그 상태는 이더리움 스택에서 탈중앙화 앱에 전달된다.

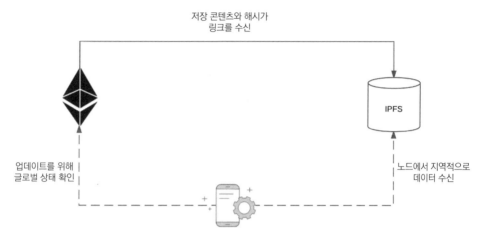

저장 콘텐츠와 해시가
링크를 수신

IPFS

업데이트를 위해
글로벌 상태 확인

노드에서 지역적으로
데이터 수신

▲ 그림 4-7 탈중앙화 앱이 만든 백엔드 호출의 간단한 개념도

블록체인은 노드 중 하나에서 IPFS 같은 시스템에 콘텐츠를 보관할 수 있다. 그리고 필요할 때 검색을 위한 앱에서 해시를 사용할 수 있다. 디바이스에서 동작하는 앱에 영향을 주기 때문에, 앱은 글로벌 상태의 블록체인에서 업데이트를 요청할 수 있다. 마지막으로, 필요에 따라 앱은 탈중앙화 스토리지에서 사용자 디바이스로 전체 콘텐츠를 검색하고 다운로드할 수 있다. 이런 방법으로 역할의 분리는 더욱 혁신적인 사용자 인터페이스를 허락한다. 그래서 개발자는 백엔드를 전혀 변경하지 않고 역할을 전환할 수 있다.

Geth와 Mist

탈중앙화 앱 개발에 있어 간략하게 논의해야 할 두 가지 도구가 더 있다. Geth는 이더리움 네트워크의 전체 노드를 실행하기 위해 Go 언어로 작성된 명령줄 인터페이스다. Geth를 사용해 이더리움 네트워크와 상호작용할 수 있으며, 다음과 같은 태스크를 수행할 수 있다.

- 네트워크에서 이더 채굴
- 주소 간 자금 전송
- 계약 생성과 거래 송신
- 탈중앙화 앱 API 사용

Geth는 개발에 사용되는 두 가지 인터페이스를 갖는데, web3.js 라이브러리로 개발된 자바스크립트 콘솔과 JSON-RPC 서버다. 이 두 가지 기술에 대해 간략하게 논의하겠다. Geth는 노드와 상호작용할 수 있는 자바스크립트 실행 환경을 제공하는 대화형 콘솔로 시작할 수 있다. 노드에 전파되도록 계약과 거래를 구성할 수 있는 이 실행 환경은 web3 라이브러리를 포함하고 있다. JSON-RPC 서버는 노드와 클라이언트 간 데이터 교환을 촉진하는 원격 프로시저 호출^{RPC, remote procedure call}이다. JSON은 노드와 클라이언트가 통신하는 데 사용하는 데이터 교환 형식이다. 좀 더 정확하게 말하자면, RPC는 노드와 클라이언트 간 데이터(명령과 출력)를 전송하는 방법을 정의한 메소드와 규칙의 집합이다. 자바스크립트 API는 RPC 메소드를 사용하는 편리한 인터페이스를 제공하기 위해 web3.js 라이브러리를 사용한다.

🥊 팁

오늘날 대부분의 이더리움 애플리케이션의 경우, Geth는 명령줄 도구로 설치하기 위한 전제 조건이다. 흔히 설치 동안 애드온(add-on)으로 Geth가 제공된다. 그래서 사용자는 다운로드할 필요가 없으며, 분리해서 설치하면 된다.

두 번째 도구는 Mist라는 탈중앙화 앱 브라우저다. 초기 논의에서 Mist는 탈중앙화 앱을 위한 단독형 앱 스토어 유형의 브라우저로 개념화됐지만 그 비전은 진화하고 있다. Mist는 여전히 활발하게 개발 중이다. 그러나 배포 계획은 강력한 도구를 만들기 위해 이더리움 지갑과 함께 Mist를 묶는다. 향후 배포에서 지갑은 Mist 브라우저에서 동작하는 단일 탈중앙화 앱이 될 것이다. 곧 브라우저는 탈중앙화 앱을 사용할 수 있게 될 것이고, 지갑은 그중 하나의 앱에 불과하다.

결과적으로, Geth와 Mist를 사용하는 이더리움 네트워크의 가장 강력한 개체는 탈중앙화 자율 조직 DAO, decentralized autonomous organization 이다. 이들은 기본적으로 이더리움 네트워크에서 동작하는 스마트 계약에 의해 구동되는 자동화된 조직이다.

요약

4장에서는 이더리움에 대해 설명했다. 이더리움은 비트코인과 경쟁 중인 가장 큰 대체화폐 중 하나다. 최근 몇 년 동안 이더리움은 개발자와 투자자의 매우 지대한 관심을 받았다. 여기서는 이더리움과 비트코인의 비교에 관한 폭넓은 개요로 논의를 시작했다. 이더리움의 기초가 되는 계정과 함수 호출에 대해 논의한 다음, 블록체인의 개체처럼 계정 아이디어에 대해 좀 더 깊이 있는 내용을 제공했다. 그 후 스마트 계약 실행을 위한 이더리움의 가스 사용과 내부 스토리지가 머클−패트리샤 트리에서 작동하도록 적응하는 방법, 그리고 내부 상태의 개념에 대해 알아봤다. 그런 다음, 솔리디티를 사용해 스마트 계약을 작성하고 빠르게 스마트 계약을 프로토타입하도록 비주얼 스튜디오 플러그인을 적용하는 모델에 대해 논의했다. 마지막으로, IPFS와 위스퍼 같은 이더리움 구성요소에 적용되는 월드 컴퓨터 모델에 대해 살펴봤는데, 월드 컴퓨터의 모든 구성요소를 간단하게 설명하면서 논의를 마쳤다.

참고문헌

4장을 준비하기 위해 사용한 주요 참고 자료는 이더리움 홈스테드 Ethereum Homestead 개발자 문서와 솔리디티 문서다. 참고문헌의 자세한 목록은 이 책의 마지막 부분에 있다.

5

탈중앙화 조직

비트코인을 탈중앙화 자율 조직^{DAO, decentralized autonomous organization}의 첫 번째 프로토타입으로 생각할 수 있다. DAO는 단일 목표를 향한 연산의 힘에 기여하는 참여자의 네트워크 기반 생태계를 만들었다. 비트코인에서 금융 서비스의 제공과 채굴자 보상에 관한 분산 프로토콜은 초보적인 탈중앙화 조직이 되었다. 5장에서는 아라곤^{Aragon}에서 만드는 더욱 복잡하고 완전한 DAO에 대해 논의할 것이다. 아라곤(https://aragon.one/)은 탈중앙화 애플리케이션^{DApp}이다. 아라곤으로 모든 사람이 이더리움 블록체인에 다른 종류의 조직(비정부기구^{NGO, nongovernmental organization}, 비영리 단체, 재단)을 만들고 관리할 수 있게 한다. DAO를 생성하는 데는 많은 단계가 요구된다. 따라서 이더리움 구현에 근본적인 어려움이 있다. 그러나 사용자가 회사를 만들 때마다 아라곤은 기본 템플릿을 이용해 조직의 기본적인 모든 기능을 구현한다. 블록체인에서 동작하는 탈중앙화 단짝으로서 아라곤은 자본 테이블, 투표, 모금, 계정 등 대부분의 전통적인 기능을 제공한다. 또한 매우 세분화된 범위로 아라곤 회사를 최적화하고, 회사에 존재하는 스마트 계약을 추가할 수 있는 새로운 모듈을 사용해 확장할 수 있다. 아라곤은 다른 조직이 블록체인에서 구축되게 할 수 있다. 흥미로운 사용 사례 중 하나는 키베이스^{Keybase}로 양방향 검증 개념을 사용해 식별을 통합하는 것이다. 탈중앙화 시스템에서 식별 서비스를 제공하기 위해 키베이스가 아라곤에 기능을 추가하는 방법에 대해 논의할 것이다. 또한 아라곤 커널에 대해 간략하게 설명할 것이다. 아라곤 커널은 조직 내부, 구성원, 블록체인에서 원활한 소통을 보장하는 서브루틴을 가진 기본적인 태스크 관리자다.

아라곤 커널과 주요 기능을 대상으로 논의를 시작한다. 그런 다음 구성원 사이의 합의에 대한 정의와 랄프 머클^{Ralph Merkle}이 제시한 기능에 중점을 둔 정의라는 두 가지 접근 방법으로 DAO를 살펴볼 것이다. 아라곤 코어는 후자의 정의를 채용하고 있으며, '오르간^{organ}'으로 확장했다. 그래서 아라곤 코어의 사용 가능한 모든 오르간에 대해 살펴볼 것이다. 5장에서 중요한 부분은 세 가지 주제로 나뉜 시각적인 튜토리얼이다. 첫 번째 주제에서 사용자에게 아라곤 회사의 기본과 메타마스크 지갑^{MetaMask wallet}을 설정하는 방법을 소개한다. 이 주제는 사용자의 기본 회사와 기능적 지갑을 설정하는 것으로 끝마친다. 두 번째 주제는 새롭게 생성된 회사의 일일 운영을 이해하는 것이다. 이 주제는 사용자 권한 및 토큰 등 아라곤에서 사용할 수 있는 주식^{stock}과 주식 유형^{stock class}에 대해 설명한다. 여기서 다양한 작업에 대해 설명할 텐데, 작업의 예로는 신규 주식 유형 추가, 신규 고용에 주식 할당, 회사 내 존재하는 토큰 전송 등이 있다. 세 번째 주제는 아라곤의 좀 더 발전된 주제에 집중한다. 여기서는 아라곤을 사용하는 이더리움 블록체인과 아라곤으로 구현한 다른 형태의 단계에서의 자금 모금 방법에 대해 논의할 것이다. 마지막으로, 아라곤으로 배포한 기본 회사 템플릿을 편집하는 방법과 정관에 대한 논의로 이 장 및 튜토리얼을 마무리할 것이다.

아라곤 커널

아라곤의 커널^{kernel}은 다양한 서브루틴(또는 오르간이라고도 함)에 요청과 메시지 전달을 스위치보드^{switchboard}로 서비스한다. 운영 모드에서 커널은 블록체인의 수많은 아라곤 조직이나 사용자와 동시적으로 인터페이스를 가질 것이다. 여기서 커널이 단 하나의 회사와 인터페이스를 하는지에 대해 의문점이 생긴다. DAO란 무엇인가? DAO는 구성원이 결정에 합의하게 만드는 블록체인 개체다. DAO는 대개 DAO 토큰 형식의 지분을 갖고 있는 DAO 구성원이 만든 결정과 선택을 포함하기 위해 블록체인에서 고유한 합의 개념을 도입한다. 따라서 DAO는 조직의 의사결정을 위한 다수결에 기반한 합의에 의존하는 DAO 핵심과 주변부 구성의 자동화로 구축된다. DAO에 대한 이러한 정의가 일반적인 설명이긴 하나 불완전하다. DAO를 정의하는 더 좋은 접근법은 DAO를 수행하는 기능을 사용하는 것이다. DAO의 개념은 원래 DAO에 대한 첫 번째 프로토타입으로 간주되는 비트코인에서 유도됐다.

> **🖋 참고**
>
> 아라곤 네트워크의 가장 단순한 함수 단위는 DAO이다. 그러므로 대부분의 논의는 최소한의 사용 사례에 중점을 둔다. 아라곤은 DAO를 설정에 사용할 수 있는 기본 템플릿을 제공한다. 그리고 맞춤형 규칙 설정을 위해 이 템플릿을 변경할 수 있다. 다른 종류의 조직(예: 비정부기구나 비영리단체)은 새로운 조작법을 사용할 수 있도록 매우 많이 변경된 기본 템플릿으로 구축한다. 게다가 이 장의 나머지 부분 전체에서 'DAO', '회사', '조직'이라는 용어는 같은 개념을 표시하기 위해 상호 교환적으로 사용된다.

랄프 머클은 가치 있는 내부 자산을 소유하고, 내부 상태를 업데이트하고, 구성원에게 응답하며, 스마트 계약을 구동하는 개체라고 DAO에 대해 말한다. 이러한 것들은 DAO가 수행할 수 있는 가장 기본적인 기능의 일부이지만, 현재 DAO에 대한 준수 표준(토큰에 대한 ERC20 Ethereum Request for Comment [1] 처럼)은 없다. 커널은 대부분의 일일 활동을 수행하기 위해 오르간 세트를 사용한다. 아라곤에서 기본적으로 제공하는 오르간을 살펴보면 다음과 같다.

---

1   이더리움 블록체인 네트워크에서 발행되는 토큰 표준으로, 탈중앙화 앱 내에서 토큰 교환과 다른 이더리움 간 탈중앙화 앱 토큰 교환이 가능함 – 옮긴이

- **메타 오르간**^{meta organ} : 구성원이나 외부의 행위에 대응하는 데 있어 DAO 내부적으로 업데이터에 응답하는 자가 인식(내부 상태 기준)과 자체 실행 가능한 오르간. 이 오르간은 또한 커널 내부에서 동작하는 오르간의 글로벌 레지스트리를 유지 관리한다.

- **디스패치 오르간**^{dispatch organ} : 요청된 행위나 거래가 요청자 대신 수행될 수 있는지 여부를 결정하는 유효성 검증 오르간. 특정 기준에 따른 요청을 거르는 신탁이나 프로그램 로직을 통해 수행할 수 있다. 디스패치 오르간의 결과는 단순히 통과 또는 실패다. 행위가 실패인 경우, 수행되지 않을 것이다. 그러나 행위나 거래가 통과인 경우, 처리나 실행을 위해 좀 더 적합한 오르간에 디스패치될 것이다. 디스패치 오르간은 또한 각 요청이 적절히 선별되고 지시되도록 우선순위 목록을 유지한다.

- **볼트 오르간**^{vault organ} : 볼트 오르간은 DAO를 위한 선택적인 지갑으로서 서비스한다. 토큰 같은 DAO가 소유한 자금을 저장하고 송신 요청을 승인한다.

- **토큰 오르간**^{token organ} : DAO의 구성원에게 할당되고, 정부가 특별히 처리하는 오르간. 이 오르간은 또한 새로운 유형의 토큰을 추가하거나 오래된 토큰을 교체하고 제거하는 운영 로직을 포함하고 있다.

- **애플리케이션 오르간**^{application organ} : DAO의 핵심에서 조작하는 선택적인 스마트 계약이다. 이 오르간에서 동작하는 애플리케이션은 나머지 조직과 샌드박스 처리되지만, 대부분의 비즈니스 로직은 이 오르간에 남아 있다. 아라곤은 기본 행위에 대한 이더리움 계약의 기본 세트를 제공하지만, 이 오르간은 확장할 수 있다. 특정 사용 사례를 만족시키기 위해 기능성을 증가시키도록 새로운 애플리케이션이나 모듈을 조직에 추가할 수 있다.

신원 관리

신원^{identity}의 개념은 암호 기술에 대한 어려운 문제를 갖고 있다. 왜냐하면 식별은 네트워크 아키텍처에 내재된 어떠한 신뢰 수준을 필요로 하기 때문이다. 합의 기반 시스템에서 신원을 통합하기 위한 가장 일반화된 접근 방법은 암호학적 증명과 서명의 일부 변이와 관련이 있다. 아르곤에서 레지스트리 계약과 함께 키베이스^{Keybase}로 불리는 외부 서비스는 '신뢰성 없는' 양방향 검증 개념의 수립에 사용된다. 이 개념의 로직은 매우 간단하다. 특정 주소가 사용자에게 속하게 하고, 사용자 이름이 그 주소를 소유하는지 검증한다. 이러한 두 문장이 기능적인 설정에 있어 어떻게 조화를 이루는가? 간단하게 말해, 키베이스는 OAuth와 통합된 공개키–개인키 쌍 관리 서비스다. OAuth는 사용자 계정의 인증과 검증이 가능하게 한다. 키베이스는 사용자가 외부 계정을 연결하고 검증하게 하는 중앙집중식 허브로 서비스할 수 있다. 즉, 키베이스에서 계정을 만든 후, 사용자의 공개 프로파일은 합법성과 연결을 수립해 연결된 소셜 미디어 계정 모두를 표시할 수 있다. 두 번째 구성요소는 아라곤 네트워크 내부에서 계정–주소 연계 메커니즘을 제공하는 레지스트리 계약$^{registry\ contract}$이다. 양방향 브리지는 주소(네트워크 계정에 연결)를 사용해 키베이스(다양한 소셜 미디어 통합을 통한 사용자 신원을 연결)에 호스팅할 수 있는 파일에 대해 암호학적 서명을 한다.

> **🖉 참고**
>
> 아라곤에서 신원이 옵트인(opt-in) 기능임을 명심해야 한다. 아라곤을 위해 개발된 사용 사례의 적용 범위는 DAO의 경우에서와 같이 완전한 익명성을 제공하는 것부터 차세대 블록체인 회사를 위해 키베이스를 통합하는 전체 사용자 이름까지다.

그러면 어떻게 사용자가 양방향 검증 개념에서 사용할 수 있는 신원을 만들 수 있는가? 키베이스 레지스트리 2.0의 업무 흐름은 하나의 간단한 단계로 단순화되어 있는데, 서명된 증명을 키베이스 파일시스템$^{KBFS,\ Keybase\ Filesystem}$에 업로드한다. 다음과 같이 새로운 구성요소를 소개한다.

- **키베이스 파일시스템**^{Keybase Filesystem} : KBFS는 암호학적으로 안전한 로컬 스토리지와 클라우드 스토리지 디렉토리다. KBFS는 디렉토리 소유자만 새로운 파일을 추가할 수 있다. 그리고 이러한 파일은 공개적으로 사용할 수 있어야 한다. KBFS에서, 소유자의 개인키로 디렉토리에 추가된 모든 파일이 자동으로 서명되고 키베이스를 통해 누구나 그 서명을 검증할 수 있다.

- **서명된 증명**^{signed proof} : 아라곤은 KBFS 공개 디렉토리에 업로드하기 위해 사용자가 서명한 표준 신원 증명을 사용한다. 이 증명의 네 가지 구성요소는 키베이스의 사용자 이름, 사용자가 소유한 이더리움 계정 주소, 사용자의 문자열 또는 주석, 서명용 공개키다. 신원을 검증하려는 사람은 누구나 증명 파일을 얻을 수 있고, getUsername(매개변수) 같은 함수를 사용해 증명에서 계정 주소가 주어지면 사용자 이름을 역방향 검색할 수 있다.

- **신탁화**^{oraclize} : 역방향 검색은 아라곤 네트워크 내에서 레지스트리 계약을 통해 수행되는 체인상의 검증 프로세스다. 키베이스에 대해 신탁화라고 하는 데이터 운반 서비스를 사용한다. 신탁화는 주어진 키베이스 사용자 이름에 대한 서명을 요청하고, 사용자 이름과 이더리움 계정 주소의 연결을 생성한다. 증명 파일의 서명은 네트워크에서 사용자의 공개키로 검증할 수 있다. 신탁화는 증명 서명을 검증하기 위해 체인상의 확인을 하며, 그 연결이 합법적임을 보장한다. 다른 사용자를 대신해 검증을 시작하는 참여자는 또한 신탁화 참조 호출을 포함해 해당 단계에 대한 지불을 해야 한다.

- **키베이스 리졸버**^{Keybase Resolver} : 이더리움 이름 서비스^{ENS, Ethereum Name Service}를 통해 이더리움 주소는 인간이 읽을 수 있는 링크로 해석할 수 있다. 최근에 아라곤은 주소로 사용자 이름을 가져오도록 키베이스 리졸버를 시험하기 시작했다. 예를 들어, john.keybase.eth가 0x99…cx88 이런 식이다. 이것은 네트워크 전반에 걸쳐 역방향 검색과 사용자 이름 참조를 단순화한다.

DAO/회사 검토

이 절에서는 DAO의 생성과 아라곤의 주요 DAO 조작에 익숙해지는 프로세스에 대해 살펴볼 것이다. 단순화를 위해, DAO에 참여하는 임원과 사원이라는 두 가지 개체를 고려할 것이다. 이 검토는 세 가지 주제로 분리된다.

- **DAO 설정**: DAO의 참여자를 소개하고, 지갑 생성 방법 및 인터페이스에 익숙해지는 방법에 대해 살펴볼 것이다.
- **주식 생성과 공유 할당**: DAO를 설정한 후, 새로운 주식 유형을 생성하고, 신규 주식을 만들고, 다른 개체에 공유를 할당한다.
- **모금과 정관 편집**: 공유를 할당한 후, 아라곤에서의 자금 조달 방법을 살펴볼 것이다. DAO는 주식에 대한 대가로 특정 투자자로부터 자금을 모을 수 있다. 자금 조달을 위해 공개적으로 주식을 제공한다. 모금 프로세스를 검토하고, 더 중요한 DAO를 관리하는 정관에 대해서도 검토할 것이다.

DAO 설정

https://aragon.one/에서 아라곤 클라이언트를 다운로드한다. 클라이언트는 두 가지 주요 구성요소를 갖는데, 아라곤 코어^{Aragon Core}와 메타마스크^{MetaMask}다. 각 클라이언트에서 아라곤 코어는 DAO를 위한 관리용 데시보드의 기능을 한다. 아라곤 코어의 주요 목적은 DAO에 참여하고 있는 모든 개체의 접근 통제를 지시하는 것이다. 역할에 따라 주식을 갖고 있다면 고급 기능에 접근할 수 있다. 정관을 편집해 변경하는 기능에 접근하는 방법에 대해 나중에 살펴볼 것이다. 두 번째 구성요소는 메타마스크다. 메타마스크는 실용적인 일일 사용자가 이더리움에 접근할 수 있게 만드는 구글 크롬의 플러그인으로 설계된 디지털 지갑이다. 아라곤은 사용자에게 이미 익숙해진 인터페이스를 제공함으로써 채택을 촉진하기 위해 메타마스크를 선택한다. 그림 5-1의 초기 화면은 지갑의 단계에 따라 아라곤에 대한 간략한 소개를 제공한다.

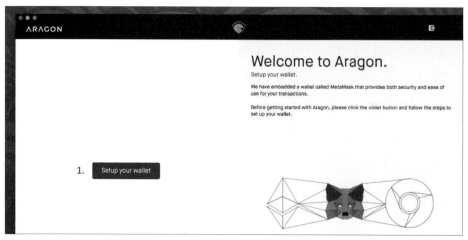

▲ 그림 5-1 아라곤 설정 화면. 메타마스크 지갑을 생성하기 위한 버튼에 따라, 여기에 아라곤에 대한 간략한 소개를 제공한다. 화면 오른쪽 상단에는 지갑 접근 아이콘이 있다.

그림 5-2에서 볼 수 있듯이, 메타마스크는 먼저 지갑에 대한 비밀번호 생성에 대해 물어본다. 이것은 접근키가 될 것이다. 비밀번호를 입력한 후, 비밀번호를 분실했을 경우 지갑을 복구하기 위한 암호문이 제공될 것이다.

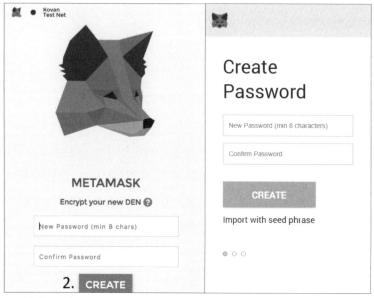

▲ 그림 5-2 메타마스크 지갑에 대한 비밀번호 생성. 아라곤의 모든 주요 단계는 거래 형식으로 네트워크에 새로운 변화를 알리는 일련의 확인을 요청한다.

지갑 비밀번호를 생성하고 거래를 확인한 후, 그림 5-3과 같이 확인 화면과 현재 지갑의 상태를 살펴봐야 한다. 여기에 아라곤의 알파 배포판에 대한 빠른 노트가 있다. 현재 아라곤 클라이언트는 아라곤 네트워크에서 조작되지 않는다. 아라곤은 이더리움 테스트넷testnet(그림 5-3에서 볼 수 있듯이, 이 경우에 코벤 테스트 넷Kovan Test Net)에 연결되어 있다. 이 네트워크는 아라곤의 시험 환경을 제공한다. 테스트넷에서 화폐는 가치가 없다. 그래서 사용자는 제품 개발에 할당된 제품을 시험하고 심각한 버그를 보고할 수 있다. 사용자는 시험용 ETH를 지갑에 송신하기 위한 요청을 할 수 있으며, 합의 없이 아라곤으로 ETH 송신을 경험할 수 있다. 그것이 지갑을 만들었을 때 이미 잔액이 존재하는 이유다.

▲ 그림 5-3 메타마스크를 사용해 생성된 지갑. 그림 하단의 테스트넷에 있는 잔액과 지갑 주소를 주목한다.

지갑 생성 후 아라곤 코어 화면으로 이동한다. 해당 화면에는 사용 가능한 두 가지 옵션이 있는데, 그림 5-4에서 볼 수 있듯이 '새로운 조직의 생성Create a new organization'과 '기존 조직의 사용Join an existing organization'이다. 여기서는 첫 번째 옵션에 집중한다. 임원의 관점에서 아라곤을 표시하고 있다. 그러나 사용자가 DAO에 접속할 수 있는 방법과 정규 직원이 사용할 수 있는 접근 수준에 대해 간략하게 살펴볼 것이다.

---

2   번역 시점에 알파 버전의 릴리스(Aragon0.5)가 예고되어 있는 상태임 – 옮긴이

▲ 그림 5-4 아라곤 코어 환영 화면

사용자에게 제공되는 두 가지 옵션은 DAO에만 국한되지 않는다. 오히려 비정부기구나 비영리단체 등 어떤 유형의 조직이든 아라곤으로 구축할 수 있다. 전통적인 구조의 회사가 아라곤 블록체인으로 새로운 탈중앙화에 대한 관심을 갖게 할 것이지만, 궁극적으로 구성요소에 대한 탈중앙화 결정은 회사에 있다. 여기서는 '새로운 조직의 생성'을 선택할 것이다. 새로운 조직의 생성을 위해 이전 단계에서 생성한 지갑으로 필요한 비용을 이더로 지불한다. 그런 다음, 확인을 함으로써 거래에 대해 블록체인에 널리 알린다. 아라곤은 블록체인에 회사를 배포하기 위해 일반적인 템플릿을 사용하지만, 설립자는 정관 변경으로 이 템플릿을 편집할 수 있다. 상단 오른쪽 모서리의 원형 진행 지시자는 회사 개발을 위해 검증된 거래를 보여준다.

회사를 배포한 후, 다음 화면은 아라곤 코어 대시보드다. 대시보드는 사용자(임원이나 직원)가 투표, 공유 할당 등에 참여하기 위한 기능을 갖춘 DAO의 일일 조작을 다루는 곳이다. 대시보드는 기본적으로 사용자에게 환영 화면을 보여준다. 대시보드 기능을 사용하기 위해, 그림 5-5에서 볼 수 있듯이 먼저 프로파일 설정에 대해 살펴본다.

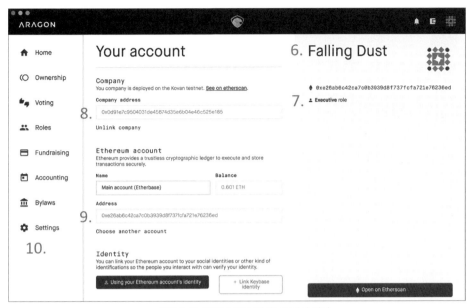

▲ 그림 5-5 아라곤 코어 대시보드에서 설정

각 계정에 네트워크에서 사용하는 주소 및 사용자 이름을 할당한다. 주소는 지갑을 통해 계정에서 사용할 수 있는 자금과 관계가 있다. 주소 아래에 사용자 역할이 있다. 다음으로 설정 화면은 이전 단계에서 생성한 회사에 대한 일부 정보를 보여준다. 보다시피 회사의 주소가 주어졌다. 그리고 설립자는 직원과 주소를 공유할 수 있다. 그러면 직원은 조직에 합류할 수 있다. 그림 5-4의 두 가지 선택에 대해 상기한다. 조직에 합류하기 위해 사용자는 Company address 항목에 주어진 주소를 입력할 수 있다. 그 아래에 있는 Ethereum account^{이더리움 계정}는 아라곤 클라이언트에 연결된 사용자의 정보다. 이 주소는 페이지 상단 오른쪽에 보이는 것과 일치하지만, 여기에서 해당 계정의 남아 있는 잔액도 볼 수 있다. 또한 이 회사에 대한 이 계정의 이름을 변경하거나 로그아웃할 수 있다. 더 흥미로운 내용은 이더리움 계정 정보 아래에서 볼 수 있는데, 그것은 계정과 연결하고 신원을 검증하기 위한 옵션이다. 앞서 언급했듯이, 아라곤에 구축된 모든 회사가 DAO 형식을 갖지는 않는다. 그래서 일부는 참여자의 검증을 요구한다. 마지막으로, 아라곤 코어의 나머지 기능은 사이드 메뉴를 통해 접근할 수 있다.

아라곤의 설정은 클라이언트에 연결된 사용자의 개요만을 제공한다. 그러면 방금 생성한 회사의 기본 상태는 무엇인가? DAO의 개요를 가져오기 위해 그림 5-6에서 보여주는 Ownership소유권 탭을 확인해야 한다.

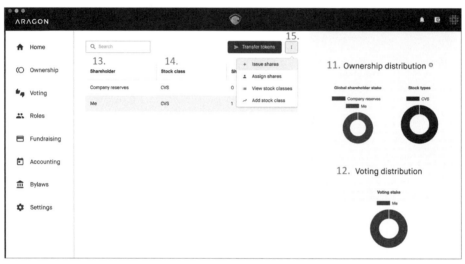

▲ 그림 5-6 DAO의 개요

근본적으로 DAO의 각 참여자는 의사결정에 대한 지분을 갖게 될 것이다. 그리고 이 페이지는 각 참여자가 소유한 주식의 수에 대한 정보를 제공한다. 기본적으로 DAO의 생성자는 처음에 모든 주식을 소유한다. 페이지의 오른쪽에서 소유권 분산Ownership distribution을 볼 수 있다. 여기서 'Me'는 현재 사용자이고, 파이 차트에서 Me는 주식의 100%를 소유하고 있다. 현재 템플릿에는 CVS Class of Voting Stock라는 한 가지 유형의 주식만 있다. 이 주식은 보유자가 투표에 참여할 수 있게 한다. 일반적으로 더 많은 주식을 보유한 경우 투표 절차에 더 많은 영향을 미치지만, 이러한 영향은 많은 수의 사용자가 있는 DAO에서 줄어든다. 좀 더 정확하게 말하자면, 투표 분산Voting distribution 섹션은 DAO의 개체 사이에서 얼마나 투표의 힘이 분산되어 있느냐를 보여준다. 현재는 사용자가 한 명이지만, 이 차트는 새로운 사용자가 추가될 때 업데이트될 것이다. 다음으로 DAO에서 주주Shareholder 목록은 주주를 열거한다. 그리고 현재 이 목록에는 회사 자체와 생성자(임원,

'Me')가 있다. 사용할 수 있는 유일한 주식 유형은 더 빨리 추가할 투표 주식이다. 마지막으로, **Ownership** 탭은 오른쪽 상단에 있는 메뉴 아이콘을 통해 접근할 수 있는 고급 기능(예: 주식 발행)을 수행할 수 있게 한다. 이것이 검토에 대한 두 번째 주제의 중심이다.

지분 발행

이제 운영되는 일반적인 회사를 갖게 됐다. 이것은 템플릿 편집과 맞춤형 DAO의 시작을 알리는 것이다. 여기서는 주식을 발행하고, 새로운 유형의 지분을 추가하며, 직원에게 지분을 할당하는 방법에 대해 탐색한다. 아라곤에서 회사 운영의 변경을 다루는 모든 행위는 과반수 투표를 통해 합의에 도달하는 구성원에 달려 있다. 기본 설정은 모든 지분 보유자에게 투표권을 주었지만, 이것은 정관 편집으로 정제할 수 있다. 이제 DAO에 지분 발행을 시작한다.

> 🖉 **참고**
>
> 아라곤에서 회사(또는 DAO)에 대한 한 가지 흥미로운 사용 사례는 오픈소스 프로젝트나 관련된 기술을 위해 탈중앙화 의사결정의 핵심으로 사용되는 것이다. 주식은 투표를 통해 더 많은 커뮤니티의 참여로 미래의 프로젝트 방향을 위한 의사결정 메커니즘이 된다. 또한 토큰의 사용과 자금 조성 능력은 개발을 지속하기 위해 금전적 지원을 제공하는 메커니즘을 제공한다. 이 장의 뒷부분에서 이 시나리오를 다시 살펴볼 것이다.

그림 5-6을 참고해서 오른쪽 상단 메뉴의 Issue shares를 선택한다. 새로운 지분 발행을 위해 제공하려는 지분 유형과 발행하려는 지분량을 선택해야 한다. 그림 5-7에서 해당 프로세스를 확인할 수 있다.

▲ 그림 5-7 지분 발행

먼저 발행하려는 지분 유형을 결정해야 한다. 현재 사용할 수 있는 지분 유형은 하나뿐이다. 그래서 기본값을 사용할 것이다. 다음으로 CVS 유형의 새로운 지분 100개 발행을 선택했다. 이 행위를 마치기 위해서는 먼저 투표 프로세스를 살펴봐야 한다. 회사에 대한 모든 주요 변경은 행위를 수행하기 전에 다른 주주가 검토하고 승인해야 한다는 사실을 상기하자. 여기서는 적어도 주주 50%의 승인이 있는 경우, 추가적인 지분을 발행할 수 있다. 그렇게 한 후 회사는 다른 사용자에게 재할당할 수 있는 더 많은 지분을 얻는다.

현재 DAO에는 단 한 명의 투표 사용자가 있다. 그래서 이것은 결정 투표가 될 것이다. 투표 인터페이스는 그림 5-8에 보이는 일반적인 개념처럼 보인다.

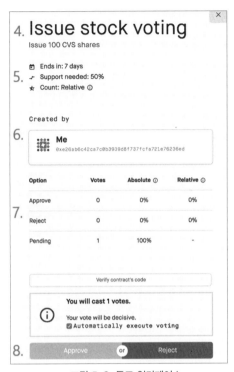

▲ 그림 5-8 투표 인터페이스

투표자의 관심을 끌기 위한 개념의 이름으로 시작하는 매우 간단한 개요를 따른다. 응답을 가져오는 행위와 잠정적인 투표 일정은 이것에 따른다. 아라곤의 기본 설정은 50% 이상의 승인으로 통과되는 것이다. 다음 인터페이스는 투표에 이 개념을 제시한 사람을 표시한다. 여기서 Me는 사용자의 주소에 따라 아라곤 클라이언트에 연결된 사용자를 의미한다. 투표에 대한 상세 정보는 다음에 볼 수 있다. 여기서는 개념을 승인하기 위해 한 표만 필요하다. 마지막으로, 사용자는 승인과 거절이라는 두 가지 선택으로 표시된다. 투표가 완료된 후, 투표 결과는 거래에 모일 것이다. 투표가 끝났을 때, 모든 투표는 자동으로 집계되고 결과가 표시될 것이다.

그러면 투표 결과는 무엇을 보여주는가? 이 투표 결과는 DAO를 승인하는 선택으로 생각할 수 있다. 그림 5-9는 투표 결과를 보여준다.

▲ 그림 5-9 투표 결과. 제안은 수용됐고 투표는 종료됐다. 투표의 전체 통계는 보고되고, 그래서 사용자는 어떤 투표 결과가 나왔는지 확인할 수 있다.

더 많은 지분의 발행이 DAO에서 소유권 분배를 변경했다. 기본적으로 새롭게 발행된 지분은 회사에 속하고 임원은 해당 지분이 다른 사용자에게 양도되는 것에 대해 투표할 수 있다. 그림 5-10은 지분 발행 후, 새로운 분배를 보여준다. 회사를 처음 만들었던 그림 5-6과 비교해보자. 지금까지 하나의 주식 유형만 갖고 있었고 그래서 지분의 글로벌 분배가 변경됐지만 주식 유형에는 변경이 없다는 사실을 다시 주목한다. 이제 신규 주식 유형을 추가하고, 신규 주식 유형과 관련된 옵션들을 탐색해보자.

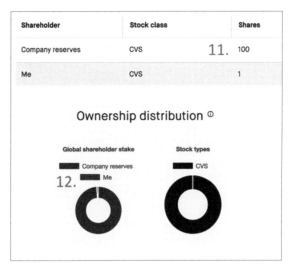

▲ 그림 5-10 발행된 신규 지분의 소유권 분산 변화 비교

특정 사용자가 아니라 회사에서 신규 지분을 직접 발행했음을 주목한다. 또한 파이 차트로 표현된 글로벌 분배의 변화에도 주목하자. 이전에는 Me의 지분이 차트 전체를 차지했다. 이제 신규 항목의 업데이트로 회사는 지분의 대부분을 갖는다.

DAO에 신규 주식 유형을 추가하기 전에, 이제 대중적인 회사가 발행한 전형적인 다른 유형의 주식에 대해 간략하게 논의한다. 여기에 고려할 만한 세 가지 주요 유형이 있다.

- **보통주**^{common stock}(클래스 A): 보통주는 사람들이 주식에 대해 언급할 때 일반적으로 참고하는 것이다. 회사가 보통주를 발행하고, 대개 뉴욕 주식 거래소^{NYSE, New York Stock Exchange} 또는 나스닥^{Nasdaq} 같은 주식 거래소를 통해 거래할 수 있다. 보통주의 주요 장점은 배당금 지급과 거래소에서 거래를 할 수 있다는 것이다. 배당금은 일반적으로 해당 분기에 발생한 이익에서 분기 말에 회사의 주주에게 지불되는 합계 금액이다. 또한 공인 거래소에서 언제든 보통주를 거래하고 판매할 수 있다.
- **우선주**^{preferred stock}(클래스 B): 우선주는 회사 내의 중요 이해관계를 갖는 투자자에게 발행된 특별한 종류의 주식이다. 우선주는 안전한 투자를 위해 보통주에 비해 몇 가지 금융적인 장점을 갖는다. 배당의 관점에서 우선주는 보통주에 우선하여 지

급된다. 그리고 그 결과 보통주와 비교했을 때 회사 이익에서 좀 더 큰 지분을 받는다. 더욱이 보통주는 지불된 배당금에 따라 달라질 수 있는 반면, 우선주는 주주에게 고정 수익을 제공한다.

- **설립자 주식**founder stock(클래스 F): 클래스 F 주식은 회사의 설립자에게 발행된 배타적인 유형의 우선주다. 클래스 F 주식은 더 많은 의결권을 갖는다. 즉, 설립자의 지분 1개를 10표로 계산할 수 있다. 비교해서 보통주의 지분 1개는 오직 1표로 계산할 수 있다. 설립자 주식은 최고 의결권을 부여하고, 일반적으로 많은 개체가 관계될 때 회사의 의사결정 과정 통제를 유지하는 데 사용된다.

이제 아라곤에서 제공된 주식 유형을 살펴보자. 이것은 그림 5-6에서 봤던 Ownership 탭을 통해 할 수 있다. 그림 5-11에서 보여주는 대화상자를 열기 위해 Add stock class 를 클릭한다.

▲ 그림 5-11 신규 주식 추가 인터페이스

아라곤에서 사용 가능한 네 가지 주식 유형은 Stock templates 아래의 목록으로 확인할 수 있다. 기본은 Voting 유형의 주식이고, 보유 주식의 가치가 몇 배의 경제적 성장을 하게 되는 회사에서 직원을 유치하기 위해 Non-voting 유형의 주식을 발행할 수 있다. 그리고 Founders 유형의 주식은 강력한 의결권을 제공하고 대개 설립자 사이에 집중해서 남는다. 마지막으로 Unicorn 유형 주식은 회사에서 중요 지분을 가진 특정 투자자에게 주어진다. 왜냐하면 이 주식은 높은 배율과 강력한 의결권을 제공하기 때문이다. 다음으로 신규 주식 유형의 매개변수를 할당한다. ARN-c로 소유권을 가리키는 설립자 주식 유형을 추가할 것이다. 기본적으로 설립자 주식은 보통주보다 더 강력한 의결권을 갖지만, 필요에 따라 변경될 수 있다. 경제권Economic rights 설정은 주주에 대한 배율 조정이다. 기본적으로 주주에게 지불된 배당은 경제권에 비례한다. 다음 설명할 것은 발행된 지분량이다. 이 경우 설립자 유형을 추가하며, 30개의 새로운 창립자 지분을 회사에 발행한다. 대개 신규 주식 유형 추가를 위해 16표가 필요한데, 그러면 신규 지분을 사용할 수 있게 된다.

신규 주식 분포가 어떻게 보이는가? 그림 5-12는 신규 주식 추가를 보여주며, 파이 차트의 주식 유형에서 변화를 볼 수 있다.

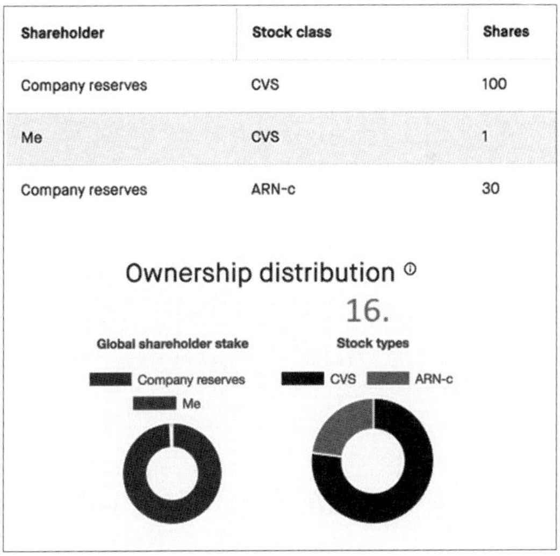

Shareholder	Stock class	Shares
Company reserves	CVS	100
Me	CVS	1
Company reserves	ARN-c	30

Ownership distribution ⓘ

16.

Global shareholder stake	Stock types
■ Company reserves ■ Me	■ CVS ■ ARN-c

▲ 그림 5-12 추가된 설립자 주식. 상징으로 ARN-c를 사용하고 현재 회사가 모든 지분을 소유하고 있다. 구성원에게 지분을 할당하기 위해, 투표를 해야 한다.

다음으로 DAO에 다른 사용자를 추가한다. 두 번째 사용자는 직원으로 추가될 것이다. 그런 다음 일부 지분을 할당할 것이다. 또한 직원의 성과나 승진에 대해, 주주가 독점적 지분으로 다른 사용자에게 보상하는 방법을 살펴볼 것이다. 조직에 신규 구성원을 추가하기 위해서는 그림 5-5에서 보여주는 것처럼 사용자에게 회사 주소를 제공해야 할 것이다. 아라곤을 다운로드하고, 지갑을 생성한 후 첫 번째 단계로 조직에 가입해야 한다. 신규 구성원이 가입한 후, 소유권 설정을 통해 회사의 현재 상태를 볼 수 있다. 그림 5-13은 사용자가 조직에 가입한 후 신규 사용자에게 역할을 할당하는 프로세스를 보여준다.

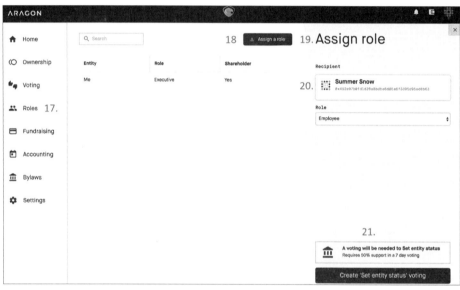

▲ 그림 5-13 조직에 있는 신규 구성원에게 역할 할당

> **◈ 참고**
>
> 조직, 회사, DAO란 용어는 이 검토 전체에서 상호 교환할 수 있게 사용되고 있다.

그림 5-13에서 보여주는 Roles^{역할} 탭은 회사의 모든 개체에 대한 개요를 제공한다. 현재 한 명의 사용자만 존재하는데, Me는 아라곤 클라이언트에 연결된 사용자다. 신규 역할을 할당하기 위해서는 Assign a role을 클릭해 Assign role 대화상자를 연다. 수령인 항목의

사용자 이름 또는 계정 주소를 이용해 수령인을 추가할 수 있다. 회사의 정책에 따라 구성원과 관련된 일정 수준의 식별이 필요한 경우, 사용자 이름을 참고해 사용자를 추가할 수 있다. 키베이스 신원 레지스트리를 사용하지 않는 경우, 주소를 참고해 새로운 사용자를 추가해야 한다. 주소를 입력한 후, 사용자 역할을 결정할 수 있다. 여기서는 새로운 직원을 추가하고 있지만, 사용 가능한 그 밖의 옵션들이 있다. 새로운 임원, 또 다른 직원, 슈퍼유저를 추가하는 것이다. 슈퍼유저의 역할은 일반적으로 조직의 비인간 개체에 예약되어 있다. 따라서 신탁이나 팩토리 개체 같은 조직의 다른 구성요소를 배포할 수 있다. 늘 그렇듯, 사용자에게 새로운 역할을 할당하려면, 역할을 확정하기 전에 투표를 해야 한다.

지금까지 새로운 지분의 발행, 주식 할당, 새로운 주식 유형 추가, 조직의 새로운 구성에 대한 역할을 할당하는 방법에 대해 논의했다. 여기에 독자들을 위한 실습이 있다. DAO의 현재 상태를 구축하면서, 5배의 경제성을 지닌 비의결 주식 유형을 추가하고, 회사에 1,000개의 지분을 발행해본다. 그런 다음 지분 중 5개를 새로운 직원(섬머 스노우^{Summer Snow})에게 할당한다. 그 결과는 그림 5-14와 같이 확인할 수 있다.

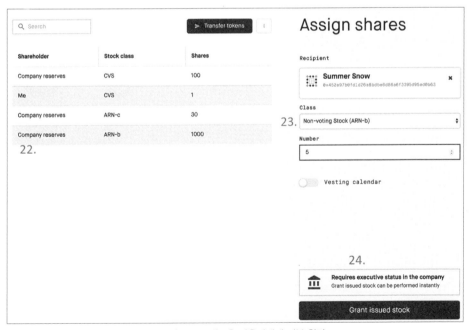

▲ 그림 5-14 새로운 사용자에게 지분 할당

실습으로 비의결 주식인 ARN-b라는 이름의 새로운 주식 유형을 만들 것이다. 실습의 결과로 기본적으로 발행된 1,000개의 지분을 보유하게 될 것이고, 모든 지분은 회사에 속한다. 다음으로 지분을 할당하기 원한다. 이 작업은 **Ownership** 탭에서 할 수 있다. 섬머 스노우의 주소를 참조한 다음 주식 유형과 할당된 지분량을 골라야 한다. 이 변경을 승인하기 위해서는 일반적으로 투표를 해야 한다. 그렇지만 이 경우, 비의결 주식은 예외적이다. 임원은 승인 없이 다른 직원에 대해 즉시 비의결 주식을 부여할 수 있다. 이것은 회사 내부에서 비의결 주식을 할당하는 경우로만 제한되지만, 이 예외는 정관을 편집해 제거할 수 있다.

여기에 두 가지 태스크가 있다. 독자 자신에게 설립자 주식의 절반을 할당한다. 그리고 설립자 지분 1개를 섬머 스노우에게 양도한다. **Ownership** 탭에서 두 태스크를 모두 수행할 수 있고, 마지막 소유권 분포를 그림 5-15에서와 같이 확인할 수 있다. 또한 양도 프로세스는 투표 없이 곧바로 완벽하게 될 수 있지만, 이 행위는 철회할 수 없다.

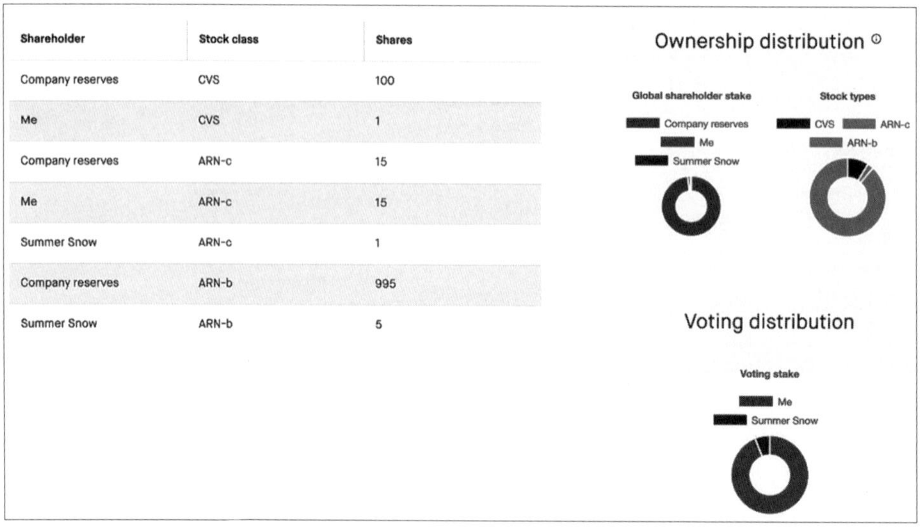

Shareholder	Stock class	Shares
Company reserves	CVS	100
Me	CVS	1
Company reserves	ARN-c	15
Me	ARN-c	15
Summer Snow	ARN-c	1
Company reserves	ARN-b	995
Summer Snow	ARN-b	5

Ownership distribution ⊙

Global shareholder stake
- Company reserves
- Me
- Summer Snow

Stock types
- CVS
- ARN-c
- ARN-b

Voting distribution

Voting stake
- Me
- Summer Snow

▲ 그림 5-15 수행된 전 단계의 끝에서 마지막 소유권 분포

Ownership 탭은 주주가 소유한 주식 유형으로 주주를 조직화한다. 검토를 위해, 사용 가능한 세 가지 주식 유형인 비의결 주식(ARN-c), CVS, 설립자 주식(ARN-b)을 갖는다. 임원이 의결권을 가진 지분의 과반을 여전히 소유하고 있다. 오른쪽 화면에는 투표에 대한 새롭게 변경된 파이 차트와 회사 내부의 글로벌 주식 분포가 있다. 이러한 일반적인 운영으로 회사는 지배의 역할을 수행하고 첨부된 프로젝트의 미래 방향을 협력적으로 결정할 수 있다.

모금 활동과 정관

검토의 마지막 주제로, 아라곤의 좀 더 발전된 기능에 대해 다룰 것이다. 즉, 블록체인에서의 모금 활동^{fundraising}과 정관^{bylaw}이다. 이것은 회사의 지배를 위해 또 다른 수준의 상세 조정 기능을 제공한다. 아라곤 블록체인에 대한 자금 마련은 전통적인 모금 활동과 매우 다르다. 핵심 아이디어는 간단하다. DAO가 운영되면 지분을 발행할 수 있다. 그리고 이더의 대가로 투자자에게 지분을 제공할 수 있다. 이러한 지분은 개인 투자자 또는 네트워크 참여자에게 더욱 광범위하게 제공될 수 있다. 모금 활동은 특정 마감 시간을 가지며, 투표 후 회사가 승인했을 때 시작된다. 여기서 논의하는 두 번째 기능은 정관이다. 정관은 변수를 재할당하고 필요에 따라 업데이트할 수 있게 하는 설정 파일의 연산 도구다. 정관은 회사의 지배 구조에 매우 미세한 수준의 접근을 제공하며, 변화를 승인한 경우 새로운 규칙을 즉시 만든다. 이전의 주제에서 언급한 모든 기본 설정은 회사를 설립하기 위해 아라곤이 채용한 정관의 템플릿에서 비롯된다. 새로운 정관을 아라곤에 아직 추가할 수 없는 까닭에, 회사의 기존 규칙을 변경해 구성원을 위한 다른 수준의 사용자 권한을 생성할 수 있다. 그림 5-16에서 아라곤의 모금 활동에 대해 살펴보자.

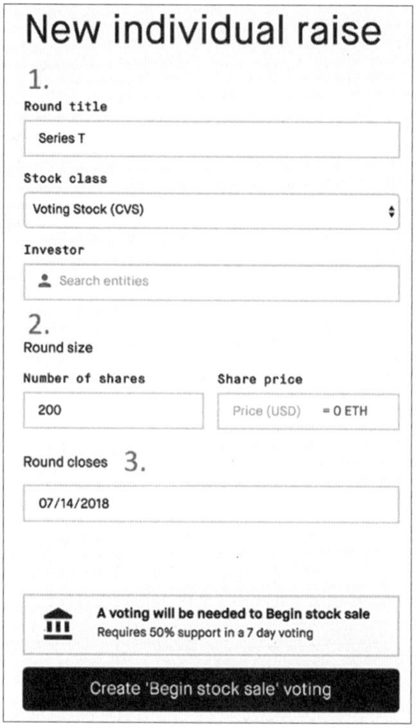

▲ 그림 5-16 아라곤에서 특정 투자자의 모금 활동

아라곤 코어에 Fundraising^{모금 활동} 탭이 있다. 이 탭에서 대응하는 대화상자를 열기 위해 New Raise를 클릭할 수 있다. 현재 아라곤에서 구현된 모금 활동을 위해 두 가지 유형의 옵션이 있다. 첫 번째 옵션은 회사 내의 지분에 대한 대가로 특정 투자자로부터 모금하는 것과 관계가 있다. 두 번째 옵션은 회사 내에서 네트워크의 모든 참여자가 주식을 살 수 있는 크라우드세일^{crowdsale}이다. 여기서는 첫 번째 옵션을 선택했고 개인별 모금을 시작한다. 이 시리즈는 모금된 자금에 대한 대가로 제공되는 지분 유형과 제목이 필요하다. 보통 투자자는 의결권을 원하기 때문에 CVS를 선택했다. 그런 후 수동으로 투자자의 주소를 입력해야 한다. 그런 다음 제공하려는 지분의 양을 지정해야 한다. 아라곤 네트워크가 진정한 시장을 가지면, 이더로 지분에 대한 가격을 책정할 수 있고 블록체인에서 실질적인 가치를 지니게 된다. 아라곤 기반 DAO와 관계있는 프로젝트의 산출물은 시장에서 지분의 가치를 결정할 것이다. 모금 활동은 시간 제한이 있고 마지막에는 라운드가 마감된다. 이것은 킥스타터Kickstarter가 사용하는 양단 간의all-or-nothing 모델로 발전할 잠재력을 갖는다. 마지막으로, 모금 활동이 활성화되고 네트워크에 온라인 상태가 되기 전에 과반수가 모금 활동을 승인해야 한다.

이제 다음으로 정관에 대해 살펴본다. 그림 5-17은 회사 내에서 참여하고 있는 모든 개체가 명예에 동의한 현재 구현된 정관의 목록을 보여준다. 결과적으로, 행정적으로 구현된 규칙은 아라곤에서 지배를 통한 훨씬 더 많은 맞춤화를 제공하게 될 것이다.

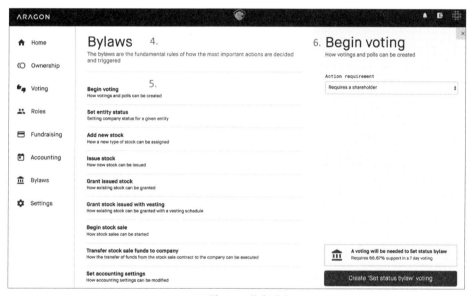

▲ 그림 5-17 회사 정관

Bylaws정관 탭은 회사를 위해 구현된 모든 사용 가능한 법에 대한 목록이다. 여기서는 투표를 시작하는 방법을 결정하는 첫 번째 법에 대해 살펴볼 것이다. 아라곤에서 모든 주요 행위는 참여자의 투표가 필요하다. 그래서 투표를 시작할 수 있는 사람을 변경하는 것은 투표가 필요한 더 많은 행위가 수행될 수 있음을 의미한다. Begin voting 대화상자에서 행위 요구사항이 몇몇 옵션을 제공하는데, 주주 되기, 회사 내에 할당된 역할 가지기, 특정 주소(사용자)에 투표 제한하기 등이다. 기본적으로 투표는 주주가 필요하지만, 여기서는 필요한 경우 변경할 수 있다. 다른 모든 주요 행위와 마찬가지로, 정관의 변경은 전사적으로 구현되기 위해 과반수 승인이 필요하다.

이제 또 다른 예제를 살펴보자. 이번에는 새로운 사용자에게 역할을 할당하기 위해 권력과 신탁을 사용해 신원을 자동으로 통합할 수 있는 방법을 부여한다. 그림 5-18은 이 예제의 묘사를 제공한다.

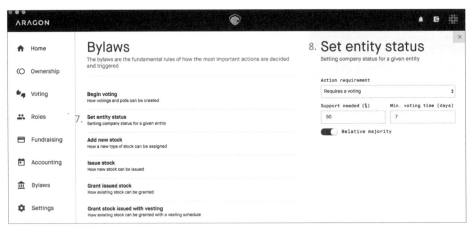

▲ 그림 5-18 회사 내의 구성원 상태 변경하기

이 프로세스는 이전 단계와 유사하지만, 대신에 두 번째 정관을 편집할 수 있다. 여기서는 개체 상태를 설정한다. **Set entity status** 대화상자에서 마지막 옵션을 선택한다. 확정을 위해 신탁을 호출할 것이다. 이것은 매개변수를 변경한다. 그래서 이제 네트워크에 신탁 주소를 제공해야 한다. 신탁을 사용해 어떻게 신원 관리 함수를 사용할 것인가? 회사가 일정 수준의 식별을 요구하면 키베이스와 아라곤을 통합할 수 있다. 그리고 신탁은 키베이스로부터 식별 상태를 확정할 수 있다. 이 경우, 투표 없이 새로운 역할을 할당할 수 있다. 그리고 오직 촉진이나 개체 상태 업데이트에만 광범위한 네트워크 투표가 필요할 것이다.

요약

5장에서는 탈중앙화 조직의 개념에 대해 논의했다. 블록체인에서 구축된 탈중앙화 조직의 맥락에서 아라곤에 대한 설명을 시작했다. DAO와 아라곤이 구현한 오르간의 정의를 살펴보고, 아라곤과 키베이스로 활용할 수 있는 신원 관리 기능에 대해 깊이 있게 논의했다. 마지막으로, 이 장의 핵심은 모든 기본 기능을 포함해 DAO를 설정, 관리, 운영하는 방법에 대한 검토였다. 이 장은 자신의 DAO를 생성하기 위한 기초를 제공했다.

참고문헌

5장을 집필하는 데 사용한 주요 참고문헌은 아라곤 백서와 aragon-core 깃허브 문서다.

6

DAO 해킹

지은이: 콜린 포워드^{Colin Forward}, 비크람 딜론^{Vikram Dhillon}

'다오이즘(DAOism)'이 준사이버 종교(quasi-cyber-religion)가 되기까지 잘 진행되고 있다고 말하는 편이 안전하다.

– 비탈리크 부테린(Vitalik Buterin)[1]

5장에서 탈중앙화 조직의 개념과 DAO의 작업 방식에 대해 논의했다. 6장에서는 첫 번째 DAO의 생성을 이끄는 역사적인 순간과 결국에는 해킹당한 방법에 대해 집중 조명하고자 한다. 부테린의 탈중앙화 조직에 대한 신선한 관점으로 논의를 시작하고, Slock.it의 이야기를 이어갈 것이다. Slock.it은 DAO 혁명의 중추적인 역할을 한 회사다. 그런 다음 DAO 역기능을 생산하는 일부 코드를 살펴볼 것이다. DAO의 역기능은 취약성과 관련된 스마트 계약 일부, DAO와 반복적인 철수를 허용하는 조건, 악용 자체 등이다. 해킹 결과에 대한 논의로 이 장을 끝낼 텐데, 즉 하드 포크와 소프트 포크, 그리고 이더리움 클래식^{Ethereum Classic}의 생성에 대해 논의할 것이다.

---

1 https://blog.ethereum.org/2014/05/06/daos-dacs-das-and-more-an-incomplete-terminology-guide/

소개

중앙 은행에 대항하는 이상주의자가 사토시 나카모토의 비트코인에 대한 초기 글의 내용을 따르는 것으로 글로벌 블록체인 커뮤니티의 담론을 특징지을 수 있다. 변질의 취약성을 지닌 시스템 및 소수의 요구를 충족시키는 경우 추론을 코드로 관리하려면 책임이 더 무거워진다. 그 코드가 블록체인에 있는 경우 소수 참여자의 편견을 가진 개입 여부는 불투명하다.

전통의 뒤를 이어 2013년 9월 「비트코인 매거진^{Bitcoin Magazine}」에 게재된 블로그 글에서 비탈리크 부테린은 DAO의 개념을 탐구했다. 해당 기사는 다음과 같이 시작했다.

> 미국 대통령 후보 미트 롬니(Mitt Romney)는 기업은 사람이라고 상기시킨다. 그의 당원이 그 주장에서 이끌어낸 결론에 대한 동의에 상관없이, 그 발언은 매우 진실하다. 기업은 무엇인가? 결국 특정 규칙에 따라 함께 일하는 사람들의 무리가 아닌가? 기업이 자산을 소유하는 경우, 그것의 실제 의미는 현재 이사회의 통제하에 어떤 목적으로만 자산을 사용할 수 있음을 말하는 법률적 계약이다. 이사회는 특정 주주의 임명으로 변경될 수 있다. 기업이 어떠한 것을 하고 있다면, 이사회의 동의가 있었기 때문이다. 기업이 직원을 채용하는 경우, 직원은 특히 지불에 관련된 특정한 규칙 아래에서 기업의 고객에게 서비스를 제공하는 데 동의함을 의미한다. 기업이 유한 책임을 지는 경우, 특정한 사람에게 추가로 권한이 부여되고 이에 따라 정부의 법률적 기소에 대한 부담도 줄어든다. 정부는 일반적인 사람이 혼자 행동하는 것보다 많은 권리를 갖는 사람들의 그룹이지만, 궁극적으로 여전히 사람이다. 어쨌든 기업은 사람과 계약 모두에게 모든 것이다.
>
> 그렇지만 여기서 매우 흥미로운 질문이 떠오른다. 정말로 사람을 필요로 하는가?[2]

부테린의 기사가 처음 발표되고 3년 후, DAO는 솔리디티로 작성된 스마트 계약으로 존재를 드러냈다. 아마도 이상주의의 가장 순수한 징후일 것이다. 정식 레이블에도 불구하고, DAO는 탈중앙화 자율 조직의 첫 번째도 마지막도 아니다. 사실 Slock.it의 리더십이

---

2 https://bitcoinmagazine.com/articles/bootstrapping-a-decentralized-autonomous-corporation-part-i-1379644274/

DAO의 기록을 갱신하는 가상화폐공개^{ICO, initial coin offering 3}를 시작한 2016년 5월까지, DAO는 증가하는 주류로서 블록체인 현상의 제3의 물결로 잘 설립되고 있었다.[4]

많은 사람이 비트코인이 첫 번째 DAO가 될 것이라고 생각했지만, 두 가지 서비스 특성에서 큰 차이가 있다. 사실 네트워크의 모든 채굴자가 공유된 코드로 비트코인을 관리하지만, 비트코인은 내부 대차 대조표를 갖지 않는다. 단지 사용자가 가치를 교환할 수 있도록 만드는 기능만 있다. 그때 다른 DAO가 자산 소유권의 개념을 갖고 있었지만, The DAO[5]가 독창적이었던 이유는 코드의 중심이 The DAO가 자원을 배포하는 방법을 정의한 근본적으로 민주적인 프로세스였기 때문이다. 부테린의 기업 개념은 한 명의 직원도 없이 비즈니스를 수행해 실현했다. 이제 CEO 단 한 명뿐이다.

DAO 백서에 따르면,

> 이 문서는 처음으로 조직의 생성을 허용하는 방법에 대해 설명한다. (1) 참여자는 직접 기금의 실시간 통제를 유지한다. (2) 거버넌스 규칙(governance rule)을 공식화, 자동화하고 소프트웨어를 사용해 강제한다. 특별히 이더리움 블록체인의 DAO를 구성하는 데 사용할 수 있는 표준 스마트 계약 코드를 작성한다.

부테린은 전통적인 회사와 다른 탈중앙화 조직을 구성하는 상황에서 자동화와 자본 간의 균형에 대해 언급했다. 콘센시스^{ConsenSys}의 폴 코흘하스^{Paul Kohlhaas}는 그림 6-1의 내용을 발표했으며, DAO가 자율 조직 범위에 있음을 설명했다.

---

3   일반적인 기업공개와 비슷한 자금 조달 방식으로, 사업자가 블록체인 기반의 암호화폐 코인 발행과 판매를 통해 자금을 확보하는 방식이다. – 옮긴이

4   이러한 관점으로 DAO의 군중 범위로 15일 동안, MakerDAO 하위 레딧(subreddit)의 구성원은 DAO의 MakerDAO에 투자를 촉발하는 제안에 대해 논의하고 있었다.

5   크라우드펀딩을 통해 투자 당시 가치 기준으로 2천억 원가량의 투자금을 성공적으로 유치한 대표적인 탈중앙화 자율 조직(DAO) – 옮긴이

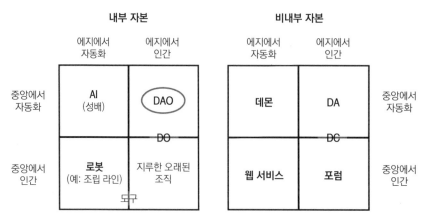

DAO 사분면

▲ 그림 6-1 인간 참여자와 자동화된 의사결정 개체의 DAO

본질적으로 DAO는 이전에 자본이 없었던 자동화된 개체로부터의 패러다임 이동이다. 블록체인을 사용함으로써, 자본을 주입하고 특정 사용 사례에 대해 자동화 정도를 미세 조정할 수 있는 혼합 비즈니스 모델을 구축할 수 있다.

팀

블록체인 세계에서 종종 그렇듯, 직원이 없는 DAO와 DAO의 코드 작성 및 유지를 담당하는 사람 사이의 관계 특성을 둘러싼 많은 혼란이 있다. DAO의 경우, USN[Universal Sharing Network] 기술로 공유 경제를 붕괴시키는 독일 회사 Slock.it의 고급 간부가 그런 담당자들을 이끌었다.

Slock.it의 CEO 크리스토퍼 젠츠치[Christopher Jentzsch]와 COO인 스테판 투알[Stephan Tual]은 Slock.it을 시작하기 이전에 이더리움 재단에서 선임 직책을 맡았다(그들은 각각 리드 테스터와 CCO였다). 젠츠치는 DAO 코드의 선임 개발자였고, 투알은 블로그 게시, 컨퍼런스 발표, 포럼 기여를 통해 DAO의 간판이었다. 그렇다면 어떻게 현재 회사가 이더리움 기반으로 리더가 없는 벤처 자금 생성을 이끌 것인가? 그들의 동기를 이해하려면, 블록체인을 물리적 세계에 연결하기 위해 Slock.it의 비전을 조사해야 한다.

USN 구축에서 Slock.it은 IoT 기술의 주류 채택에서 중심 역할을 수행하기 시작했다. 세계 어디서든 네트워크상의 디바이스와 상호작용하는 방법을 제공함으로써, USN은 우버Uber 및 에어비앤비Airbnb 같은 중앙집중식 회사의 도움 없이 다른 사람에게 자신의 자산을 임대해줄 수 있는 초연결 세계의 중추가 된다. 대신 USN은 이더리움 블록체인에 인터페이스를 제공한다. 이더리움 블록체인은 탈중앙화 애플리케이션이 공유 경제를 구성하는 거래를 관리할 수 있는 장소다.

회사는 IoT 디바이스를 USN에 연결하기 위해 이더리움 컴퓨터라 불리는 특화된 모뎀을 구축하려고 했다. DAO를 위한 Slock.it의 비전은 블록체인 지원 제품과 서비스를 만들려는 유망한 제안에 투자할 수 있는 탈중앙화 벤처 자금을 생성하는 것이다.

저작하는 시간 동안(DAO의 가상화폐공개 18개월 후), Slock.it은 USN과 이더리움 컴퓨터의 개발을 지속하기 위한 종자 기금으로 2백만 달러를 모금했다. 회사 웹사이트의 투알 블로그 게시글에 따르면, 이제 Slock.it은 라즈베리파이Raspberry Pi 같은 인기 있는 시스템 온칩SoC, system-on-a-chip으로 자유 오픈소스 이미지로 사용 가능한 이더리움 컴퓨터를 만들 것이다. 또한 회사는 전기 자동차 충전소의 소유자가 블록체인 기반 모바일 앱을 통해 전기 자동차 소유자에게 전력을 판매하는 서비스인 '공유와 충전Share&Charge'을 구축하고 지원한다.

크라우드 컴퍼니스Crowd Companies의 예레미야 오양Jeremiah Owyang은 그림 6-2에서 보여주는 슬라이드로 Slock.it의 주요 사용 사례 중 하나를 요약했다.

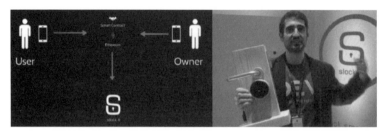

Slock.it 스마트 잠금 장치는 블록체인의 이더리움 계약을
보호하기 위해 연결을 잠근다.

User   Owner

누군가 Slock을 구매했을 때, 이더리움 블록체인의 Slock 스마트 계약에 연결되고 통제된다.
Slock의 소유자는 자신의 자산 임대에 대한 예치금과 임대가격을 설정할 수 있다.
그리고 사용자는 이더리움 블록체인에 거래를 통해 예치금을 지불할 것이다.
그리고 스마트폰으로 스마트 잠금을 열고 닫기 위한 권한을 얻게 된다.

▲ 그림 6-2 Slock.it이 스마트 계약에 물리적 디바이스(스마트 잠금 장치)의 구매를 연결해 탈중앙화된 에어비앤
비로 행동할 수 있다.

궁극적으로 이 아이디어는 블록체인에 어떤 디바이스든지 연결할 수 있는 탈중앙화 IoT
플랫폼이 되어 확산될 것이다.

The DAO

The DAO의 원래 개념은 결국 가상화폐공개에서 배포된 민주적 비즈니스 프로세스에서
급진적인 실험이 아니었다. 젠츠치는 Slock.it 블로그에 그 프로세스에 대해 설명했다.

> 처음에 특별한 스마트 계약을 맺고, 토큰 보유자에게 수신된 자금으로 할 수 있는 것에 대해
> 의결권을 부여했다.
>
> 더 많은 고려 끝에, 스마트 계약으로 뒷받침된 상세한 제안의 성공적인 투표 후에만, 배포할
> 자금에 대한 전체적인 통제로 토큰 보유자에게 훨씬 더 많은 영향력을 부여했다. 킥스타터
> (Kickstarter) 모델을 약간 넘어선 단계이지만, 이 좁은 특정 DAO인 Slock.it에서 유일한
> 자금 수령자일 것이다.

더 나아가 자금의 유일하고 직접적인 수령자가 될 수 있는 '진정한' DAO를 생성하기를 희망하고, 잠재적인 수천 명의 창립자가 있는 회사와 유사한 조직의 창설을 대표하게 되었다.[6]

Slock.it과 The DAO의 결합 해제를 달성하기 위해, 젠츠치는 DAO 토큰 보유자가 The DAO의 자원을 처리할 수 있는 방법에 대한 제안을 만들 수 있게 솔리디티 계약을 고안했다. 모든 토큰 보유자는 최소 14일 동안 투표 기간을 갖는 적극적인 제안에 투표할 수 있다.

그것은 The DAO의 가상화폐공개가 완성됐을 때, Slock.it은 다른 누군가처럼 The DAO에게 제안을 제출해야 한다는 뜻이었다. 다른 사용자는 제안을 평가하기 위해 Mist 브라우저를 사용할 수 있다. 제안을 구성하는 방법은 다음과 같다.

```
struct Proposal {
    address recipient;
    uint amount;
    string description;
    uint votingDeadline;
    bool open;
    bool proposalPassed;
    bytes32 proposalHash;
    uint proposalDeposit;
    bool newCurator;
    SplitData[] splitData;
    uint yea;
    uint nay;
    mapping (address => bool) votedYes;
    mapping (address => bool) votedNo;
    address creator;
}
```

보다시피, 제안(150만 달러를 빠르게 모금할 수 있는 이러한 자동화된 코드 기반의 핵심)은 The DAO의 자원(uint amount)을 위한 비교적 단순한 요청이다.

---

6   https://blog.slock.it/the-history-of-the-dao-and-lessons-learned-d06740f8cfa5

DAO 토큰 보유자는 vote 함수를 호출해 제안에 투표할 수 있다.

```
function vote(
    uint _proposalID,
    bool _supportsProposal
) onlyTokenholders returns (uint _voteID);
```

어떤 한 주소의 투표는 그 주소를 갖고 있는 DAO 토큰의 양에 비례해 가중될 수 있다. 토큰 보유자가 2개로 분리된 직책에 대해 투표를 원하는 경우, 토큰 보유자의 다른 주소로 투표하기 원하는 토큰의 양만큼 양도할 수 있다. 그리고 다시 투표할 수 있다.[7] 투표 기간이 종료될 때까지, 공개 제안의 어떤 의결 토큰이든 잠금되어 있는다. 즉, 양도할 수 없다.

uint 형의 proposalDeposit 변수는 투표 기간이 종료될 때까지 제안자가 그 제안의 지분을 갖는 예치금이다. 제안이 정족수에 도달하지 않는 경우, 예치금은 The DAO에 그대로 남게 된다.

여기에 특별한 유형의 제안 두 가지가 있다. 이 제안은 The DAO의 운명에 핵심적인 역할을 하는 예치금을 필요로 하지 않는다. 첫 번째 유형은 The DAO를 분할하는 제안으로, 새로운 '자식child' DAO로 제안 수령자의 자금을 효과적으로 인출할 수 있다. 그것은 본래 복제본이었지만 새로운 계약 주소가 된다. 분할 제안은 14일 대신 7일의 투표 기간을 갖는다. 그리고 분할 제안에 찬성하는 투표를 한 사람은 수령자를 따를 것이다. 원래 DAO에서 토큰을 인출하고 결과적으로 자식 DAO로 토큰을 이동시킬 것이다.

두 번째 특별한 제안 유형은 The DAO의 큐레이터curator를 대체하는 것이다. DAO 큐레이터는 The DAO의 생성 시 설정한 주소다. 그리고 문지기[8]로서 효과적으로 서비스하며, 자식 DAO의 생성은 수령자 주소를 허용된 목록으로 가질 수 있다. 큐레이터를 대체하는 제안에 대한 과반수 투표에서, 찬성표는 선택된 큐레이터로 새로운 DAO를 생성하는 결정을 할 수 있게 한다.

---

7   이것은 제안이 유효 투표에 대해 제안에서 가중치를 갖는 투표 정족수의 20%를 요구하기 때문에 가능한 사례일 것이다.

8   큐레이터는 인간 문지기를 필요로 하지 않는다. 가빈 우드(Gavin Wood)는 큐레이션은 단지 기술적 역할을 담당하고 큐레이터는 The DAO의 주도적 통제권을 갖지 않는다는 생각으로 The DAO의 큐레이터를 사임했다.

가상화폐공개 하이라이트

초기 DAO 개념의 가상화폐공개는 하룻밤 사이에 성공했다.

- 1,200만 ETH(~1억 5천만)를 모금했다.
- 젠츠치와 투알은 자신들의 아이디어가 그렇게 성공할 것이라고 기대하지 않았다고 인정했다.

해킹

The DAO가 공격에 취약하다는 생각이 개발자 커뮤니티에서 부상하고 있었다. 블래드 잠피어 Vlad Zamfir와 에민 군 시어러 Emin Gün Sirer [9]는 취약점이 해결될 수 있을 때까지, The DAO의 모라토리움 moratorium에 대해 언급하는 블로그 게시글에서 처음으로 이슈를 제기했다. 공격 직전에 MakerDAO는 코드가 공격에 취약하다고 커뮤니티에 주의를 주었다. 그리고 피터 베세네스 Peter Vessenes는 The DAO가 이런 취약점을 공유했다고 말했다.[10]

이러한 경고는 2016년 6월 12일, 투알이 '이더리움 스마트 계약의 '재귀적 호출' 버그 발견에 따른 위험으로 DAO 자금 없음'이란 제목으로 Slock.it 웹사이트에 현재 악명 높은 블로그 게시물을 게시했다. 이틀 내에, The DAO의 알려진 많은 취약점을 수정하기 위해 수정을 제안했지만 이미 너무 늦은 상태였다. 6월 17일, 공격자는 The DAO에서 자금을 뽑아가기 시작했다.

The DAO 공격자는 부실하게 구현된 The DAO의 기능이지만 잘 구현된 기능을 부당하게 이용했다. 이것은 DAO 토큰 보유자 반대 의견에 대해 다수의 폭력을 방지하려는 의도였다. The DAO 백서에 따르면,

---

9   http://hackingdistributed.com/2016/05/27/dao-call-for-moratorium/

10 http://vessenes.com/more-ethereum-attacks-race-to-empty-is-the-real-deal/

완화해야 하는 모든 DAO 문제는 DAO 형성 이후 지배 구조 및 소유권 규칙을 변경해 다수가 소수를 강탈해가는 능력이다. 예를 들어, 모금이 완료되거나 이후 생성한 토큰의 51%를 가진 공격자는 모든 자금을 자신에게 보내는 제안을 만들 수 있다. 공격자가 토큰의 과반을 보유하고 있기 때문에 항상 그들의 제안을 통과시킬 수 있을 것이다.

이것을 방지하기 위해, 소수는 항상 자금의 일정 부분을 회수하는 능력을 가져야 한다. 해결책은 DAO를 2개로 분할하는 것이다. 제안을 실행하기 전에 개인(또는 토큰 보유자 그룹)은 제안에 반대하고 이더의 일정 부분을 회수하기 원한다. 그리고 새로운 DAO를 구성해 특별한 유형의 제안을 제출하고 승인할 수 있다. 이 제안에 투표하는 토큰 보유자는 그때 DAO를 분할할 수 있다. 일부는 새로운 DAO에 이더의 일정 부분을 옮기고, 나머지 소유한 이더는 혼자서 소비할 수 있다.

안타깝게도, 이 '분할' 기능을 구현하는 방법은 비극적인 재진입 버그[11]에 의한 DAO 취약점을 만든다. 다시 말해 일부 사람은 DAO에서 재귀적으로 무한 반복해서 분할될 것이며, 원래 DAO 계약에 인출 기록을 기록하기 전까지 원래 ETH 투자금에서 무한으로 동일 금액이 인출될 것이다.

여기에 취약점이 있다. 이 취약점은 DAO.sol 솔리디티 계약 파일에서 발견할 수 있다.

```
function splitDAO(
    uint _proposalID,
    address _newCurator
) noEther onlyTokenholders returns (bool _success) {

    ...
    // [설명 추가] 첫 번째 단계는 이더를 이동시키고 새로운 토큰을 할당하는 것이다.
    uint fundsToBeMoved =
        (balances[msg.sender] * p.splitData[0].splitBalance) /
        p.splitData[0].totalSupply;
    if (p.splitData[0].newDAO.createTokenProxy.value(fundsToBeMoved)
(msg.sender) == false)
        // [설명 추가] 이것은 분할을 위해 호출하는 계정에서 자금을 갱신하기 전, DAO를 분할하는 줄이다.
```

---

11 재진입성(reentrancy)은 실행 중간에 루틴을 방해할 수 있는 소프트웨어의 특징이다. 그리고 이 특징으로 인해 시작으로 초기화(재진입)된다. 반면에 루틴의 원래 인스턴스의 나머지 부분은 실행을 위한 대기열(큐)로 남는다. – 옮긴이

```
...
// DAO 토큰을 굽는다.
Transfer(msg.sender, 0, balances[msg.sender]);
withdrawRewardFor(msg.sender); // 좋다. 보상을 얻는다.
// [설명 추가] 이전 줄은 분할을 수행한 후 새로운 잔액을 반영하기 위해
// totalSupply와 balances[msg.sender]를 갱신하기 전에 호출되는 핵심이다.

totalSupply -= balances[msg.sender]; // [설명 추가] 이것은 분할 후 발생한다.
balances[msg.sender] = 0; // [설명 추가] 이것 또한 분할 후 발생한다.
paidOut[msg.sender] = 0;
return true;
}
```

여기서 보다시피, DAO는 이동시킬 DAO 토큰의 양을 결정하도록 잔액 배열 (balances[])을 참조했다. p.splitData[0]의 값은 DAO에 제출된 제안의 자산이다. DAO의 전체 자산은 아니다. 즉, balances[]가 갱신되기 전 withdrawRewardFor가 호출된다는 사실은 공격자가 무한정 fundsToBeMoved를 호출할 수 있게 만든다. 왜냐하면 잔액은 여전히 원래 값을 반환할 것이기 때문이다.

withdrawRewardFor()를 더 자세하게 보면 이 가능성을 만드는 조건을 확인할 수 있다.

```
function withdrawRewardFor(address _account) noEther internal returns (bool
_success) {
    if ((balanceOf(_account) * rewardAccount.accumulatedInput()) / totalSupply
< paidOut[_account])
        throw;

    uint reward =
        (balanceOf(_account) * rewardAccount.accumulatedInput()) / totalSupply
- paidOut[_account];
    if (!rewardAccount.payOut(_account, reward))
        // [설명 추가] 이 문장은 재귀적 공격 취약점을 갖고 있다. 더 깊게 확인해야 한다.

        throw;
    paidOut[_account] += reward;
    return true;
}
```

첫 번째 문장이 거짓^{false}으로 평가된다고 생각하면, 취약점으로 마크된 그 문장이 실행될 것이다. 공격자가 그 경우를 만들 수 있는 방법을 이해하기 위해 조사할 단계가 하나 더 있다. 첫 번째로 withdrawRewardFor가 호출된다(공격자가 인출하기 위한 정당한 자금을 갖는 경우). 첫 번째 문장은 거짓^{false}으로 올바른 것으로 평가할 수 있다. 따라서 다음 코드가 실행되는 원인이 된다.

```
function payOut(address _recipient, uint _amount) returns (bool) {
    if (msg.sender != owner || msg.value > 0 || (payOwnerOnly && _recipient != owner))
        throw;
    if (_recipient.call.value(_amount)()) { // [설명 추가] 이것이 결정타다.
        PayOut(_recipient, _amount);
        return true;
    } else {
        return false;
    }
}
```

두 번째 if 문장으로 작성된 PayOut()은 분할을 제안하는 사람, 즉 _recipient를 참조한다. 주소의 토큰 잔액이 업데이트되기 전에 이 주소는 withdrawRewardFor() 내부에서 splitDAO를 다시 호출하는 함수를 포함한다. 이렇게 생성된 호출 스택은 다음과 같다.

```
splitDao
      withdrawRewardFor
          payOut
              recipient.call.value()()
                  splitDao
                      withdrawRewardFor
                          payOut
                              recipient.call.value()()
```

그러므로 공격자는 The DAO에서 자식 DAO로 무한정 자금을 인출할 수 있다.

요약하면, 공격자는 다음을 수행했다.

1. DAO 분할

2. 새로운 DAO에 자금 인출

3. 자금을 사용할 수 있는지 여부를 결정하도록 코드를 확인하기 전, DAO 분할 함수를 재귀적으로 호출

이 프로세스를 그림 6-3에 시각적으로 표현했다.

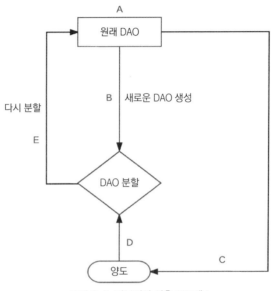

▲ 그림 6-3 반복적인 인출 프로세스

그림 6-3에서 반복적인 프로세스를 시각적으로 볼 수 있다. 원래 DAO를 A로 표시한다. B에서 하위 DAO를 생성한다. 그런 다음 양도 함수가 C의 원래 DAO에서 일부 자금이 인출되도록 요청한다. 마지막으로, 생성된 새로운 DAO 자금을 양도한다. 개별 루프에서 새로운 DAO를 생성할 때까지, 이 프로세스를 다시 반복한다.

논쟁

공격자가 공격 당시 약 5천만 달러인 360만 ETH를 훔칠 수 있었다는 결과가 있다. 특히 The DAO 투자자는 불안정한 상황에 빠지게 되었다. The DAO가 손상될 뿐만 아니라,

자금을 공격자가 소유한 자식 DAO로 인출을 시도하는 경우 결과적인 계약은 원래의 것과 같이 동일한 취약점을 갖는다.

그러나 The DAO 투자자는 이 사건 전환의 결과에 관심 있는 유일한 사람이 아니다. DAO를 둘러싼 과대 광고는 2014년 부테린이 예측한 윤리적 한계점에 도달했다. 그 당시 유통된 ETH의 거의 5%가 The DAO에 투자됐다. 전체 이더리움 생태계에 많은 영향을 미치고, 블록체인의 짧은 역사상 가장 논쟁의 여지가 많은 것 중 하나가 되었다.

논쟁의 한쪽은 유통 중인 전체 ETH의 중요하지 않은 부분을 소유한 악의적인 행위자로부터 신생 이더리움 생태계를 보호하려는 사람들이었다. 그들은 The DAO의 생존 여부에 기본적으로 관심이 없었지만, 궁극적으로 이더리움을 통해 다른 DAO가 미래에 구축될 수 있는 평판 좋은 블록체인 플랫폼으로서 생존이 보장되길 원했다. 이것은 부테린과 이더리움 개발 팀의 핵심 구성원 다수의 생각이었다.

다른 한 편은 탈중앙화와 불변성에 대한 생각에 헌신한 사람들이다. 이 캠프의 많은 사람 (정의 캠프 justice camp 라고 부름)의 눈에 블록체인은 결정론적이라는 점에서 본질적으로 단순한 시스템이다. 그리고 그것을 사용하기 위해 선택하는 사람은 그 사실에 암묵적으로 동의한다. 이러한 의미에서 DAO 공격자는 어떤 법도 위반하지 않았다. 반대로 재진입 공격은 The DAO의 정관을 만든 소프트웨어 코드를 사용해 자신의 의견과 반하는 사항을 바꿔놓았다.

탈중앙화 캠프는 자식 DAO에서 ETH의 공격자 격리를 롤백하기 위한 블록체인의 재작성이 블록체인의 무결성에 손상을 입힐 것이라고 믿었다. 이러한 생각에 따라 블록체인이 영원할 것이라 추측했다. 그리고 이더리움 재단 Ethereum Foundation 을 포함한 어떠한 중앙 정부의 개입도 없을 것이라 생각했다. 캠프는 블록체인을 재작성하는 소규모 사람들의 도덕적 해이 moral hazard 가 선택적 검열 같은 개입에 개방되는 것에 대해 고민했다.

양측은 소셜 미디어와 뉴스 매체를 통해 열정적으로 각자의 입장에 대한 논쟁을 벌였다. 그 프로세스는 소프트 포크와 하드 포크의 개념을 유행하게 만들었다. 블록체인을 포크

(또는 해당 문제에 대한 어떤 소프트웨어 코드)하는 것은 이더리움이나 The DAO에 새롭지 않지만, 정의 캠프와 불변성 캠프 사이 논쟁의 초점이 됐다.

한편 화이트 햇 해커[white hat hacker][12] 그룹은 해커를 해킹하고 이를 위해 하루 종일 일을 하고 있다. 화이트 햇 그룹은 하드 포크를 찬성하거나 반대하는 사람들로 구성됐지만, 그럼에도 불구하고 6월 17일 이전에 식별된 동일한 공격을 수행하기 위해 함께 협력했으며, 도난당한 ETH를 정당한 소유자에게 돌려주고자 새로운 계약에 옮겼다.[13]

화이트 햇 팀은 The DAO에 상당한 투자를 한 사람들에게 스토킹 공격을 위한 돈을 모금하기 위해 다가갔다. 그리고 공격자가 인출할 수 있는 것보다 더 많은 자금으로 새로운 DAO에 공격자보다 더 많은 투자를 할 수 있기 때문에, 결과적인 DAO에서 과반수의 의결권을 얻을 수 있었다.

분리: ETH와 ETC

7월 30일, 해시레이트[hashrate]의 90% 이상이 포크에 대한 지원에 신호를 보냈다. 조직이 존재하지 않았던 것처럼 투자자에게 The DAO 자금을 반환했다.

커뮤니티의 작은 부분은 원래 이더리움 블록체인의 채굴을 지속했기 때문에, 하드 포크에 반대하는 것은 이더리움 클래식[ETC, Ethereum Classic]의 출현으로 이어졌다. 이러한 불변의 근본주의자는 블록체인이 새롭고 파괴적인 지배 구조 모델을 대표한다는 생각에 전념했다.

이 운동의 가장 눈에 띄는 구성원은 가명을 사용하는 러시아 개발자 아르비코[Arvicco]였다. 2016년 7월 「비트코인 매거진」과의 인터뷰에서 그는 이 방식에 대해 반대를 표명했다.

---

12 윤리적 해커(ethical hacker)라고도 불리는 화이트 햇 해커(white hat hacker)는 악의적인 해커인 블랙 햇(black hat)에 대응해 개인 또는 조직 단위로 선제적 대응 업무를 수행한다. - 옮긴이

13 https://www.reddit.com/r/ethereum/comments/4p7mhc/update_on_the_white_hat_attack/

DAO를 구제함에 따라, 이더리움 재단은 '투자자 전체'와 '이더리움 플랫폼에 대한 자신감 향상'이라는 근시안적 목표를 달성하려고 시도하고 있다. 그렇지만 그들은 무척 반대하고 있다. DAO를 구제하는 것은 이더리움 플랫폼의 세 가지 핵심 장기 가치 제안 중 두 가지를 손상시킨다.[14]

이더리움 커뮤니티에서 소수파의 끈기에도 불구하고, 많은 사람은 장기간 생존하는 블록체인 버전을 기대하지 않았다. 주요 교환과 암호 서비스는 ETC에 대한 지원을 추가했지만, 많은 것이 근본적으로 이더리움 기능을 복제한 플랫폼의 장기 전망에 대해 회의적이었다.

Shapeshift.io의 설립자이자 CEO인 에릭 보뤼스Erik Vorhees 는 관련성을 유지하기 위한 ETC의 능력을 회의적으로 표현했지만, 궁극적으로 분리는 블록체인 생태계에 좋을 것이라 믿는다고 했다. 2016년 11월, 탈중앙화의 오늘에 대해 말했다.

이것이 상당한 혼란을 야기한 반면에(여전히 진행 중), 그것이 실패라고 말하기는 어렵다. 이제 커뮤니티 내의 부서가 해결됐고 두 캠프가 크기 면에서 상당히 충분하기 때문에, 이제 적어도 잠시 동안 두 가지 이더리움을 갖고 있다. 사실 두 캠프 중 누가 옳다고 주장하는 대신 양쪽 모두가 각자가 소유한 방식으로 '옳을' 수 있기 때문에, 커뮤니티가 더 평화로워질 수 있다. 그리고 시장은 실제로 더 좋은 제품을 결정할 것이다. ETH가 ETC를 넘어 승리할 것이라 기대하지만, ETC가 생각보다 더 오래 살아남을 것이란 사실을 인정해야 한다.

이 책을 쓰는 시점에, ETC는 플랫폼으로 그리고 커뮤니티로서 성장을 계속하고 있다. ETC가 ETH에 비해 느리게 인정받음에도 불구하고, BTCC 및 Huobi는 토큰을 교환에 추가하고 있다고 최근 발표했다. ETC 개발자는 또한 ETC를 처음부터 ETC용으로 제작한 첫 번째 클라이언트인 맨티스Mantis 의 출시와 함께 플랫폼으로서 이더리움의 출발을 가속했다(이더리움의 Mist, Parity, 기타 클라이언트와 대조적으로)

---

14 https://bitcoinmagazine.com/articles/rejecting-today-s-hard-fork-the-ethereum-classic-project-continues-on-the-original-chain-here-s-why-1469038808/

미래

거대한 스포트라이트 속에서 과대 광고된 후 기술이 실패했을 때, 그 기술을 지원하는 아이디어의 신뢰성을 회복하기란 믿을 수 없을 만큼 어렵다. DAO의 미래는 무엇과 비슷한가? DAO에서 투자하는 사람은 조심해야 하지만, DAO의 지배 구조에 거대한 보안 발전이 있었다. 흥미롭게도 폴^{Paul} 또한 탈중앙화 자금 매니저^{Decentralized Fund Manager}로 불리는 자동화된 차세대 벤처 캐피털로서 DAO의 새로운 전망을 제시했다. 폴에 따르면 DAO는 소프트웨어가 전통적인 벤처 캐피털 담당자에게 정상적으로 신탁될 자금을 관리할 수 있는 새로운 형태의 금융 자산 관리 도구를 대표한다. 소프트웨어 기반 관리를 핵심으로 구현함으로써 DAO가 형성한 어떤 이익을 토큰 보유자에게 직접 배분한다. 이 새로운 DAO의 구성원은 근본적으로 투자자이고, 지분과 수입을 표현하는 새로운 유형의 토큰을 발행한다. 궁극적으로 DAO에서 구성원은 자금이 어떻게 할당되며 투자의 대가로 어떤 이익이 제공되는지 안내할 수 있다. 자금을 관리하는 DAO가 전통적인 벤처 캐피털 사이클에서 운영되는 것은 합리적인 일이다.

- 첫 번째 사이클 거래는 ETH 자금을 사용하는 투자와 관련이 있다.
- 두 번째 사이클은 자동화된 차세대 벤처 캐피털의 DAO 관리와 관계가 있다. 지배 구조 모델은 엔젤–연합체^{angel-syndicate} 같은 초기 투자자에 대한 새로운 의사결정 기능을 제공할 수 있다.

이 책의 마지막 장에서는 금융 투자를 이끄는 인공지능^{AI, artificial intelligence}에 대한 생각을 논의할 것이다.

요약

이더리움의 미래는 DAO 해킹에도 불구하고 밝다. 이더리움 클래식의 출현과 믿기 힘든 비율의 새로운 개발로, 플랫폼은 더 성숙해지고 있다. 플랫폼으로서의 이더리움이 취약점의 원인이 아님을 주목해야 한다. 초기 상태에서 스마트 계약 코드는 해킹 같은 버그를 야기했다. 버그는 더 나은 코드 확인 메커니즘과, 그러한 위험을 피할 수 있는 안전한 코드 작성 실시를 가져왔다. 다가올 미래에는 포크의 결과처럼 이전과 같은 통합된 단일 화폐 플랫폼으로 끝날 수 있다.

7

이더리움 토큰:
고성능 컴퓨팅

이더리움 생태계에서 사용자 간 가치 양도는 흔히 디지털 자산을 대표하는 토큰으로 실현된다. 이더는 기본 토큰이며, 네트워크에서 거래와 스마트 계약 시작을 위해 사용되는 사실상 표준de facto[1] 화폐다. 또한 이더리움은 일반적인 거래 상품을 디지털 자산으로 표현할 수 있는 새로운 종류의 토큰 생성을 지원한다. 표준 프로토콜을 사용해 모든 토큰을 구현할 수 있으며, 그 네트워크에서 이더리움 지갑과 이더리움을 호환할 수 있다. 가상화폐공개ICO를 통해 주어진 특정 사용 사례에 관심 있는 사용자에게 그 토큰을 배포한다. 7장에서는 고성능 컴퓨팅HPC, high-performance computing의 특별한 사용 사례로 생성된 토큰에 관심을 기울일 것이다. 더 정확히 말하면, 채굴자가 연산 자원을 제공함으로써 이더리움 형태의 보상을 받기 위한 분산 HPC 모델에 대해 논의할 것이다.

네트워크에서 토큰의 생명 주기와 개요에 대한 논의로 시작할 것이다. 그리고 가장 일반화되고 포괄적인 분산 처리 시스템인 이더리움 연산 시장ECM, Ethereum Computational Market으로 첫 번째 토큰에 대해 살펴볼 것이다. ECM은 토큰을 사용하는 HPC를 위한 표

---

1   공식적인 표준화 기구에 의한 표준(de jure)이 아닌, 업계 전반에 걸쳐 사용되는 표준 – 옮긴이

준 모델이 될 것이다. 그리고 (확고하고 부드러운) 분쟁 처리와, 온체인^{on-chain} 보상으로 오 프체인^{off-chain} 처리의 검증 가능성 같은 개념을 소개할 것이다. 두 번째 토큰은 골 렘^{Golem}이다. 골렘은 사용되지 않는 CPU 주기의 에어비앤비^{Airbnb}로서 자리 잡고 있다. 브라스 골렘^{Brass Golem}이라는 첫 번째 배포판은 블렌더^{Blender}를 사용하는 3D 객체의 분 산 렌더링을 허용할 것이다. 향후 배포판은 빅데이터 분석 처리 같은 더 많은 고급 기능 을 제공할 것이다. 세 번째 토큰은 SONM^{Supercomputing Organized by Network Mining}이다. SONM은 이더리움 기반 머신 경제와 시장을 창출하기 위해 고안된 포그 컴퓨팅^{fog} ^{computing}2 아이디어를 확장한 것이다. SONM은 신경망과 인공지능에 중점을 둔 기술 지 향 로드맵을 발표했다. 최초 사용 사례는 퀘이크^{Quake} 서버를 실행하기 위한 탈중앙화 호스팅을 제공하려는 것이었다. 이 장에서 살펴볼 마지막 토큰은 iEx.ec이다. iEx.ec는 연산 증명 프로토콜에 따라 잘 개발된 데스크톱 그리드 컴퓨팅 소프트웨어를 이용한다. 이 소프트웨어는 제공된 자원의 오프체인^{off-chain}3 합의와 수익 창출을 가능하게 한다.

토큰과 가치 창출

토큰의 개념을 이해하기 위해서는 먼저 토큰이 작동하는 상황, 즉 팻^{fat} 프로토콜에 대해 이해해야 한다. 2017년 컨센서스^{Consensus}에서 나발 라비칸트^{Naval Ravikant}는 팻 프로토콜 을 비롯해, 인터넷 회사와 블록체인 기반의 차세대 스타트업 간 기본적인 차이에 대한 생 각을 말했다. 현재 인터넷 스택은 두 가지 영역으로 구성된다. 하나는 씬^{thin} 프로토콜로 월드 와이드 웹^{WWW, World Wide Web}이며, 다른 하나는 상위 프로토콜에 구축되는 애플리 케이션에 대한 팻 프로토콜이다. 구글이나 페이스북 같은 일부 초대형 인터넷 회사는 애 플리케이션 계층의 가치를 포착했지만, 실제 확장을 위해 새로운 프로토콜과 인프라 계 층을 개발해야 했다. 인터넷 회사가 초거대화되려면, 핵심 비즈니스 모델을 검증하고 새

---

2   클라우드 컴퓨팅 환경에서 좀 더 빠른 데이터 처리를 위해 고안된 네트워크로, CDN과 개념상 유사함 – 옮긴이

3   https://en.bitcoin.it/wiki/Off-Chain_Transactions – 옮긴이

로운 프로토콜의 생성에 충분한 자원을 할당해야 한다.

블록체인 기반 회사는 애플리케이션 계층의 씬^{thin} 영역과 프로토콜 계층의 팻^{fat} 영역에서 각기 다른 스택으로 작동한다. 그 가치는 프로토콜 계층에 집중되고, 애플리케이션 계층에는 일부만 남는다. 조엘 모네그로$^{Joel\ Monégro}$와 바라지 S. 스리니바산$^{Balaji\ S.\ Srinivasan}$은 프로토콜 계층에 대한 큰 관심과 투자의 두 가지 이유를 제안했다.

- **공유 데이터 계층**$^{shared\ data\ layer}$: 블록체인 스택에서 기본 아키텍처의 특성은 블록체인 탐색기를 통해 핵심 데이터에 공개적으로 접근할 수 있다는 점이다. 게다가 네트워크의 모든 구성원은 네트워크에서 합의된 블록체인의 완전한 복사본을 가져야 한다. 실제 사용에 있어 이러한 공유 데이터 계층의 적절한 사례는 사용자가 폴로닉스^{Poloniex}와 크라켄^{Kraken} 같은 거래소 간 전환이 용이하다는 것이다. 모든 교환은 동등하고 자유롭게 기본 데이터나 블록체인 거래에 접근할 수 있어야 한다.
- **접근 토큰**$^{access\ token}$: 토큰은 서비스에 대한 접근을 제공하는 유료 API 키와 유사하다고 생각할 수 있다. 블록체인 스택에서 프로토콜 토큰은 Storj의 파일 스토리지처럼 네트워크가 제공하는 서비스에 접근하는 데 사용된다. 역사적으로 프로토콜을 수익화하는 유일한 방법은 새로운 프로토콜을 구현하고 우수한 경쟁력을 갖춘 소프트웨어를 만드는 것이다. 이것은 자금 조성이 잘된 회사의 연구소 조직에서 가능하지만, 학계의 경우 초기 연구에서는 연구 속도가 느리게 진행됐다. 그러한 프로토콜을 만드는 연구원은 금융 지원을 받을 기회가 적었기 때문이다. 토큰을 이용하는 프로토콜 개발자는 가상화폐공개를 통해 직접적으로 수익을 창출할 수 있다. 그리고 토큰의 더 큰 이점은 광범위하게 채용되고, 다른 프로토콜이 새로운 프로토콜 위에 서비스를 구축할 수 있다는 것이다.

적절한 인센티브, 즉시 사용 가능한 데이터 공유 계층, 화폐 도구로서뿐만 아니라 토큰용 애플리케이션 요구에 따라 개발자는 어려운 기술 문제를 해결하기 위한 기본 프로토콜에 상당한 시간을 사용하고 있다. 결과적으로 블록체인 스택에 구축된 스타트업은 필연적으로 팻 프로토콜에 더 많은 시간을 할애하고, 가치 포착과 이더리움 토큰의 바다에서 분화되는 기술적 과제를 해결할 것이다.

최근에 이더리움 생태계에서 다양한 토큰이 탄생함으로써 상호 호환성에 대한 고민이 생겼다. 이 이슈를 해결하기 위해 파비안 보겔스텔러^{Fabian Vogelsteller}가 새로운 사양인 ERC20을 개발했다. ERC20은 이더리움 네트워크에서 토큰의 표준 인터페이스다. ERC20은 모든 접근 토큰이 네트워크를 통해 탈중앙화 앱과 호환되도록 구현해야 하는 여섯 가지 표준 기능에 대해 설명한다. ERC20의 사용으로 이더리움 블록체인의 다른 스마트 계약과 탈중앙화 애플리케이션이 밀접한 상호작용을 할 수 있다. 몇몇 표준 기능만 구현한 토큰은 부분적으로 ERC20 호환으로 간주된다. 부분적으로 호환되는 토큰조차도 누락된 기능에 따라 서드파티와 쉽게 인터페이스할 수 있다.

> **✏ 참고**
> 이더리움 블록체인에 새로운 토큰을 설정하려면 스마트 계약이 필요하다. 토큰을 위한 초기 매개변수와 함수가 블록체인의 토큰 실행을 관리하는 스마트 계약에 공급된다.

완전한 ERC20 호환을 위해, 개발자는 토큰에 수행될 다음 작업을 할 수 있도록 스마트 계약에 특정 함수를 연계해야 한다.

- **전체 토큰 제공을 가져오기**: totalSupply( )
- **계정 잔액을 가져오기**: balanceOf( )
- **토큰 양도하기**: transfer( ), transferFrom( )
- **토큰 송신 승인하기**: approve( ), allowance( )

새로운 토큰을 만들었을 때, 흔히 그것을 선취^{premine}하고 가상화폐공개로 알려진 크라우드세일^{crowdsale}에 판매한다. 여기서 선취란 토큰 생성자와 네트워크에 서비스를 제공할 당사자(예: 전체 노드 실행)를 위해 토큰의 일부를 할당하는 것을 의미한다. 토큰은 고정된 판매 가격을 갖는다. 새로운 프로토콜의 초기 개발 자금 조성을 위한 가상화폐공개 동안 토큰을 발행하고 공개적으로 판매할 수 있다. 이것은 스타트업이 제품 개발에 대한 자금 조성을 위해 킥스타터^{Kickstarter}를 사용하는 방법과 유사하다.

토큰에 관해 물어볼 수 있는 다음 질문은 "토큰이 디지털이라고 했을 때, 토큰 구매자는 실제로 무엇을 구매하는가?"이다. 기본적으로 사용자가 구매하는 것은 개인키다. 개인키 는 유료 API 키를 위해 만든 것과 같다. 개인키는 접근 권한이 부여된 문자열로 이해할 수 있다. 승인된 비밀번호를 사용해 지메일 같은 중앙집중식 데이터베이스에 저장된 이 메일에 접근할 수 있듯이, 개인키를 사용해 이더리움 같은 탈중앙화 블록체인 스택에 저 장된 디지털 토큰에 접근할 수 있다.

> **🏷 팁**
>
> 개인키와 중앙집중식 데이터베이스에 저장된 비밀번호의 핵심적인 차이점은 개인키를 분실했
> 을 때는 개인키를 복구할 수 없다는 것이다. 최근 사용자 요청 복구를 검증할 수 있는 공동서명자
> (cosigner)를 사용하는 복구 서비스를 통해 계정에 접근을 저장하려는 시도가 일부 있다.

궁극적으로 토큰은 스타트업에 국한되지 않고 기술에 대한 더 좋은 자금 조성 및 수익 창 출 모델이다. 현재 이더리움 같은 기본 암호화폐가 더 큰 시장 점유율을 갖고 있음에도 불구하고, 토큰은 결국 시장 점유율의 100배가 될 것이다. 그림 7-1은 전통적인 인터넷 회사와 이더리움 토큰을 사용하는 블록체인 스택 기반 회사의 가치 창출 차이를 요약해 보여준다. 이제 다음에 나오는 모든 토큰의 모델로 제공될 첫 번째 토큰에 대한 논의를 시작한다. 콘센시스^{Consensys}의 마이클 오베드$^{Michael\ Oved}$는 토큰이 모든 사람이 기다리 던 킬러앱이 될 것이라고 주장했다.

킬러앱이 더 큰 기술의 핵심 가치를 증명한다면, 이더리움 토큰은 새로운 비즈니스 모델을 가져오는 데 대한 성공의 증거가 되는 블록체인의 핵심 가치를 증명할 것이다.

이제 블록체인 기술의 첫 번째 킬러앱으로 토큰을 깨려는 시도의 물결을 목격하고 있다. 비 트코인은 다양한 측면에서 블록체인 기반 자산에 대한 '개념 증명'이다. 이더리움 플랫폼은 규모를 고려한 개념을 증명하고 있다.

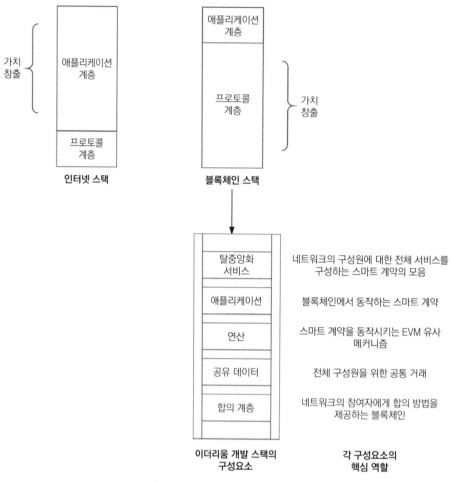

▲ 그림 7-1 토큰이 사용된 블록체인 스택의 개요

이 모델은 조이스 J. 셴Joyce J. Shen의 분산 원장 기술distributed ledger technology의 설명에 기반한다. 구글과 페이스북 같은 전통적인 인터넷 회사는 사용자가 생산한 데이터를 수집해 애플리케이션 계층에서 가치를 창출하고 포착했다. 블록체인 회사는 소유권과 사용할 수 있는 기술에 따른 다른 역동성을 갖는다. 블록체인은 합의 메커니즘과 공개적으로 접근할 수 있는 공유 데이터 계층을 제공한다. 이더리움은 튜링 완전 프로그래밍 언어Turing-complete programming language와 노드 간 호환성을 제공한다. 이러한 기능은 스마트 계약에 포함된 명령을 실행할 수 있는 EVM을 통해 제공된다. 스마트 계약을 사용해 블록체인에서 동작하도록 전체 애플리케이션을 구성할 수 있다. 그리고 애플리케이션 집합은 Storj 같은 완전한 탈중앙화 서비스가 될 수 있을 것이다.

이더리움 연산 시장

이더리움 연산 시장^{ECM, Ethereum Computation Market}은 오프체인 연산에 있어 매우 단순하고 기능적인 토큰이다. 그리고 이 장에서 고려하는 첫 번째 토큰이다. ECM은 HPC 토큰이 필요로 하는 모든 필수 기능을 커버하는 일반적인 모델을 제공한다. ECM은 EVM에서 수행되는 고비용에도 불구하고 오프체인의 연산 실행을 촉진하도록 설계됐다. 본질적으로 ECM은 아마존 EC2의 탈중앙화 버전이다. ECM의 핵심적인 기술 발전은 연산 시장이다. 연산 시장은 오프체인 알고리즘 실행에 대해 어느 한 명의 사용자(고객)가 다른 사용자(호스트)에게 사용료를 지불하고 결과를 고객에게 보고할 수 있게 한다. 게다가 오프체인에서 실행되는 연산의 무결성을 유지하기 위해, 각 알고리즘은 또한 온체인 구현을 갖고 있다. 이러한 온체인 구성요소를 검증에 사용해, 제출된 최종 결과가 정확한지 여부를 확인할 수 있다. 이러한 온체인 구현은 또한 분쟁 해결에서 역할을 한다. 이제 그림 7-2에서 ECM을 통한 요청의 생명 주기를 살펴본다. ECM은 최종 해결을 처음 받았을 때, 요청의 생명 주기를 설명하기 위해 프로젝트에 일부 특정 기술을 사용한다. 그림 7-2에서 몇몇 추가적인 용어와 함께 다음 용어 중 일부를 사용한다.

- **펜딩**^{pending} : 요청을 받았을 때를 가리킨다. 모든 요청은 펜딩 상태로 시작한다.
- **해결 대기**^{waiting for resolution} : 네트워크에 연산에 대한 요청을 제출하고, 호스트가 알고리즘을 이용해 연산한 후 결과를 보고한다. 이것은 고객을 위한 결정점^{decision point}이다. 응답이 수용되면 요청은 '쉬운 해결' 상태로 이동하고, 응답에 문제가 발생하면 요청은 '해결 필요' 상태로 이동한다.

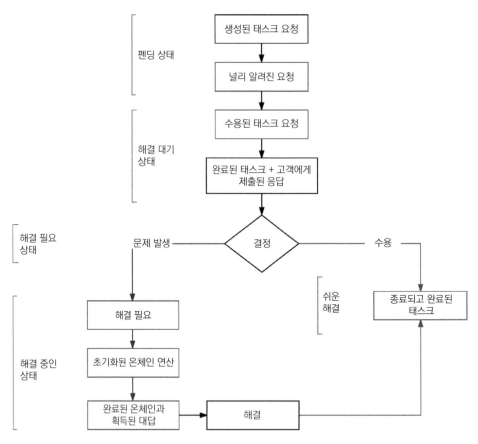

▲ 그림 7-2 ECM을 통해 처리되는 요청의 생명 주기

- **해결 필요**[needs resolution] : 응답에 문제가 발생한 경우, 결정 트리에서 이 경로를 가져온다. 해결 필요 상태로 요청을 변경하고, 알고리즘의 온체인 검증 구성요소가 필요하다.
- **해결 중**[resolving] : 온체인 연산이 요청을 위해 수행되고 있는 중간 기간이다. 연산이 완료될 때까지, 요청은 이 상태로 남아 있다.
- **어려운 해결과 쉬운 해결**[firm vs. soft resolution] : 온체인 연산이 완료됐을 때, 요청은 어려운 해결 상태로 설정된다. 응답이 고객에게 제출된 후 정해진 시간 동안 문제가 없는 경우, 요청은 쉬운 해결로 설정된다.

- **종료**^{finalized} : 쉬운 해결이나 어려운 해결 둘 중 하나의 응답을 얻었을 때, 본래 요청을 종료 상태로 설정할 수 있다. 고객 측의 지불에 대한 잠금 해제를 하고, 호스트가 오프체인 연산을 위한 지불을 받게 한다.

> **🧭 참고**
>
> 이더리움 연산 시장이 HPC 토큰의 모든 구성요소를 강조하는 일반적인 모델로 제시된다는 점을 이해해야 한다. 이것이 연산 요청에 대한 기술적 세부사항, 온/오프체인 처리, 시장 역동성을 비롯한 그 밖의 개념들을 검토하는 이유다. 이후의 절들에서 모든 일반적인 구성요소는 잘 고려된 메커니즘과 기능으로 대체된다.

방금 서술한 각 요청 상태를 그림 7-2와 같이 업무 흐름에 더욱 상세하게 구분한다. 태스크 요청이 오프체인으로 처리되는 경우 최종 응답의 고려에 대한 결정점이 여기다. 고객이 호스트가 제공하는 응답에 문제를 제시하면, 알고리즘의 온체인 구성요소가 실행될 것이다. 그리고 요청은 몇몇 해결 필요 상태를 거치게 될 것이다. 반면에 문제가 없는 경우, 요청은 쉬운 해결 상태로 이동하며 종료 상태가 고려될 것이다. 요청이 종료 상태가 된 후, 호스트는 지불 비용을 받는다.

이제 요청이 ECM에서 처리되는 방법을 이해했으니, 시장에 대해 논의해보자. 오프체인에서 연산 처리되는 알고리즘의 개념은 중개인 계약, 공장 계약, 실행 계약이라는 세 가지 계약으로 구성된다.

- **중개인 계약**^{broker contract} : 고객이 연산을 수행하는 호스트에게 요청의 전달을 촉진하는 계약
- **실행 계약**^{execution contract} : 연산에 대한 온체인 검증에 사용되는 계약. 이 계약은 제출된 응답에 문제가 있는 경우 온체인 실행 주기 중 한 번 수행할 수 있다.
- **공장 계약**^{factory contract} : 분쟁 해결의 경우에 온체인으로 실행에 대한 개발을 다루는 계약. 이 계약은 바이트코드를 재컴파일하고 검증하는 데 필요한 컴파일러 버전 같은 관련 메타데이터를 제공한다.

시장 자체는 특정 유형의 계약과 알고리즘을 실행하는 시장에 대해 수직 계열화 구조를 갖고 있으며, 토큰을 사용하는 이더리움 블록체인의 사용 사례 특화 HPC 경제를 창출한다. 그림 7-3은 개별 시장의 구성요소인 세 가지 계약을 시각적으로 요약해 보여준다. ECM의 연산 요청을 만드는 데 필요한 것은 무엇인가? 여기에는 요청을 생성하고 필요한 모든 상세 정보를 제공하는 두 가지 주요 함수가 있다. 첫 번째는 함수 자체에 입력값을 설정하는 것이고, 두 번째는 요청이 쉬운 해결 상태로 전환되기 전에 제출된 응답에 대한 문제가 발생할 수 있는 시간 범위$^{time\ window}$다. 시간 범위는 블록의 수로 주어진다. 왜냐하면 이더리움에서 정의된 시간 동안에 이더리움이 생성되기 때문이다. 마지막으로, getRequest 함수는 요청에 관련된 모든 메타데이터를 반환한다. 다음은 메타데이터로부터 반환된 관련 매개변수의 일부다.

- address requester: 연산을 요청하는 고객의 주소
- bytes32 resultHash: 주어진 연산의 결과인 SHA3
- address executable: 문제 있는 응답을 해결하기 위해 온체인에 배포된 실행 가능한 계약 주소
- uint status: 생명 주기를 통해 주어진 시간 동안의 요청 상태. 이 값은 0~7의 숫자이며, 주어진 요청 상태에 대응하는 부호 없는 정수$^{unsigned\ integer}$다.
- uint payment: 연산의 완료를 위해 이 요청이 거래소에서 호스트에게 지불할 웨이 금액^{wei}. 비트코인의 사토시와 마찬가지로, 웨이는 사용자 간 양도 가능한 이더의 가장 작은 단위다.
- uint softResolutionBlocks: 응답에 대한 문제를 제출해야 하는 블록의 수로 주어진 시간 범위. 그 시간 동안 응답에 대한 문제가 제출되지 않는 경우 요청은 쉬운 해결 상태로 변경된다.
- uint requiredDeposit: 요청에 대한 응답을 제출할 때 또는 제출된 응답에 반대하는 도전자가 제공해야 할 웨이 단위의 금액. 요청이 최종 상태로 이동할 때까지 이 예치를 잠가놓는다. 최종 상태로 이동한 경우 예치금은 호스트에 배포된다.

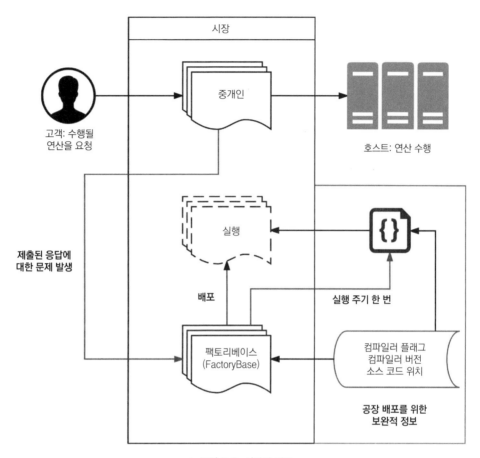

▲ 그림 7-3 시장의 개요

응답 검증, 충돌 해결 같은 태스크에 대한 논의에 주목하는 것은 중요한 일이다. 그리고 도전과제는 예금이 필요하다. 예금은 네트워크에서 시빌 공격 $^{Sybil\ attack}$ 에 대한 잠재성을 감소시키기 위한 수단으로 사용할 수 있다. 시빌 공격은 단일 공격자가 네트워크의 다수 노드를 통제하는 공격이며, 현재 공격자는 네트워크에서 작업 증명을 조작할 수 있다.

사용자의 요청에 대응하는 데 필요한 시장의 세 가지 구성요소는 중개인 계약, 실행 계약, 공장 계약이다. 중개인 계약은 고객과 호스트의 상호작용을 촉진하며, 다른 두 계약은 분쟁 해결에서 역할을 한다. 제출된 응답에 문제가 발생하는 경우, 중개인은 공장 계약(그림 7-3의 팩토리베이스)을 통해 계약 실행의 배포를 초기화할 것이다. 초기화로 정보를 통합하고 알고리즘의 실행 주기 한 번을 준비한다. 실행에 필요한 가스는 도전자가 제출해야 하는 예금에서 얻을 수 있다. 다음에는 제출과 도전 프로세스에 대해 논의할 것이다.

다음으로 고객과 도전 프로세스에 대한 응답을 제출하는 것에 대해 논의할 것이다. answerRequest 함수를 이용해 오프체인에서 행해지는 연산에 대한 응답의 제출을 수행한다. 이 함수는 입력값으로 응답 중인 요청에 대한 고윳값$^{unique ID}$을 가져온다. 실제 잠재적 응답의 제출은 이더 단위의 예치를 요구한다. 이 예치는 요청이 쉬운 해결이나 어려운 해결이 될 때까지 잠김 상태를 유지한다. 관련 당사자의 예치금을 보유하는 것의 중요성을 논의할 것이다. 요청이 종료됐을 때, 응답을 제출한 호스트의 예치금은 연산을 수행한 것에 대한 보상과 함께 반환된다. 제출된 응답이 고객이 제출한 요청의 기대에 못 미치면, 참여자는 응답에 대해 문제를 제기할 수 있다. 문제 제기로 온체인 검증 프로세스를 시작한다. 이 프로세스는 제출된 응답이 정확한지 여부를 검증하기 위해 EVM에서 한 번의 주기로 연산을 실행할 것이다. 제출된 응답에서 온체인 연산 동안 잘못이 발견되는 경우, 호스트의 예치금에서 그 연산에 대한 가스 비용이 공제될 것이다. 도전자는 고객의 예치금에서 더 많은 부분의 보상을 얻게 될 것이고, 분쟁은 해결될 것이다.

제출된 응답 문제가 존재하는 요청은 해결 필요 상태로 이동한다. 이것은 initializeDispute 함수를 호출해 이뤄진다. 이 함수는 문제를 제기하고 온체인 검증을 시작하는 지점 사이의 전이 역할을 담당한다. 이제 중개자 계약은 공장을 사용할 수 있으며, 이 요청의 입력값으로 시작하는 실행 가능한 계약을 배포한다. 이 함수를 호출하고 한 주기의 실행을 수행하기 위한 가스는 도전자의 예치금에서 상환된다. 요청을 해결 중인 상태에서 executeExecutable 함수는 온체인 검증이 완료될 때까지 호출된다. 이 순간, 요청은 어려운 해결 상태로 이동되고 결과적으로 종료된다. 가스 충전과 보상 시스템은 복잡하게 보일 수 있지만 단순한 원리를 따른다. 올바른 응답은 연산에 대한 비용 지불을 받지만, 부정확한 제출자는 온체인 검증 동안에 가스를 지출해야 한다. 그럼 이제 요약해보겠다.

- 쉬운 해결의 경우, 호스트는 연산 수행으로 고객에게 받은 초기 예치금과 보상의 반환을 요구한다.
- 제출된 응답이 정확한 경우, 검증에 사용된 가스 비용은 응답을 제출한 사용자에게 균등하게 분할된다. 보상 지불은 처음 연산을 요청한 고객에게 반환된다.
- 어려운 해결의 경우, 정확하지 않은 호스트는 온체인 검증에 대한 가스 비용을 차감한 후 남아 있는 예치금에 대한 반환을 요구한다. 이 호스트는 연산에 대한 보상을 받지 못한다.
- 도전자가 어려운 문제를 해결한다면, 도전자는 보상과 함께 예치금을 돌려받는다. 가스 비용은 부정확한 호스트의 예치금에서 인출한다.

연산에 대한 온체인 검증은 본질적으로 높은 가스 비용을 요구하는 특성을 지닌다. ECM은 오프체인 연산이 EVM에서 태스크를 구동하는 것보다 훨씬 낮은 비용으로 설계됐다. 기술적인 관점에서 상태 비저장stateless과 상태 저장stateful 연산이라는 두 가지 온체인 실행 구현 유형이 있다. 그림 7-4는 두 가지 구현 간의 비교를 보여준다.

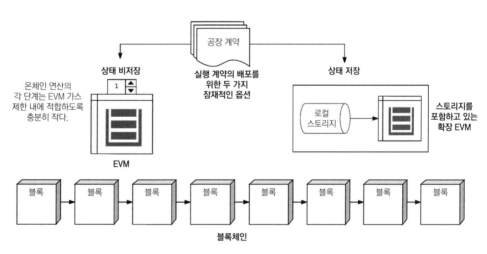

▲ 그림 7-4 ECM에서 공장 실행 계약의 두 가지 모델

연산이 데이터의 외부 소스를 필요로 하지 않는 경우, 실행 가능한 계약은 상태 비저장이다. 기본적으로 이전 단계에서 반환값은 다음 단계의 입력값으로 사용된다. ECM 작성자 파이퍼 메리엄^{Piper Merriam} 은 두 가지 주요 이유로 상태 비저장 실행 가능 계약이 상태 저장 구현보다 더 우위에 있다고 제안했다. 연산 주기가 자립적이기 때문에 알고리즘 작성 동안 오버헤드가 낮아지고, 복잡성이 감소한다는 것이다. 파이퍼가 강조한 예는 피보나치 수열^{Fibonacci sequence}이다. 피보나치 수열은 다음 실행 주기의 입력값으로 마지막 피보나치 수를 사용하는 알고리즘으로 상태 비저장 구현을 작성한다. 상태 비저장 형식에서 이것을 작성하는 오버헤드는 매우 미약하고, 로컬 스토리지에 의한 추가적인 복잡성은 없다.

> ⚡ **팁**
>
> 상태 비저장 계약의 경우, 실행 계약은 연산을 위한 시장에 요청으로 송신된 알고리즘과 동일하다. 여기서 온체인 검증은 한 번의 주기로 실행 계약을 구동하고 호스트는 최종 응답을 얻기 위해 필요한 만큼의 많은 주기로 실행 계약을 구동할 것이다.

부가적인 데이터 소스와 이전 단계의 반환값이 필요하다는 점에서 연산이 자체적으로 충분하지 않다면 실행 가능 계약은 상태 저장이다. 이러한 추가적인 데이터 소스는 대개 로컬 스토리지를 보유하는 데이터 구조 형태다. 이를 위해, 알고리즘은 계약 스토리지에서 각각의 연산된 수를 저장하고, 다음 실행 주기를 위해 알고리즘에 마지막 수만 반환한다. 실행의 모든 단계는 다음 수를 계산하기 위해 저장된 마지막 수를 검색하는 알고리즘이 필요하다. 스토리지를 포함함으로써 이제 알고리즘은 저장된 결과를 검색할 것이고, 연산된 기대 피보나치 수열을 출력한다. 상태 저장 계약을 만들어 로컬 상태를 관리할 수 있다. 상태 저장 계약은 또한 테이블 검색 등의 새롭고 복잡한 기능을 가능하게 하지만, 작성된 알고리즘의 복잡성을 증가시키는 원인이 된다.

온체인 검증 동안, 실행 계약의 단일 주기가 실행될 것이다. 그러나 상태 비저장 형태의 독립 계약은 효과적이고 어떠한 추가적인 복잡성 없이 실행될 것이다. 상태 비저장 계약에서 EVM 내부에서 실행되는 각 단계는 기본 요소다. 때문에 각 단계는 가상 머신의 가스 한계 내에 동작한다. 반면에 일부 계약은 실행의 복잡성에 의해 추가적인 스토리지가 필요하다. 그러한 경우 상태 저장 계약은 로컬 스토리지가 온체인 검증 동안 EVM에서 실행된다. 이 스토리지는 일시적이고 온체인 처리 동안에만 존재한다.

골렘 네트워크

골렘^{Golem} (https://golem.network)은 범용 탈중앙화 슈퍼컴퓨팅 네트워크다. 임대한 연산 자원에 대한 시장의 존재에 따라, 골렘은 마이크로서비스에 힘을 실어주고 비동기적인 태스크 실행을 할 수 있게 한다. 기술 스택으로서 골렘은 개발자를 위한 탈중앙화 블록체인 스택을 통해 IaaS^{Infrastructrure-as-a-Service}와 PaaS^{Platform-as-a-Service}를 제공한다. 골렘에는 탈중앙화 시장의 중추로서 기능하는 세 가지 구성요소가 있다.

- **탈중앙화 팜**^{decentralized farm} : 요청자로 알려진 개별 사용자와 연산 자원의 제공자로 알려진 호스트로부터 연산 태스크를 전송, 조직, 실행하기 위한 메커니즘. 이들은 네트워크 접근으로 CGI^{computer-generated imagery} 렌더링과 머신 러닝 같은 태스크 수행을 위해 사용자에게 경쟁적인 가격을 제공한다.

- **거래 프레임워크**^{transaction framework} : 골렘은 탈중앙화 네트워크에서 구동하도록 개발된 서비스와 소프트웨어로 수익을 창출하려는 개발자를 위한 맞춤형 지불 프레임워크를 갖고 있다. 이 프레임워크는 이더리움 블록체인 기반에서 에스크로^{escrow}, 보험, 감사 증명^{audit proof} 등의 새롭고 혁신적인 방법으로 가치를 포착하도록 맞춤화될 수 있다.

- **애플리케이션 레지스트리**^{application registry} : 개발자는 분산 채널과 새롭고 유일한 수익 창출 개념의 시장 같은 골렘의 장점을 가져와 특정 태스크를 위해 애플리케이션을 만들 수 있다. 이러한 애플리케이션을 애플리케이션 레지스트리에 게시할 수 있다. 애플리케이션 레지스트리는 네트워크의 앱 스토어 같은 기본적인 기능을 한다.

시장을 구축하는 데 있어 골렘의 전제는 모든 구성원이 항상 광범위한 연산을 위해 추가적인 자원을 요청하진 않는다는 것이다. 따라서 요청자는 제공자가 될 수 있고, 추가 비용을 획득하기 위해 자신의 하드웨어를 임대할 수 있다. 그림 7-5는 골렘의 세 가지 구성요소가 동기적 업무를 수행하는 방법의 개요를 보여준다. 현재 골렘은 이더리움의 무결성(비잔틴 결함 허용)과 합의 메커니즘을 상속해 배포, 실행, 태스크 유효성 검증에 사용하고 있다. 그러나 결국에 골렘은 구동 중인 마이크로서비스를 위해 완전한 기능의 소액지불micropayment 채널을 사용할 것이다. 이것은 사용자가 완벽한 탈중앙화 방법으로 노트 작성 앱, 웹사이트 호스팅, 대규모 스트리밍 애플리케이션 등의 서비스를 실행할 수 있게 한다. 골렘이 성숙 단계에 도달하기 전에 몇 가지 최적화가 필요하며, 현재 가장 중요한 개발은 태스크의 실행과 관련이 있다. 골렘이 일반적인 목적의 태스크를 실행할 수 있기 전에, EVM과 유사하지만 더 많은 기능을 가진 권한 없는 격리된 환경에서 연산을 할 수 있도록 보장해야 한다. 또한 애플리케이션 레지스트리에서 인식된 디지털 서명과 함께 화이트리스트와 블랙리스트 메커니즘이 필요하다. 공급자가 신뢰된 네트워크를 구축할 수 있고, 사용자는 신뢰된 개발자가 암호학적으로 서명한 애플리케이션을 사용할 수 있다. 또한 네트워크 전체의 평판 시스템은 제공자에게 보상을 해야 한다. 이 제공자는 대부분의 연산 태스크 과정에 참여했으며, 악의적인 노드를 탐지하고 태스크의 위험을 효과적으로 완화한다.

> **⚙ 참고**
>
> 브라스 골렘(Brass Golem)으로 불리는 첫 번째 배포판은 CGI 렌더링과 같이 네트워크에서 한 가지 유형의 태스크만 실행되도록 한다. 이 배포판의 주요 목표는 태스크 레지스트리와 기본 태스크 정의 개념을 검증하는 것이다. 개발자는 탈중앙화 스토리지를 위한 IPFS, 관련된 제공자의 기본 평판 시스템, 네트워크의 도커(docker)를 통합하기 원한다.

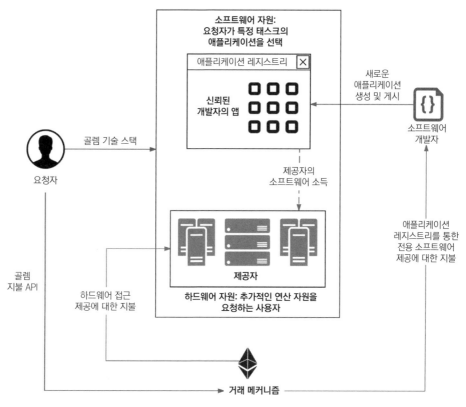

▲ 그림 7-5 골렘 기술 스택

골렘 스택의 세 가지 주요 구성요소를 그림 7-5에서 보여준다. 소프트웨어 개발자는 일
상화된 태스크를 자동화하는 애플리케이션을 생성하고, 그것을 애플리케이션 레지스트
리에 게시한다. 예를 들어, 시간 제한적인 렌더링 애플리케이션은 복잡한 거래나 태스크
추적의 필요성을 제거할 수 있다. 구매자는 간단하게 일회성 예치를 할 것이고 시간이 다
될 때까지 애플리케이션을 사용할 것이다. 구매자가 레지스트리에서 애플리케이션을 사
용할 때 발생한 수익은 앱 개발자에 대한 보상으로 사용된다. 레지스트리는 두 가지 유형
의 애플리케이션을 보유하는데, 신뢰된 개발의 인증된 앱과 미확인 개발자의 새로운 앱
이다. 궁극적으로 검증자는 새롭게 업로드된 애플리케이션을 한곳에 모으고, 의심스러운
활동을 추적한다. 일부 사용 이후, 새로운 애플리케이션 또한 검증된 상태가 된다. 또한

개발자는 제공자 노드의 애플리케이션 실행으로 약간의 보상을 받는다. 제공자는 앱을 위한 하드웨어를 요구하고 태스크 구동으로 발생한 수익의 지분을 제공자(채굴자)에게 돌려준다. 거래 메커니즘은 당사자에게 적당한 자금 전달을 보증하고, 구매자에게 동일한 메커니즘으로 태스크 실행에 대한 비용을 청구한다.

애플리케이션 레지스트리

애플리케이션 레지스트리^{application registry}는 요청자에게 요청자의 필요에 적합한 특정 도구나 애플리케이션을 검색할 수 있도록 거대한 저장소를 제공한다. 레지스트리는 저자^{author}, 검증자^{validator}, 제공자^{provider}라는 세 가지 개체 사이의 이더리움 스마트 계약이다. 이러한 세 가지 개체를 추가하는 이유는 무엇인가? 일반적인 목적의 컴퓨팅에서 해당 코드는 샌드박스^{sandbox}에 격리된다. 그런 다음 최소한의 권한으로 실행된다. 잠재적인 소프트웨어 버그는 제공자의 샌드박스에서 대혼란을 야기할 수 있다. 그렇지만 권한 상승 목적으로 가상 머신에서 악의적인 코드를 실행하거나 해당 머신을 점거할 수 있다. 이것이 골렘에 대해서는 샌드박스만으로 충분하지 않은 이유다. 누군가는 안전과 보안을 위해 코드가 자동으로 평가될 수 있는지 여부에 대한 질문을 할 수 있다. 이론적으로 이 것은 그럴듯하다. 중단 문제로 알고리즘을 실행하기 전, 복잡한 해당 알고리즘의 결과를 결정할 수 있다.

> **⊘ 참고**
> 중단 문제(halting problem)는 프로그램이 동작을 종료할 것인지 또는 주어진 임의의 컴퓨터 프로그램과 입력값으로 영원히 계속 동작할 것인지를 결정하는 문제다.

호스트 머신의 안전하고 신뢰된 코드 실행을 위해, 애플리케이션 레지스트리는 네트워크의 무결성 유지에 관한 책임을 지는 세 가지 부분으로 분할된다. 저자는 탈중앙화 애플리케이션을 레지스트리에 게시하고, 검증자는 화이트리스트 생성으로 탈중앙화 앱의 안전에 대해 검토하고 인증하며, 제공자는 문제 있는 탈중앙화 앱의 블랙리스트를 유지한다.

검증자 또한 악의적이거나 스팸 등의 마케팅 애플리케이션에 대해 블랙리스트로 관리한다. 그리고 제공자는 대개 검증자의 블랙리스트를 사용한다. 마찬가지로, 제공자는 노드에서 실행되도록 검증자가 인증한 골렘 특화 애플리케이션을 사전 승인할 수 있다.

제공자는 또한 자신의 화이트리스트와 블랙리스트를 관리할 수 있다. 골렘의 기본 옵션은 신뢰된 애플리케이션의 화이트리스트를 사용해 구동하는 것이다. 첫 번째 앱의 설정은 골렘을 빠르게 시작하기 위해 개발자가 검증할 수 있다. 그러나 초기 배포 후에 네트워크는 검증자에 의존적일 것이다. 반대로 제공자는 블랙리스트에 의해서만 접근 방법을 취할 수 있다. 이 접근 방법은 시장에서 제공자의 도달 범위를 최고화하고, 노드에서 실행할 수 있는 광범위한 애플리케이션을 제공한다는 장점이 있다. 결과적으로 제공자는 특화되고, 노드를 미세조정해 한 종류의 태스크를 실행하는 데 있어 매우 효과적일 것이다. 이것은 제공자가 노드에서 실행하는 것과 연산 팜의 맞춤형 하드웨어 옵션에 대한 더 많은 통제를 가능하게 한다. 궁극적으로 이 옵션은 수익을 극대화하려는 개발자가 사용할 수 있고, 최첨단 소프트웨어를 사용하는 전용 머신을 실행할 수 있게 한다.

골렘 같은 탈중앙화 네트워크에서는 전통적인 검증자와 선구자적인 검증자로 분리되는 것을 볼 수 있다. 전통적인 검증자는 매우 일상적인 태스크를 수행하는 안정적인 애플리케이션의 설정을 유지할 것이다. 예로서, 복잡한 3D 렌더링 요청은 제공자의 노드에서 선점 가능한 렌더링 인스턴스를 시작할 수 있다. 그 업무가 완료될 때, 인스턴스는 메모리를 해제하려고 종료될 것이다. 그리고 요청자에게 결과를 보낼 것이다. 반면에 선구자적인 검증자는 골렘으로 할 수 있는 범위를 확장하는 소프트웨어를 포함하고 승인할 것이다. 제공자의 노드에 새롭고 실험적인 소프트웨어를 구동하려면 가상 머신에 대한 더 훌륭한 격리와 강화가 필요하다. 그렇지만 이러한 기능은 제공자가 공급하는 특정 노드에서 동작하는 프리미엄 애드온이 될 수 있다. 또한 프리미엄 애드온으로 수익을 창출하면 사기꾼과 악의적인 개체에게 손해를 끼친다. 전반적으로 이 설계 접근 방법은 네트워크에 더 포괄적이며, 사기꾼에게는 비용을 증가시키고, 개발자를 혁신적으로 만든다.

거래 프레임워크

거래 프레임워크transaction framework는 골렘에서 동작하는 수익 창출 애플리케이션 API인 Stripe와 유사한 것으로 생각할 수 있다. 크라우드세일crowdsale 이후, 네트워크는 소프트웨어 개발자와 연산 자원 제공자에게 보상하기 위해 사용자 사이의 모든 거래에 골렘 네트워크 토큰GNT, Golem Network Token을 사용할 것이다. 거래 프레임워크는 이더리움 위에 구축된다. 따라서 기반으로 하는 지불 아키텍처를 상속하고, 극소액 결제nanopayment 메커니즘과 거래 일괄처리transaction batching 같은 고급 지불 개념을 구현하도록 확장한다. 여기서 언급된 혁신은 모두 골렘의 고유 기능이다. 그리고 이제 이러한 혁신이 네트워크에 필요한 이유를 논의한다. 마이크로서비스를 강화하기 위해 골렘은 매우 큰 규모의 적은 거래를 처리해야 한다. 단일 지불의 가치는 매우 낮으며, 이러한 지불은 또한 극소액 결제로 알려져 있다. 그러나 극소액 결제를 사용하는 경우 한 가지 주의사항이 있다. 거래 수수료가 극소액 결제 자체보다 클 수 없다는 점이다. 이 문제를 해결하기 위해 골렘은 거래 일괄처리를 사용한다. 이 해법은 극소액 결제를 집계하고 적용된 거래 수수료를 감소시키기 위해 단일 이더리움 거래로 한 번에 송신한다. 예를 들어, 골렘 개발자는 단일 거래에서 처리되는 10번의 지불 비용이 10회의 거래에서 처리되는 10회 지불 비용의 대략 절반이라는 점을 주목한다. 다수의 거래를 일괄처리함으로써 사용자는 마이크로서비스 단위 사용당(노드당 또는 시간당) 지불에 대해 상당히 낮은 거래 수수료를 전달할 것이다.

> **🌀 참고**
>
> 제공자를 위한 마이크로서비스의 또 다른 모델은 단위 호스팅당 신용 기반 지불이다. 여기서는 요청자가 정해진 시간 동안 잠김 상태의 GNT를 예치하고, 그날의 끝에 사용료가 자동으로 공제된다. 남은 예치금은 요청자에게 돌려준다.

골렘에서 극소액 결제는 연산 태스크를 완료하는 데 도움을 주는 요청자로부터 많은 제공자까지 1:n의 소액 결제 상황에서 동작한다. 마이크로서비스를 위한 지불은 0.01달러로,

적은 금액의 경우 거래 수수료는 이더리움에서조차 비교적 크다. 여기서 아이디어는 0.01달러의 개별 거래 대신, 요청자가 1/100의 당첨 확률로 1달러의 상금을 받는 복권을 발행하는 것이다. 그러한 복권의 가격은 요청자에게 0.01달러이며, 평균 100개 중 1개의 복권만 실제 거래가 발생한다는 장점이 있다. 이것은 극소액 결제를 할 수 있게 하는 확률적 메커니즘이지만, 연산된 태스크의 수가 작을 때 주어진 골렘 노드에 적당한 보상을 보증하지는 않는다. 빌리카[Bylica] 등은 네트워크 확장으로 더 많은 요청자와 제공자를 추가하면서 이 복권 시스템의 수입에 대한 공평한 분배를 보증하는 수학적 배경을 제공했다. 기본적으로 요청자의 태스크 수가 증가함에 따라, 노드가 확률적인 복권의 보상으로 얻는 수익은 개별 거래로 지불되는 경우에 받을 수 있는 금액에 가까워질 것이다.

골렘에서 구현된 복권 시스템은 완전한 확률적 개념보다 제공자에게 훨씬 더 예측 가능하다. 제공자는 단일 태스크의 제공자에게 보상하기 위해 발행하는 복권에 대해 해시 충돌이 없고 하나의 복권만이 당첨됨을 보장받는다. 더욱이 복권 지불에 참여하는 100명의 제공자가 있는 경우, 극소액 결제 프로토콜은 태스크가 한 번만 지불해야 함을 보장한다. 빌리카와 협력자는 악의적인 개체가 복권 당첨자라고 주장하고 현금화하는 일을 예방할 수 있는 몇몇 반대 메커니즘에 대해 논의했다. 복권 프로세스를 간략하게 설명하면 다음과 같다. 태스크를 완료한 이후, 지불자는 참여하고 있는 제공자에게 지불하기 위해 새로운 복권을 초기화한다. 지불자는 복권의 설명 L을 생성한다. 이 설명은 고유한 복권 식별자를 포함하고, 해시 h(L)에서 계산한다. 이더리움 계약 스토리지에 해시를 기록한다. 지불자는 또한 복권 설명 L을 골렘 네트워크에 널리 알린다. 그러면 모든 참여자 노드는 지불이 정확한 값을 갖고 있는지 검증하고, h(L)은 실제 이더리움 스토리지에 기록됐는지 확인할 수 있다. 주어진 설명 L과 복권 스마트 계약을 제외한 모든 당사자에게 알려지지 않은 임의의 값 R을 상호 참조해 복권 지불금의 당첨자를 유일하게 결정할 수 있다. 일정 시간 이후, 보상을 청구하지 않는다면 스마트 계약은 당첨된 제공자의 주소(L과 R이 주어짐)를 계산한다. 그리고 계약 관련 스토리지에서 당첨자에게 보상을 전달한다. 또한 계약 스토리지에서 복권의 해시 h(L)을 삭제하고, 그러면 이제 새로운 복권 지불 주기를 시작할 수 있다. 극소액 결제 기반 복권 지불 시스템을 그림 7-6에 나타내었다.

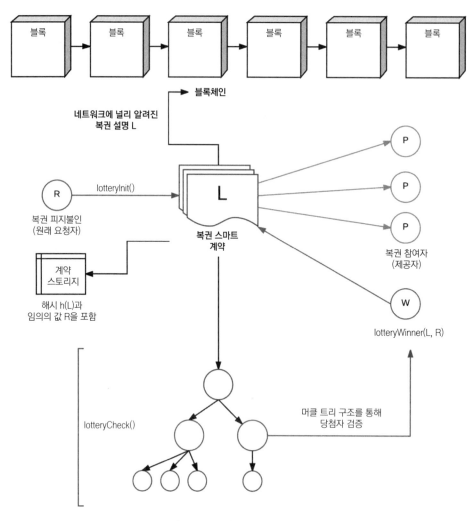

▲ 그림 7-6 극소액 기반 복권 지불 시스템

안제이 레굴스키[Andrzej Regulski]는 거대한 규모로서 GNT의 일부 경제 원리와 거래 프레임 워크로 활성화된 토큰 가치의 장기간 상승을 설명하는 글을 작성했다. 게시된 글에서 가장 관련 있는 항목을 여기에 인용했다.

GNT는 골렘 네트워크와 상호작용할 필요가 있을 것이다. 처음에는 요청자에게서 제공자나 소프트웨어 개발자에게 가치를 전달하는 것이 유일한 역할이다. 그리고 이후에 거래 프레임워크는 토큰에 부가적인 속성을 할당할 수 있게 한다. 예를 들어, GNT에 예치를 저장해야 한다.

GNT(즉, 공급)의 수는 골렘 크라우드펀딩 과정에서 생성된 수준으로 무기한 고정될 것이다. GNT는 나중에 생성되지 않을 것이다.

토큰의 가치 하락이나 상승은 네트워크 운영에 중립적이다. 왜냐하면 사용자는 골렘의 연산 자원에 대해 가격을 묻고 입찰을 자유롭게 설정할 수 있기 때문이다. 이와 같이 GNT 가치의 변동을 수용한다.

일정 수량의 토큰은 성장하는 거래의 수를 수용해야 하며, 따라서 GNT의 수요는 증가한다. 토큰의 속도(즉, 특정 기간의 단위 토큰당 거래 수)가 시간에 대해 일정하다는 합리적 가정하에 이 결론은 돈에 대한 수량 이론에서 도출될 수 있다. 결국 이것은 골렘 네트워크의 전반적인 성공과 성장이 GNT의 장시간 상승을 내포하고 있음을 의미한다.

또한 상충하는 해결에 대한 대비책 메커니즘으로 지불 프레임워크를 사용할 수 있다. 전통적인 골렘 메커니즘을 거친 후 태스크 과제가 여전히 남아 있다면, 어려운 해결(ECM 절에서 살펴봤던 것과 같음)을 위한 방법이 필요하다. 여기서 최종 해결을 위해 트루비트^{TrueBit} 스타일의 '시행^{trial}'을 사용할 수 있다. 트루비트는 이더리움에 구축된 스마트 계약 기반의 분쟁 해결 계층이다. 트루비트는 골렘 같은 이더리움 프로젝트의 기존 아키텍처 위에 애드온으로 통합된다. 트루비트의 설계 원리는 채굴자 간 분쟁을 해결하기 위해 네트워크에서 신뢰된 자원에만 의존하는 것이다. 트루비트를 사용하는 어려운 해결은 심판으로 알려진 제한된 자원 검증자를 포함하는 검증 하위 루틴에 의존한다.

트루비트의 검증 게임에는 해결자^{solver}, 도전자^{challenger}, 심판^{judge}이라는 세 가지 주요 참가자가 있다. 해결자는 태스크의 해결책으로 표현한다. 도전자는 제시된 응답을 경연한다. 심판은 도전자나 해결자가 올바른지 여부를 결정한다. 검증 하위 루틴을 사용하는 목적은 온체인 연산의 복잡성을 감소시키는 데 있다. 이것은 게임이 라운드로 진행됨에 따라 이뤄지며, 각 라운드는 사소한 단계만 남을 때까지 연산의 범위를 좁혀나간다. 당사자가 올바른지에 대한 최종 판결을 내리는 스마트 계약(심판)이 이것의 마지막 단계를 실행한다. 이 개념에서 심판은 연산 능력에 의해 제한된다는 점을 주목하자. 그러므로 심판이 판결할 수 있도록 온체인에서 매우 단순한 연산만 수행된다. 이 게임이 끝날 때, 해결자가 실제 속임수를 쓴다면 발견되고 처벌을 받게 될 것이다. 그렇지 않다면 도전자는 허위 경보로 소비된 자원의 비용을 지불할 것이다. 다음과 같이 검증 게임의 개략적인 사항을 제공한다. 그림 7-7에서는 검증 게임을 시각적으로 안내한다.

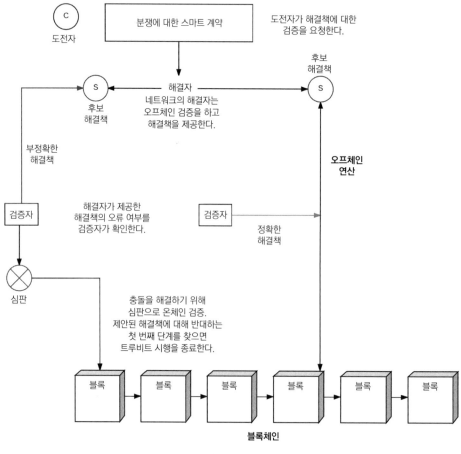

▲ 그림 7-7 검증 게임

시행을 시작하기 위해 도전자는 해결책의 검증을 요청한다. 해결자는 작업을 하고 해결책을 제공한다. 검증자는 오프체인 프로세싱을 위해 정확한 해결책을 제공하고 있는지 여부를 확인하기 위해 비용을 지불한다. 여전히 분쟁 중이면, 심판은 제안된 해결책의 첫 번째 반대를 찾는 온체인 프로세싱을 수행할 것이다. 마지막에 속임수를 사용한 해결자가 처벌되거나, 도전자가 허위 알람으로 소비된 자원에 대한 비용을 지불할 것이다.

트루비트는 ECM에 구현된 온체인 검증과 비교해 고급 온체인 실행 메커니즘이다. 트루비트는 전체 명령을 구동하는 것보다 훨씬 적은 비용으로 연산을 검증하는 능력이 있다. 왜냐하면 하나의 단계만이 온체인에서 실행되기 때문이다. 오프체인 연산에 대한 분쟁 해결 계층으로 트루비트를 사용함으로써, 스마트 계약은 무분별한 태도로 서드파티 프로그램이 잘 문서화된 루틴을 실행할 수 있다. 테라바이트의 데이터가 필요한 딥러닝$^{deep\ learning}$ 같은 고급 머신 러닝 애플리케이션의 경우에도, 학습 데이터의 루트 해시가 스마트 계약에서 부호화되는 한 오프체인 연산의 무결성을 검증하는 데 사용할 수 있다. 트루비트가 대용량 데이터 세트에서 동작하는 이유는 단순히 주어진 시간 t 동안 네트워크의 상태를 매핑하는 머클 루트와 이진 검색을 수행하기 위한 도전자의 능력 때문이다. 골렘 같은 프로젝트에서 다양한 사용 사례로 HPC를 달성하려는 경우, 트루비트를 통해 정확한 결과를 온체인 보증할 수 있으며, 또한 대용량 데이터 세트를 오프체인에서 사용할 수 있게 한다.

네트워크 채굴로 조직화된 슈퍼컴퓨팅

네트워크 채굴로 조직화된 슈퍼컴퓨팅$^{SONM,\ Supercomputing\ Organized\ by\ Network\ Mining}$은 블록체인을 사용해 포그 컴퓨팅 개념의 탈중앙화를 구현한 것이다. 포그 컴퓨팅의 프레임워크에서 SONM이 작동하는 방법을 이해하려면, 먼저 사물인터넷[IoT, Internet of Thing]과 만물인터넷[IoE, Internet of Everything]이라는 두 가지 네트워크 개념을 정의해야 한다. 유럽연합 집행위원회[European Commission]는 IP 주소를 갖고 있고 네트워크를 통해 데이터를 전송할 수 있는 객체에 대한 보급형 네트워크로 사물인터넷 아키텍처를 정의한다. 사물인터넷은 현실 세계와 가상 세계에서 객체들 간의 원활한 통신 버스와 상황 서비스를 제공하는 IoE 광의의 개념에 적합하다. 시스코[Cisco]는 IoE를 다음과 같이 정의한다.

> 사람, 프로세스, 데이터, 사물의 네트워크 연결. IoE의 이점은 사람, 프로세스, 데이터, 사물을 연결하는 복합적인 영향에서 나온다. 그리고 온라인에서는 증가한 연결로 '모든 것'으로 창출된 가치가 탄생한다.

사물인터넷이 전통적으로 상호 간 또는 클라우드 서비스로 연결된 디바이스로 언급되는 반면에, 만물인터넷은 매출 창출을 위한 비즈니스 로직과 관련된 필수 구성요소로서 사람에게 큰 중심을 둔다. 공학 관점에서 사물인터넷은 디바이스와 디바이스의 통신에 초점을 두는 메시징 계층이다. 그리고 만물인터넷은 스타트업이 사람과 디바이스 사이의 상호작용을 이용하는 수익 창출 계층이다. 사물인터넷 네트워크에 연결된 디바이스는 엄청난 양의 데이터를 생성한다. 이러한 데이터의 프로세싱을 위한 클라우드 전송은 굉장한 네트워크 대역폭이 필요하다. 그리고 데이터의 생성과 처리, 결과 수신 사이(몇 시간에서 며칠)에 지연이 발생한다. 사물인터넷 기술의 주요 제한은 전송 지연 기간이다. 최근 부각하는 고민거리는 전송과 처리 단계로 인한 실행 가능한 데이터의 가치 손실이다. 느린 전송의 결과는 데이터 처리의 효용성에 의문을 제시할 것이다.

시스코의 지니 니콜스[Ginny Nichols]가 제시한 해결책은 포그 컴퓨팅이다. 포그 컴퓨팅은 네트워크의 더 낮은 수준에서 처리 단계를 이동시킴으로써 전송 지연을 감소시킨다. 중앙 집중식 클라우드에서 작업을 처리하는 대신, 포그 컴퓨팅은 실제 데이터를 생성한 디바이스와 가까운 노드에서 높은 우선순위의 태스크를 처리하게 한다. 포그에 참여하는 디바이스는 프로세싱 태스크, 로컬 스토리지의 기능과 네트워크 연결성을 가져야 한다. 포그 컴퓨팅의 개념은 안개가 땅 가까이에 형성된다는 사실의 은유적 표현이다. 따라서 포그 컴퓨팅은 더 신속한 행동을 할 수 있도록 사물인터넷 데이터를 생산하는 디바이스가 클라우드에 더 가깝게 한다. 포그 컴퓨팅에서 데이터 처리는 클라우드에 집중됐다기보다는 에지(데이터를 생성하는 디바이스에 좀 더 가까이)에 집중되어 있다고 말한다. 포그 컴퓨팅은 지연을 최소화하고 시간에 민감한 태스크에 좀 더 신속한 응답을 주며, 데이터를 처리할 수 있는 시간을 감소시켜준다. SONM은 연산 중심의 태스크를 처리하기 위해 참여자의 탈중앙화 네트워크에 포그 컴퓨팅 계층을 만든다.

> ✏️ **참고**
>
> 대기업이 집계한 데이터(또는 비즈니스 분석)에 대한 좀 더 신속한 반응 시간의 필요성은 아파치 스파크(Apache Spark), 스톰(Storm), 하둡(Hadoop) 같은 실시간 연산 처리 도구의 개발을 자극했다. 이러한 도구는 데이터의 집계와 전송 같은 전처리를 가능하게 한다. 비슷한 방법으로 포그 컴퓨팅은 신속한 반응에 대응해 개발된 사물인터넷 확장인 것으로 보인다.

SONM은 Yandex.Cocaine(설정 가능한 전능한 맞춤형 애플리케이션 통합 네트워크 엔진 Configurable Omnipotent Custom Applications Integrated Network Engine) 위에 구축됐다. Cocaine은 헤로쿠[Heroku]와 비슷한 애플리케이션을 위한 맞춤형 클라우드 호스팅 엔진을 생성하기 위한 오픈소스 PaaS 스택이다.[4] SONM은 이더리움의 월드 컴퓨터 모델과 비슷하게 설계된 복잡한 아키텍처다. SONM 팀은 한 가지 주요 차이점을 제외하고 전통적인 개인용 컴퓨터와 병행하는 구성요소로 월드 컴퓨터를 설계했다. 그 구성요소는 탈중앙화 네트워크에 연결된다.

- **CPU/프로세서**(로드밸런서): SONM의 아키텍처에서 프로세서(허브)는 로드밸런서와 태스크 스케줄러로서 역할을 한다. 전체 네트워크는 태스크를 분산하고 포그 컴퓨팅의 결과를 수집하고, 서비스의 대가로 채굴자에게 비용을 지불하고, 네트워크의 전반적인 상태를 갱신하는 허브 노드(또는 허브)의 체인으로 표시할 수 있다. 각 허브는 프로세서의 코어와 비슷하며, 코어(또는 허브 노드)의 수는 필요한 만큼 네트워

---

4   헤로쿠(https://www.heroku.com). https://ko.wikipedia.org/wiki/헤로쿠, 클라우드 PaaS 플랫폼 – 옮긴이

크에서 늘리거나 줄일 수 있다. 개인용 컴퓨터에서 코어는 프로세서에 지역적으로 접근할 수 있다. 그러나 SONM에서 코어는 본질적으로 탈중앙화되어 있다. 허브는 태스크의 실행을 조정하기 위해 전체 네트워크에 대한 지원을 제공한다. 좀 더 구체적으로, 허브는 포그 컴퓨팅 클라우드에서 고부하 연산을 처리하고 병렬화하는 기능을 제공한다.

- **바이오스**^{BIOS}(블록체인): SONM에서 바이오스는 이더리움 블록체인이다. 이더리움은 SONM이 상속할 수 있는 네트워크 합의와 지불 메커니즘에 대한 믿음직한 뼈대를 제공한다. 그러나 기본 이더리움 구현은 로드밸런서가 없고, 높은 가스 비용은 SONM 같은 블록체인의 위에 대안이 생기게 한다.

- **GPU**^{graphics processing unit}: SONM의 GPU는 포그 컴퓨팅 클라우드다. 좀 더 구체적으로, 포그는 구매자에게 사용할 수 있는 연산 자원을 만들어주는 SONM 네트워크의 채굴자로 구성되어 있다.

- **연결된 주변장치**: SONM의 구매자는 주변장치와 동격이다. 이 주변장치는 네트워크에 연결되어 있고 사용하는 자원에 대한 비용을 지불한다. 요청에 대해 블록체인에 널리 알리고 채굴자는 자신의 머신에서 실행하기 원하는 것을 선택한다. 그런 다음 로드밸런서는 태스크의 실행을 지시한다.

- **하드디스크**: SONM에서 스토리지는 IPFS나 Storj 등의 잘 구축된 탈중앙화 스토리지 솔루션을 사용해 구현될 수 있다.

- **시리얼 버스**: 시리얼 버스 통신 모듈은 송신자(노드)와 동작 중인 머신 사이에서 메시지 전달과 데이터 전송에 사용된다. 시리얼 버스는 이더리움 위스퍼 기반이다. 그리고 네트워크에서 메시지에 대해 널리 알리고 메시지를 듣는 기능을 갖는다.

- **플러그인 서킷 보드**^{plug-ins circuit board}: 플러그인 보드는 네트워크 확장 팩으로 생각할 수 있다. SONM이 호환 가능한 네트워크와 연산 팜을 완벽하게 프로세싱하는 능력을 확장할 수 있게 한다.

그림 7-8은 방금 논의한 월드 컴퓨터의 구성요소를 시각적으로 보여준다.

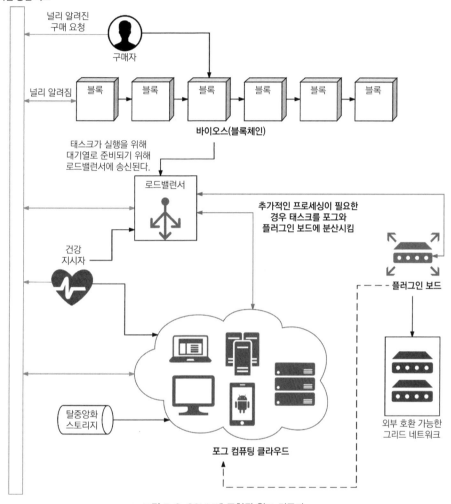

시리얼 통신 버스

널리 알려진
구매 요청

구매자

널리 알려짐

블록 → 블록 → 블록 → 블록 → 블록 → 블록

바이오스(블록체인)

태스크가 실행을 위해
대기열로 준비되기 위해
로드밸런서에 송신된다.

로드밸런서

추가적인 프로세싱이 필요한
경우 태스크를 포그와
플러그인 보드에 분산시킴

건강
지시자

플러그인 보드

탈중앙화
스토리지

포그 컴퓨팅 클라우드

외부 호환 가능한
그리드 네트워크

▲ 그림 7-8 SONM에 구현된 월드 컴퓨터

통신 버스는 모든 수준에서 월드 컴퓨터의 구성요소에 연결하는 이 아키텍처의 뼈대를
구성한다. SONM을 통한 요청의 업무 흐름은 구매자의 연산 자원 요청으로 시작한다.
이 요청은 블록체인과 시리얼 버스에 널리 알려진다. 따라서 특정 요청이 합법적인 경우
다른 구성요소를 검증할 수 있다. 채굴자는 태스크를 수용하고 로드밸런서는 포그 컴퓨

팅 클라우드에서 실행되도록 태스크를 분배한다. 필요한 경우 로드밸런서는 또한 플러그인 보드를 통해 SONM과 호환되는 애플리케이션 특화 그리드 네트워크에서 동작시키도록 태스크를 할당할 수 있다. 포그 클라우드는 또한 필요에 따라 사용되는 Storj 또는 IPFS 등의 탈중앙화 서비스 형태의 로컬 스토리지를 갖고 있다. 마지막으로, 로드밸런서는 또한 태스크 결과와 전반적인 네트워크 상태를 확인하는 두 가지 더욱 중요한 역할을 한다. 로드밸런서(허브)는 태스크를 완료한 후 태스크의 결과를 수집하고 구매자에게 결과를 송신한다. 건강 지시자는 태스크 할당과 실행에 관한 더 좋은 의사결정을 하기 위해 로드밸런서와 네트워크에 월드 컴퓨터의 모든 구성요소의 상태에 대해 보고한다.

SONM에서 스마트 계약 시스템은 네트워크에 구현된 탈중앙화 애플리케이션의 블록체인 지배 구조와 관리를 위한 프로토콜(스마트 계약) 세트다. 이 스마트 계약 시스템은 네트워크의 무결성을 유지하고 이후 논의할 악의적인 개체에 대한 일부 대응책을 제공한다. 또한 SONM은 구매자와 제공자 사이의 통신 보안(암호학적으로 안전한 메시지 전달)을 입증하기 위해 공식적인 정의와 엄격한 증명을 사용한다. 네트워크의 다양한 당사자 사이의 상호작용은 파이-칼큘러스$^{pi\text{-}calculus}$[5]로 알려진 고수준의 수학 프레임워크를 사용해 모델링된다. 파이-칼큘러스는 잘 정의된 채널을 통해 다중 당사자 시스템에서 안전하고 동시적인 상호작용을 설명하기 위한 공식적인 언어다. SONM의 지배 구조 프로토타입은 DAO, 법원 계약, 네트워크 전체의 허브 레지스트리와 새로운 애플리케이션을 SONM 네트워크(예: 화이트리스트, 허브 공장, 허브 지갑)에 배포하기 위한 공장 계약을 포함한다. 해당 네트워크에서 구동하는 탈중앙화 앱의 관리에 필요한 일부 새로운 요소를 포함하기 위해 이 모델을 확장할 수 있다. 현재 연산 자원 구매 프로세스는 네트워크에 매우 단편화되어 있다. 그렇지만 향후 배포판에서 구매자는 자신이 선택한 하드웨어, 사용하기 원하는 탈중앙화 앱, 특정 실행 매개변수를 지정하기 위한 선구매 연산 양식을 작성할 수 있을 것이다. 이제 현재 SONM 블록체인 중앙조직에서 사용된 스마트 계약의 전체 세트를 더 깊이 있게 살펴보자.

---

5   https://en.wikipedia.org/wiki/%CE%A0-calculus - 옮긴이

- **SONM 토큰**: 네트워크의 기본 화폐다. 토큰은 연산 자원 제공 및 네트워크에서의 사용자 거래를 위해 채굴자에 대한 보상에 사용된다.
- **DAO**: 탈중앙화 애플리케이션을 관리하기 위한 관리적 행위와 사용자 의결권을 승인하는 SONM의 규제 기관. 네트워크의 탈중앙화 앱은 DAO에 포함되고, 법원에 대한 접근 권한을 얻기 위해 세금 납부가 요구된다. 또한 DAO는 허브의 블랙리스트 만들기, 채굴자에 대한 적당한 지불 보증을 위한 자금의 잠금과 해제, 허브의 정지 또는 금지 등의 행위를 수행하기 위한 실행 권한을 갖는다.

> **참고**
>
> 법원은 DAO를 통해 접근 가능한 분쟁 해결 스마트 계약으로 구현될 수 있다. 해결책에 문제가 있는 경우, 결과 검증에 따라 시장의 불공정 구매자 또는 공급자에 대한 보호 기능을 제공한다.

- **허브 공장**^{hub factory} : 허브는 스마트 계약 시스템에 공장과 지갑이라는 두 가지 확장을 갖는다. 허브 지갑 공장만이 지갑을 생성할 수 있다. 공장은 새로운 지갑 계약을 생성하고 화이트리스트에 이 계약을 등록한다.
- **허브 지갑**^{hub wallet} : 허브 지갑은 구매자로부터 지불을 받고 서비스를 위해 채굴자에게 토큰 지불을 용이하게 하는 계약이다. 공장에서 지갑을 만들고, 생성된 지갑에는 생성, 등록, 유휴, 의심/처벌이라는 네 가지 유형의 상태 중 하나의 상태가 존재할 수 있다. 처음에 모든 지갑은 생성 상태이며, 고정 자금의 고정 금액만큼 갖는다. 생성 상태에서 화이트리스트에 계약을 등록할 수 있다. 이제 이 계약은 등록 상태로 전환된다. 그리고 전송과 급여 지급일 등의 고급 기능에 접근할 수 있다. 이제 지갑은 지불 기간이라는 지정된 시간 동안 채굴자에게 지불을 할 수 있다. 지불 기간이 종료된 후, 지갑은 급여 지급일 기능을 사용해 소유자의 지갑에 남아 있는 돈을 전송할 수 있다. 연결된 허브가 악의적인 행위를 수행하는 것이 포착되는 경우, DAO는 허브에 블랙리스트를 추가하고 자금을 동결할 수 있다. DAO는 경우에 따라 지갑의 상태를 의심 또는 처벌로 변경할 수 있다.

- **화이트리스트**^{whitelist} : 화이트리스트는 상태에 따라 네트워크상의 허브에 대한 상세한 정보를 포함하는 레지스트리 유형의 계약이다. 초기에 화이트리스트는 안전한 SONM 개발자가 인증한 신뢰된 허브의 레지스트리로 서비스했다. 결국 이 기능은 새롭게 부상하는 허브에 대한 등급을 공개하도록 확장될 것이다.
- **RegApp** : 허브 노드 등록에 사용된 React.js로 만든 단순한 웹 앱이다. 이 애플리케이션은 노드에 화이트리스트 계약을 추가한다. RegApp이 언어에 구애받지 않으며 노드 등록을 위해 웹 인터페이스만 필요로 한다는 점을 주목해야 한다. 이 경우 React.js가 사용됐으나, 그 밖의 웹 프로그램 언어로도 개발할 수 있다.
- **지불 앱**^{PayOut app} : 서비스에 대해 채굴자에게 주어지는 토큰의 지불과 처리를 위해 SONM 네트워크에서 동작하는 지불 애플리케이션. 이 애플리케이션은 공장 계약이 배포할 수 있는 유형의 탈중앙화 앱 사례다.

그림 7-9는 방금 논의한 스마트 계약 시스템을 시각적으로 안내해준다. 체인 클라우드^{Chain Cloud}의 안소니 아켄티예프^{Anthony Akentiev}는 SONM 백서를 검토하고 향후 배포판의 스마트 계약 아키텍처의 개발에 필요한 자금 조성을 위해 SONM 토큰을 사용해 크라우드펀딩 노력과 관련된 의견을 제공했다.

> 크라우드펀딩은 2단계로 분리된다. 즉, 선매와 가상화폐공개다. 모든 자금의 19~20%는 보상으로 사용된다. 개발과 마케팅은 동일한 수준의 돈이 필요할 것이다. 선매 후 개발에 34%, 마케팅에 32% 정도다. 가상화폐공개 후에는 개발에 30%, 마케팅에 33%이다. 이것은 공평하고 좋아 보인다.
>
> 결론: 45/60
>
> 내가 읽은 최고의 백서 중 하나는 'Big project. Big goals'이다. 선매와 가상화폐공개는 대형화되고 있다.

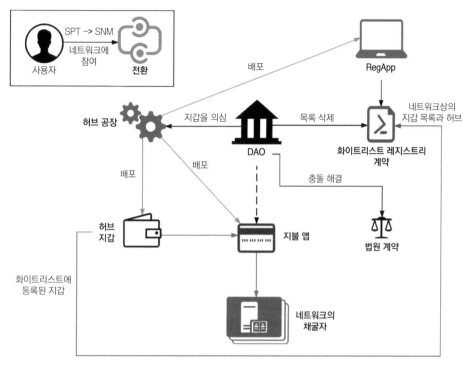

▲ 그림 7-9 SONM에서 스마트 계약 시스템의 개요

SONM에서 스마트 계약 시스템이 몇몇 계약과 함께 동작한다는 사실을 상기한다. 이러한 계약의 첫 번째는 SONM 선매 토큰^{SPT, SONM presale token}을 구매한 사용자가 SONM 토큰(SNM)을 위해 자신의 토큰을 거래하고 네트워크에 참여할 수 있게 하는 전환 기능이다. 다음은 애플리케이션 개발을 위해 SONM에서 사용되는 허브 공장이다. 현재 구현에서 허브 공장은 연산 자원에 대한 채굴자 보상에 사용되는 허브 지갑을 만든다. 또한 공장은 네트워크상의 활성 상태 허브 레지스트리와 각 허브에서 생성된 지갑 역할을 하는 네트워크 전체 화이트리스트 계약을 배포한다. 마지막으로, 공장은 서비스 제공에 대해 채굴자에게 SNM 토큰을 배포하는 지불 애플리케이션을 배포한다. 여기서 고려하는 마지막 스마트 계약은 DAO이다. DAO는 악의적인 개체를 중단하기 위한 몇 가지 관리 기능을 제공하는데, 예를 들어 부정을 포착하는 경우 허브를 목록에서 제거하고, 허브 지갑

을 의심해 자금을 동결하고, 문제가 발생하는 경우에 법원을 사용해 충돌을 해결하는 기능 등이 있다.

구매자-허브-채굴자 상호작용

연산 자원을 요구하는 SONM 네트워크의 태스크를 게시하는 구매자와 태스크를 실행하려는 채굴자 간에 상당량의 통신이 필요하다. 예를 들어 프로세싱이 시작할 수 있기 전에 채굴자, 할당 허브, 구매자 사이에서 발생하는 몇 가지 검증 상호작용이 있다. 구매자를 검증할 때, 허브는 태스크를 채굴자의 포그 컴퓨팅 클라우드에 할당할 것이다. 그리고 채굴자에게 서비스에 대한 대가를 지불한다. 여기서 이 집합적인 상호작용을 클라이언트-허브-채굴자 통신이라 정의한다. 그림 7-10과 그림 7-11에서 이 교환을 시각적으로 묘사한다. 그림 7-10은 연산이 시작할 때의 채굴자-허브 상호작용을 설명하고, 그림 7-11은 클라이언트와 채굴자 지불금에 대해 소개한다.

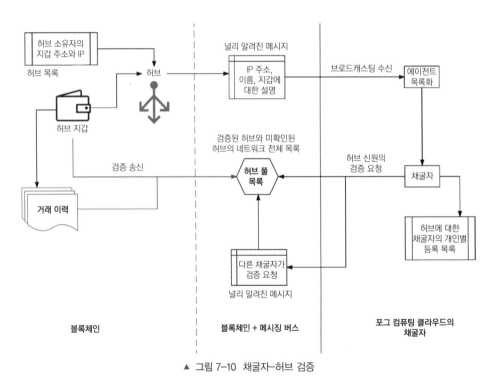

▲ 그림 7-10 채굴자-허브 검증

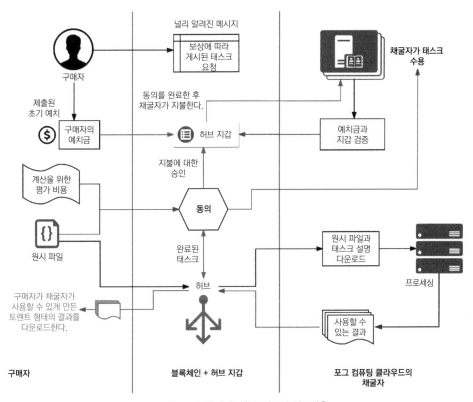

널리 알려진 메시지

보상에 따라
게시된 태스크
요청

채굴자가 태스크
수용

구매자

제출된
초기 예치

동의를 완료한 후
채굴자가 지불한다.

구매자의
예치금

허브 지갑

예치금과
지갑 검증

계산을 위한
평가 비용

지불에 대한
승인

동의

원시 파일과
태스크 설명
다운로드

원시 파일

완료된
태스크

프로세싱

구매자가 채굴자가
사용할 수 있게 만든
토렌트 형태의 결과를
다운로드한다.

허브

사용할 수
있는 결과

구매자

블록체인 + 허브 지갑

포그 컴퓨팅 클라우드의
채굴자

▲ 그림 7-11 구매자-허브-채굴자 상호작용

허브는 활성 허브 지갑에 대한 정보와 허브 소유자의 IP 주소를 블록체인에 널리 알린다. 청취 에이전트가 이 정보를 수집하고 채굴자에게 보낸다. 태스크를 실행하기 전에 채굴자는 여러 단계를 통해 할당 허브의 유효성을 검증한다. 이 프로세스로 허브를 신뢰할 수 있고, 허브 지갑의 연산에 지불할 충분한 자금을 조성할 수 있다. 채굴자는 허브 풀 목록이라는 글로벌 목록을 통해 할당 허브에 더 많은 정보를 요청한다. 이 네트워크 전체 목록은 검증된 허브와 미확인 허브 모두를 포함한다. 자신을 검증하기 위해 허브 지갑은 인증에 대한 증명으로서 주소와 과거 거래 기록을 블록체인에 송신한다. 채굴자는 증명을 수용하고 이제 연산을 시작할 수 있다. 허브 브로드캐스트, 검증 요청, 지갑 정보, 허브 풀 목록을 포함해 검증 프로세스의 모든 구성요소가 동일한 인프라인 블록체인을 사용한다는 사실을 주목해야 한다. 요청과 브로드캐스트는 블록체인 위에 위스퍼^{Whisper}로 구축된 메시징 버스를 사용해 나머지 네트워크에 공유된다. 그림 7-10의 점선은 메시징 버스로 이동하는 알림이 있는 블록체인에서 발생하는 프로세스의 연속을 나타낸다. 풀 목록 외에도 채굴자는 또한 다른 채굴자에게 할당 허브의 자격 증명을 독립적으로 검증하도록 요청할 수 있다. 시간이 지남에 따라 채굴자는 태스크를 할당한 네트워크의 허브에 대한 개인별 등급 목록을 작성한다. 이 목록은 태스크 수용 자동화와 고신뢰 허브에 대한 검증 단계를 건너뛰는 데 사용할 수 있다.

할당 허브의 초기 검증을 완료한 후, 구매자는 초기 예치금을 제시한다. 이 예치금은 대략적인 연산 비용이며 허브 지갑에 저장된다. 채굴자는 이 예치금을 검증한다. 그리고 구매자는 원시 파일 해시와 예상 비용에 따라 블록체인에 대한 동의에 서명한다. 이 동의는 허브가 연산 태스크에게 할당함으로써 채굴자에게 송신된다. 원시 파일은 토렌트를 통해 다운로드할 수 있도록 채굴자에게 제공된다. 파일을 다운로드한 후, 특정 매개변수와 함께 태스크 설명이 적용되고 프로세싱이 시작된다. 태스크가 완료되면 포그 컴퓨팅 클라우드에서 결과를 사용할 수 있으며, 허브는 이러한 결과를 집계한다. 이제 이 허브는 구매자가 별도의 토렌트를 통해 다운로드할 수 있도록 결과를 제공한다. 이 시점에서 동의를 완료하고 허브 지갑의 자금은 자신의 연산 자원을 제공한 채굴자에게 배포된다. 향후 배포판에는 비용의 과소 또는 과대 평가를 위한 적절한 잠금 메커니즘이 있을 것이다.

네트워크 아키텍처의 슈퍼글로벌 운영체제

그렇다면 구매자가 요청한 애플리케이션을 컴파일하고 실행하기 위해 필요한 종속성에 대해 채굴자가 만족하는지 여부를 구매자는 어떻게 알고 있는가? 구매자는 애플리케이션이 채굴자의 설정과 호환되는지 어떻게 알 수 있는가? 이러한 물음에 대해 SONM 운영체제로 처리할 수 있다. 월드 컴퓨터는 운영체제 없이 완벽하지 않다. 그리고 SONM 운영체제를 SOSNA^{Superglobal Operation System for Network Architecture}라고 한다.

종속성 관리와 컴파일러 호환 문제는 호스트 머신의 컨테이너를 사용해 처리할 수 있다. 컨테이너는 지정된 구성^{configuration}을 적재할 수 있는 단순하고 최소화된 가상 머신이다. 구성은 새로운 라이브러리 설치부터 GNU 컴파일러 툴체인 등 표준 도구를 포함한다. 컨테이너는 호스트 시스템의 최소 격리 환경에서 동작한다. 이것으로 컨테이너에서 악의적인 프로그램의 권한 상승 공격을 방어하게 될 것이다. SOSNA는 세 가지 주요 구성요소로 분리할 수 있다. 스마트 계약 시스템, 그리드 코어$^{grid\ core}$, 소비자 측면 애플리케이션 계층으로 구성된 블록체인 계층이다. 블록체인 계층과 (스마트 계약이 가능하게 하는) API에 대해서는 이미 상세하게 논의했으니, 이제 그리드 코어에 대해 살펴보자. SONM에서 그리드 호환 PaaS 스택은 BOINC$^{Berkeley\ Open\ Infrastructure\ for\ Network\ Computing}$나 Yandex, Cocaine 등의 네트워크와 함께 작업하기 위해 플러그인될 수 있다.

그리드 아키텍처의 단순화된 구현은 2개의 구성 단위가 필요한데, 다수의 워커^{worker}/슬레이브^{slave} 모듈과 하나의 마스터^{master} 모듈이다. 이러한 두 단위는 연산 클라우드를 형성한다. 그리고 포그 컴퓨팅 클라우드는 모든 형태의 머신을 통해 배포된 수백 개의 인스턴스에 이 아이디어를 확장한다. 그리드 네트워크의 정의는 마스터 머신이 다른 지리적 위치에 분산된 워커를 관리한다는 것이다. 마스터는 기본적으로 허브처럼 채굴자 머신의 애플리케이션 실행을 관리, 로드밸런싱, 태스크 스케줄링, 결과 집계 등의 동작을 수행한다. 좀 더 일반적으로는 마스터 모듈이 전통적인 채굴자 풀처럼 작동하는 것을 제안할 수 있다.

컨테이너 측면에서 실행하는 애플리케이션은 서비스로 생각할 수 있다. 기술적으로 SONM의 모든 서비스는 RPC 기반이며, 지시문을 실행하기 위해 특정 메시지 세트를 수용한다. 각 서비스는 연결을 수립한 후 메시지를 서비스에 송신해 참조할 수 있는 함수 목록을 갖는다. 이러한 함수 세트를 서비스 프로토콜이라 한다. 로케이터^{locator}로 서비스 이름을 분석해 서비스가 활성화되면 프로토콜을 서비스에서 동적으로 얻을 수 있다. 로케이터의 사용은 DNS를 사용해 호스트 이름을 해석하는 것과 비슷하게 생각할 수 있다. 지금 로케이터 서비스로 돌아가 본다. 시작 시, 노드는 특별한 노드에서 시작하는 모든 서비스를 포함한 설정 파일에 지정된 설정을 적재한다. 서비스는 네트워크를 통해 코드를 전달할 수 있는 능력이 없다. 따라서 이 상태에서는 메시지 수신만 할 수 있다. 네트워크와 RPC 호환 통신에 대한 접근을 허용하기 위해 노드는 로케이터라는 특별한 서비스를 시작해야 한다. 컨테이너에서 구동 중인 다른 모든 서비스는 메시지를 보내고 받기 위해 로케이터에 연결된다. 로케이터 서비스가 활성화되면, 네트워크의 공개 엔드포인트에 바인딩하고, 연결을 블록체인에 널리 알린다. 구매자가 태스크에 대한 특정 서비스에 접근해야 하는 것은 어떤 단계인가? 로케이션 서비스를 사용해 구매자는 다음의 5단계를 수행해야 한다.

1. 공개 포트의 로케이터 엔드포인트에 연결한다.

2. 서비스 이름으로 해석 요청을 로케이터에 송신한다.

3. 엔드포인트 컨테이너, 프로토콜 설명, 함수 호출에 대한 정보와 함께 로케이터에서 메시지를 수신한다.

4. 정보 요청이 완료됐음을 지시하는 확인 메시지를 수신한다.

5. 로케이터 메시지를 일치시키는 엔드포인트 정보를 가진 특정 채굴자를 요청하고, 태스크 실행 및 프로세싱을 위해 필요한 서비스를 호출한다.

그림 7-12에서 SOSNA의 구성요소를 시각적으로 확인할 수 있다.

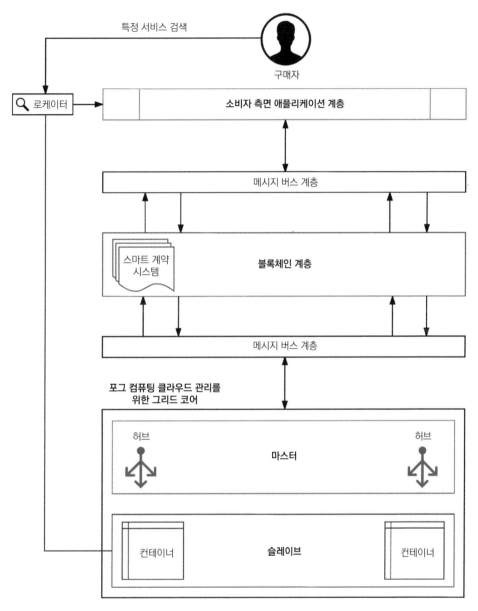

▲ 그림 7-12 SOSNA 아키텍처의 개요

지배 구조를 위한 스마트 계약 시스템과 함께 네트워크의 합의 프레임워크를 제공하는 블록체인 계층에서 시작한다. 다음은 월드 컴퓨터의 다양한 구성요소와 네트워크 사용자 사이의 두 가지 방식의 통신 채널로서 서비스하는 메시징 버스 계층이다. 또한 이 계층은 양 측면에 존재한다. 따라서 블록체인이 소비자 측면 애플리케이션과 통신하고 그리드 코어가 태스크 실행을 조정할 수 있게 한다. 제일 위에는 구매자가 네트워크에 접근하고 서비스에 대한 요청을 게시할 수 있게 소비자 애플리케이션 계층이 있다. RegApp은 구매자가 미래에 상호작용할 수 있는 소비자 애플리케이션의 초기 예제다. 결과적으로 소비자 계층은 네트워크에서 평판이 높은 사용자로부터 검증 단계를 건너뛰는 신뢰된 런타임 같은 기능으로 더욱 수직적인 분할이 된다. 반면에 가장 아래는 그리드 코어다. 이것은 포그 클라우드 컴퓨팅이 위치하는 SONM의 중심이다. 그리드는 기본적으로 수백 개의 마스터와 슬레이브 모듈로 구성된 병렬적인 구현이다. 슬레이브 모듈은 서비스가 실행되는 컨테이너를 실행하고, 이러한 서비스는 로케이터에 연결된다. 로케이터는 소비자 앱 계층을 통해 구매자가 접근할 수 있는 공개 포트에서 동작한다.

iEx.ec

도메인 특화 블록체인을 사용하는 분산 HPC 토큰인 iEx.ec 플랫폼에 대해 간략하게 이 장에서 살펴볼 것이다. iEx.ec는 INRIA가 데스크톱 그리드 컴퓨팅을 위해 개발한 XtremWeb이란 성숙한 연구 기술로 구축됐다. 그러면 데스크톱 그리드는 무엇인가? 데스크톱 그리드 컴퓨팅에 대한 아이디어는 전통적인 슈퍼컴퓨터와 비교해서 매우 저비용(또는 자발적인 데스크톱 그리드의 경우 무료)으로 집약적인 병렬 애플리케이션을 실행하기 위한, 네트워크에 연결된 유휴 머신의 연산 자원 집합이다. XtremWeb-HEP는 채굴자의 시장에서 집약적인 연산 자원을 요구하는 태스크를 실행하도록 설계된 이전 버전의 탈중앙화 버전이다. XtremWeb-HEP는 먼저 봤던 HPC 토큰에서 필요한 대부분의 기능을 구현한다. 그 기능은 결함 허용, 하이브리드 퍼블릭-프라이빗 인프라, 가상 이미지(컨테이너) 배포, 로드밸런싱, 채굴자에 대한 지불 메커니즘 등이다. 네트워크에서 구동 중인 탈중앙화 앱은 해당 앱을 실행, 자원 프로비저닝, 적합한 당사자에게 자금을 배포하는 데 필요한 모든 연산 자원의 자동화된 검색을 위해 iEx.ec 아키텍처에 의존적이다. 잘 구축되고 잘 테스트된 소프트웨어 스택을 사용하면 세 가지 주요 혜택을 제공받을 수 있다.

- **탄력성**^{resilience} : 연산 노드가 실패하는 경우, 다른 작업 노드에 태스크를 재할당하고 최소한의 중단으로 서비스를 지속할 수 있다.
- **효율성**^{efficiency} : 노드 간 작업자가 수행하는 하드웨어 설정 변경에도 불구하고 네트워크를 통한 애플리케이션의 기본 성능은 높은 수준이다.
- **플러그 가능 노드**^{pluggable node} : 특정 구성^{configuration} 없이 네트워크에 새로운 노드를 추가할 수 있고, 노드는 빠른 설정 후 통합될 수 있다.

iEx.ec에서 외부적으로 또는 오프체인에서 발생하는 행위를 기부^{contribution} 라고 언급한다. 예를 들어 데이터 세트 제공, 파일 전송, 연산 수행은 모두 관계 당사자 간 토큰 거래에 필요한 행위다. 그 행위가 정확하게 동작했는지 여부를 어떻게 알 수 있는가? 오프체인에서 수행되는 특별한 행위와 당사자 거래 또는 거래 세트는 어떤 관계가 있는가? 새로운 프로토콜은 기부가 발생하고 거래가 상응했는지 검증이 필요하다. iEx.ec는 오프체인 기부에 대한 새로운 합의 메커니즘으로 기부 증명^{proof-of-contribution}을 제안했다. 새로운 메커니즘은 또한 서비스 수준 계약^{SLA, service-level agreement}인 iEx.ec의 기업용 기능 활성화의 역할을 한다. SLA를 사용하면 자원 이용률 추적 및 신뢰할 수 있는 연산 자원을 소비자가 제공자에게 주문할 수 있다. iEx.ec 팀은 네트워크의 당사자에게 배포되는 콘텐츠가 iEx.ec 블록체인을 사용해 탈중앙화 앱의 매우 중요 기능이 될 것이라 예측한다. 구매자는 스마트 계약을 통해 블록체인의 복잡한 데이터 세트에 접근하고, 그 데이터 세트에 대한 접근으로 애플리케이션을 실행하기 위한 단순한 지불 구조를 갖게 될 것이다. 기부 증명을 사용해 iEx.ec는 콘텐츠 제공자가 실제 데이터 세트에 대한 접근 권한을 부여하고 처리하는 동안 파일에 접근할 수 있음을 보증할 수 있다. 또한 지불 목적으로 접근 기간을 기록하면 과부과로부터 구매자를 보호할 수 있다. 또한 iEx.ec는 데이터 요금을 증가시키는 파일 전송을 요구하는 악의적인 개체에 대한 몇 가지 대응책을 갖게 될 것이다.

iEx.ec의 처음 몇 가지 배포판은 핵심 기능 통합과 HPC를 요구하는 금융 거래 사용 사례에 중점을 둘 것이다. eFast라는 이 서비스는 소규모의 투자자가 더 좋은 거래 결정을 하도록 정교한 연산 예측 방법을 사용할 것이다. 목적은 다른 주식에 대한 클러스터 분석을 사용해 다양한 포트폴리오를 만드는 것이지만, 그러한 분석의 연산 복잡성은 너무 거대해서 대형 금융 기관만이 그 비용을 감당할 수 있다. iEx.ec 같은 탈중앙화 서비스는 프로세싱 비용을 연산 팜^{computation farm}의 전통적인 비용 대비 1/10로 줄일 수 있다.

> ✐ **참고**
>
> 골렘과 iEx.ec는 제품 개발에 있어 비슷한 목표를 공유하지만, 비즈니스 접근 방법에 차이가 있다. 골렘은 네트워크의 핵심 인프라를 구축하는 것을 도와주고, HPC와 클라우드 고객에게 매력적이다. 반면에 iEx.ec는 저렴한 비용으로 애플리케이션이 필요한 보통의 클라우드 고객을 유치하기 위해 네트워크에서 실행될 탈중앙화 앱을 만드는 데 일차적인 관심이 있다.

태스크가 iEx.ec에 할당되고 실행되는 방법은 무엇인가? 이 프로세스를 관리하는 두 가지 알고리즘이 있는데, 실행에 대한 중재 알고리즘과 할당을 위한 스케줄러 알고리즘이다. 이 두 가지 알고리즘에 대해 간단히 논의해보자. 중재 알고리즘은 구매자가 제공하는 자원 설명에 따라 자원 제공자와 잠재적 구매자를 연결하기 위해 분산 시스템에서 사용된다. SONM에서는 로드밸런서에 의해 이 태스크가 수행된다는 사실을 상기한다. 그러나 iEx.ec에서 알고리즘은 자원 프로비저닝을 수행한다. 결국 개발자는 연산 자원과 태스크를 실행하는 데 요구되는 자원의 가용성을 설명하는 블록체인에 스마트 계약을 저장하는 것을 제안한다. 이것은 가용 RAM, 프로세서(CPU), 디스크 공간, GPU 유형 등의 정보를 포함한다. 호스트 머신의 경우 태스크는 가상 머신 인스턴스나 하이퍼바이저로 배포될 수 있다. 그리고 구매자는 런타임 명령을 지정할 것이다. 중재 알고리즘은 단순한 일대일 매치 이상의 복잡한 정책을 구현할 수 있다. 그리고 iEx.ec는 더욱 복잡한 매치로 수익을 창출할 수 있다. 중재 알고리즘을 설계하는 몇 가지 선택지가 있지만, iEx.ec는 ClassAd라는 언어를 사용한다. 이 언어는 수학적으로 잘 테스트되어 있다. 두 번째 알고리즘은 스케줄러다. 이 알고리즘은 분산 연산 시스템에서 중요한 역할을 한다. 네트워크의 성능과 확장성은 스케줄러의 효과성에 달려 있다. iEx.ec의 설계 문제는 개별 태스크에 대한 최적의 연산 자원을 선택하고 구매자의 기준에 적합하도록 스케줄링할 수 있는 다중 기준 결정 분석으로 가능한 스케줄러를 만드는 것이다. 다중 기준은 비용과 성능 벤치마크에 기반해 고객의 필요에 부합할 수 있을 것이다. 어떤 고객은 시간이 길어지더라도 최저 연산 가격을 원하는 반면, 또 어떤 고객은 요구되는 최소 시간을 원할 것이다. 다음과 같이 iEx.ec에서 스케줄러에 의해 처리될 시나리오 유형이 있다.

다용도 스케줄과 효과적 중재 알고리즘으로 HPC 상황에서 핵심 블록체인 기술에 대한 매우 흥미로운 업그레이드를 할 수 있다. 한 가지 눈에 띄는 예제는 도메인 특화 블록체인(또는 사이드체인)을 사용하기 위한 능력이다. 사이드체인^{sidechain}은 일반화된 환경에서 성능이 떨어지는 애플리케이션의 실행을 위해 특정 인프라 요구사항에 맞게 설계된 적응형 블록체인이다. 그런 블록체인의 목표는 최대 성능과 실행 간 최소 지연 시간을 갖는 것이다. 일반적으로 애플리케이션은 표준 블록체인을 통해 실행될 것이다. 그러나 많은 수의 태스크가 제출되는 경우 태스크의 일부는 추적을 위해 사이드체인으로 대체^{offload}될 수 있다. 사이드체인은 호스트 머신에서 소요된 시간을 추적하고, 다시 네트워크에 정보를 보고할 것이다. 이러한 오프로딩으로 일반화된 블록체인의 트래픽을 감소시킬 수 있다. 스마트 계약의 고급 시스템은 이러한 전환이 가능하도록 개발될 것이다. 그림 7-13은 iEx.ec 아키텍처의 시각적 표현을 제공한다.

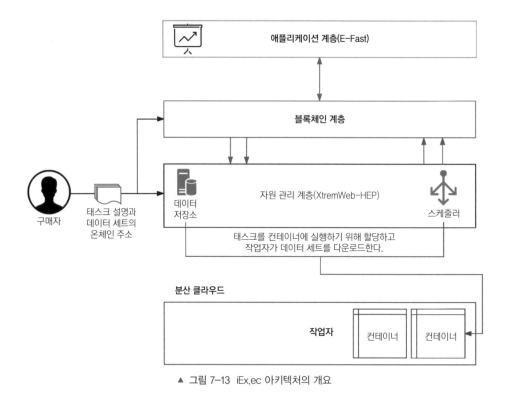

▲ 그림 7-13 iEx.ec 아키텍처의 개요

최상위 계층은 소비자 측면 애플리케이션인 E-Fast이다. 비용의 일부만을 위한 대규모 분산 환경에서 정교한 금융 예측 알고리즘을 실행하기 위한 인프라를 제공하는 iEx.ec의 첫 번째 사용 사례다. 그 아래는 네트워크 합의와 채굴자의 상환에 대한 태스크 추적을 제공하는 이더리움 블록체인 계층이다. 또한 블록체인은 결국 네트워크에서 실행하는 스마트 계약 시스템을 위한 플랫폼으로 동작한다. 블록체인 계층이 iEx.ec의 모든 수준과 상호작용하지는 않는다는 점을 주목해야 한다. 미들웨어인 XtremWeb-HEP를 통해 더욱 직접적으로 분산 클라우드 수준이 관리된다. 이것은 태스크 스케줄러와 검증 데이터 저장소로 구성된 자원 관리 계층이다. 스케줄러는 블록체인과 호스트 머신의 작업자에게 태스크를 할당하는 것 사이에서 조정 역할을 한다. 저장소에는 구매자가 실행하기 원하는 애플리케이션에 접근할 수 있도록 금융, 유전체학 등 다양한 분야의 대규모 데이터 세트가 포함되어 있다. 구매자는 자원 관리 계층에 연결되어 데이터 소스에 따라 태스크의 설명을 제공한다. 이 정보는 또한 블록체인에 기록된다. 미들웨어의 구성요소 모두 배포된 작업자에 연결되고 설명을 사용해 태스크를 실행한다. 미들웨어가 최종 결과를 집계하며 블록체인에 지불에 대해 기록한 후 구매자가 사용하게 한다. 마지막 계층은 채굴자의 분산 클라우드다. 여기서 미들웨어가 그 기능을 수행하기 때문에 마스터 모듈이 필요하지 않다는 점에 주의한다. 태스크는 컨테이너나 가상 머신에서 실행되고 그 결과는 자원 계층에 다시 보고된다. 호스트 머신에서 동작하는 코드만이 컨테이너에 있기 때문에, 이것은 네트워크의 전반적인 복잡성을 감소시킨다.

요약

7장에서는 HPC 애플리케이션의 면밀한 관찰을 통해 이더리움 토큰에 대해 살펴봤다. 먼저 이더리움의 앱으로서 토큰을 소개하며 시장 유틸리티와 근거를 소개했다. 그런 다음 ECM이라는 HPC 토큰 프로토타입에 대해 논의했다. 이 토큰은 전용 구매자가 실행하는 클러스터로부터 고객이 연산 능력을 구매할 수 있는 연산 시장에서 필요할 만한 모든 기본적인 기능을 수행한다. 토큰에 의해 투명한 연산 시장에서 분쟁 해결과 온체인 검증을 할 수 있다. 그리고 골렘과 SONM 같은 더욱 복잡한 연산 토큰에 대해서도 탐구했다. 주요한 기술적 장점을 다루며 어떻게 두 가지 유형의 토큰이 서로 다른지를 깊이 있게 상세히 설명했다. 마지막으로, 여러 해 동안 테스트된 분산 클라우드 컴퓨팅 소프트웨어에 구축된 iEx.ec를 다루며 결론을 맺었다. iEx.ec 팀은 골렘과 SONM 등의 동일한 태스크를 수행하고 연산 시장에서 사용할 수 있는 XtremeWeb-HEP의 탈중앙화 버전을 구현했다.

참고문헌

7장을 준비하기 위해 사용한 주요 참고문헌은 ECM 깃허브 문서, 골렘 백서, SONM 백서, iEx.ec 백서, 토큰에 대해 게시한 프레드 윌슨^{Fred Wilson}의 블로그다.

8

과학과 블록체인

증거 기반 임상 과학은 현재 마비된 재현성 위기에 처해 있다. 임상 심리학부터 암 관련 생물학까지, 최근의 메타연구metaresearch[1]는 동료가 구축한 연구를 재현하지 못하는 연구자의 증가 추이를 보여준다. 이 문제는 실험실에서 수행하는 연구 작업에 한정되지 않으며, 전통적인 연구에도 장애가 된다. 치료, 테스트, 기술은 간단한 연구실 실험에서 생명에 영향을 주는 수많은 정부 승인 장치와 연구 방법에 변경을 준다. 그러므로 재현성은 과학적 돌파구를 실용주의적 요법으로 전환하는 데 있어 중요하다.

오픈 액세스 사이언스open-access science[2]의 새로운 환경에서 블록체인 기술의 주요 역할은 프로세스의 투명성을 높이는 것이다. 이를 위해 8장에서는 세 가지 사용 사례와 애플리케이션을 제시한다. 첫 번째 사례는 임상 시험에서의 데이터 축적과 관련이 있다. 두 번째 사례는 공개 연구에 전담하는 연구자와 연구소를 위해 개발될 수 있는 평판 시스템과 관련이 있다. 세 번째 사례는 위조 약물 추적을 위한 공급망 관리의 적용과 관련이 있

---

1   https://en.wikipedia.org/wiki/Meta-research – 옮긴이
2   공공 지원 연구비로 수행한 과학 연구 개발의 결과를 공개하는 오픈 사이언스의 한 영역 – 옮긴이

다. 연구 방법의 현재 패러다임과 부정적인 데이터의 중요성을 논의하는 것으로 시작하며, 주로 임상 과학에 초점을 둔다. 그런 다음 게시된 전통적인 측정 지표와 연구의 영향을 측정하기 위해 현재 구현된 알트메트릭스[altmetrics][3] 시스템에 대해 논의할 것이다. 이를 통해 전통적인 측정 항목을 보완하고 오픈 사이언스를 기본 특성으로 확장하는 사용 사례로 전환할 수 있다. 마지막으로, 연구 검증을 위해 예측 시장을 통합하려는 심리학 연구에서의 지속적인 노력과, 아가[Augur]를 사용해 예측 시장을 생성하는 방법을 살펴봄으로써 논의를 끝낼 것이다.

재현성 위기

이제 과학적인 담론과 조사의 상황에서 재현성[reproducibility]이 의미하는 바에 대한 논의를 시작한다. 연구의 주요 초석 중 하나는 실험을 수행하기 위해 문서화된 방법을 사용해 연구에서 작성된 프로토콜을 따라 하고 그 연구로 동일한 결론을 달성하는 능력이다. 즉, 게시된 연구를 다른 연구자가 독립적으로 검증할 수 있어야 하며, 동일한 결과를 얻도록 똑같이 복제돼야 한다. 임상 과학의 최근 메타연구에 따르면, 발표되는 많은 연구가 실험적으로 쉽게 복제되지 않는 경우가 점점 더 많아지고 있다. 프리드만[Freedman] 외 여러 명은 임상전 연구[preclinical research]의 50% 이상을 동물 모델에서 인간 임상 시험으로 전환할 수 없다고 평가했다. 그로 인해 미국에서만 비재현성으로 인해 대략 연간 280억 달러의 비용이 소모되고 있다. 결과적으로 동물 모델에서 임상전 결과는 거의 임상 시험으로 반복되지 않기 때문에 약물 발견은 느려지고 비용은 급격히 증가한다. 경제적 비용은 매우 쇠약해지고 있다. 발견된 타깃[target]을 재현할 수 없기 때문에 해마다 2천억 달러 가까이 낭비된다. 이러한 문제는 대개 특정 연구 설계 또는 다른 세포계통[cell line]에 대한 실험에서 발생하는 매우 순종의 복잡성과 합병증에서 온다. 이유를 이해하기 위해서는 메타연구에서 해답을 찾아야 한다. 메타연구는 연구에서 수행한 요청, 결과, 실험을 통계적으로

---

3   https://en.wikipedia.org/wiki/Altmetrics – 옮긴이

평가하는 조사의 하위 개념이다.

벤 골드에이커^{Ben Goldacre} 박사가 언급한 것과 같이 학계의 여러 요인은 '악성 과학'의 악의적인 문화를 창출하고 있다. 사라지는 기금 환경, '출판하거나 멸망'하는 문화, 안정적 정규직[4]의 지위를 얻으려는 믿기 힘든 압박감은 젊은 연구자가 잘못된 방법으로 출판하도록 환경을 조성한다. 일부 경우, 잘못된 연구 방법과 조작은 연구 결과에 대해 부정행위를 했으며 결과적으로 철회되어 연구자에게 심각한 결과를 초래할 수 있다.

> **참고**
>
> 리트랙션 워치(Retraction Watch, http://retractionwatch.com/)는 최근 저널을 사용하는 편집자부터 대학의 개별 연구자까지 모든 수준에서 발생하고 있는 과학적 위법 행위를 보고한 블로그다. 또한 이 블로그는 사기성 데이터 또는 실험 증거의 조작에 의해 저널에서 철회된 논문을 추적한다. 웹사이트에는 연간 500~600회의 철회가 게시되어 있다.

학술 저널 또한 부분적으로 이러한 혼란에 대한 책임이 있지만, 실제 작업의 변화와 개선에 대한 신호가 있다. 지난 몇 년 동안 잠재 약물 타깃 또는 특정 약물의 효과성에 관한 긍정적인 결과를 저널에 게시하는 것이 쉬워졌다. 그렇지만 약물 타깃에 효과를 기대하는 실험으로 얻은 부정적인 결과는 게시하기가 매우 어렵다. 보여지는 것만으로 이해할 수 있다고 생각할 수 있다. 어떤 사람들이 실험의 실패 여부를 알려고 하는 이유는 무엇인가? 부정적인 데이터는 대개 비슷한 이유로 무시되고, 마케팅 관점에서 예상대로 작동하지 않는다고 주장하는 저널은 판매를 할 수 없을 것이다. 이제 저널이 어떻게 사용되고 출판되는지를 이해하는 상태에서 긍정적인 데이터와 부정적인 데이터에 대해 자세히 살펴볼 것이다.

긍정적인 데이터는 연구자가 결과를 예측하고 데이터를 검증하는 초기 가설을 간단히 확인하는 것이다. 반면에 부정적인 데이터는 예상하거나 기대한 효과를 관찰하지 못한 경

---

4   원문에서는 '종신직'으로 표현했으나, 국내 환경에서는 정년이 보장되는 정규직 연구원으로 번역했음 – 옮긴이

우에서 비롯된다. 실험이 널^{null} 가설과 대체 가설 사이에 차이점이 존재하지 않는 경우, 데이터와 결과는 실험실 그룹의 게시되지 않은 결과 꾸러미에 묻힐 가능성이 높다. 그림 8-1은 학계의 압력으로 인해, 긍정적인 데이터와 부정적인 데이터를 다루는 잘못된 연구 방법의 매우 단순한 개요를 보여준다. 임상 시험의 복제는 높은 요구사항과 매력적인 약물 타깃을 찾기 위해 희생되며, 궁극적으로 임상 시험으로의 변환이 어려워 경제적 낭비를 초래한다.

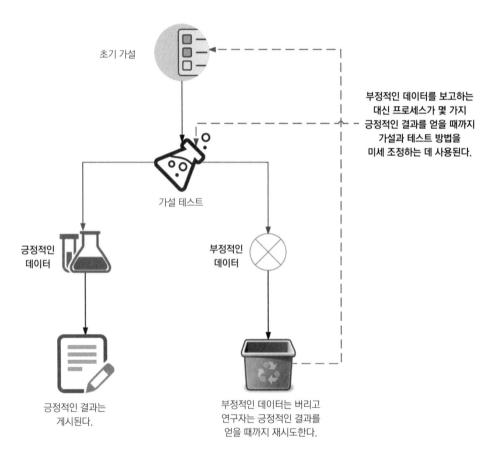

▲ 그림 8-1 연구를 게시하는 상황에서 긍정적인 데이터와 부정적인 데이터에 대한 개요

그림 8-1의 순서도는 전통적인 연구나 확장된 임상 시험의 복제 불가능한 '요행fluke'의 발표로 이어지는 가설 테스트에 대한 간단한 설명이다. 학술지에 게재하는 특성상 긍정적인 데이터는 대개 게재자가 수행했음을 의미한다. 대부분의 연구자는 여기서 중단하고, 실험을 수행하는 동안 수집되거나 생성된 모든 데이터의 상당 부분에 대해 후속 조치를 하지 않을 것이다. 여기에는 작동하지 않는 아이디어에 대한 부정적인 데이터 또는 검토자의 피드백으로 제거된 정보가 포함될 수 있다. 일단 연구 논문이 채택되고 나면, 저자는 더 많은 데이터를 배포하거나 많은 시간을 들여 다른 결과를 정리하고 사용하도록 인센티브가 주어지지 않는다. 이것은 몇 가지 해로운 결과를 초래하는 것으로 밝혀졌으며, 이 장의 후반부에서 논의할 것이다.

이러한 동향은 국제적으로 논문지에서 관찰되고 있으며, 일부 조치를 취하기 시작했다. 과다한 노력이 드는 새로운 계획으로 복제물에 포함될 수 있는 데이터 표준 및 복제를 보장하기 위해 충족해야 할 설계 고려사항이 부각되고 있다. 이제 여기서 이러한 노력 세 가지에 대해 논의한다.

- **최소 출판 표준**: 인쇄 논문지의 경우, 연구 논문의 각 영역에 할당 가능한 페이지 수를 제한하는 공간 요구사항이 있다. 이러한 시나리오에서 연구자는 과감한 주장을 하고 추측에 대한 증거를 제공하는 데이터를 보여주는 데 더 중점을 두며, 이로 인해 다른 연구자가 실험을 따라서 복제하도록 지침을 제공하는 방법 섹션이 줄어든다. 최근 들어 대부분의 논문지가 온라인화되면서 공간은 큰 문제가 되지 않지만, 여전히 보충 자료가 제공되는 경우에도 품질 면에서 부족함을 보이고 있다. 바이오 메드 센트럴BioMed Central은 논문 출판 이전에 충족시켜야 하는 최소 표준에 대한 체크리스트를 발표했다. 이 체크리스트의 목적은 표준화 수준을 제공함으로써 연구자가 재현성을 높이기 위한 특정 기준에 따라 논문을 작성할 수 있게 하는 것이다. 모든 표준을 충족하는 경우, 출판된 연구를 더 많이 복제할 가능성이 높다.
- **데이터 탐색 인덱스**: 앞서 언급한 주요 문제 중 하나는 보충 데이터를 생산하게 만드는 연구자에 대한 인센티브의 부족이다. 미국 국립보건원NIH, National Institutes of

Health은 데이터 발견 지수^{DDI, Data Discovery Index}라는 부가적인 실험 데이터를 업로드하기 위해 연구자에게 신용을 부여하는 새로운 측정 방법을 고안했다. 이것은 연구자가 연구와 관련하여 부가적으로 데이터 점수를 획득할 수 있게 만드는 인용 가능한 데이터 저장소다. 학술 연구자에게 있어 큰 인센티브는 자신의 작업에 대해 부가적으로 인용을 이끄는 것이다. 즉, 이것은 출판된 연구의 영향을 측정하는 요소가 될 것이다. 인용할 수 있는 데이터베이스를 만듦으로써, 국립보건원은 연구자가 미출판 데이터베이스를 업로드하는 데 추가적인 시간과 자원을 사용하도록 새로운 인센티브를 만들었다.

- **재현성 프로젝트(암 생물학)**: 사이언스 익스체인지^{Science Exchange}와 오픈 사이언스 센터^{Center for Open Science}가 공동으로 2010년부터 2012년까지의 영향력 있는 암 생물학 연구를 검토할 것이다. 그리고 사이언스 익스체인지 회원들의 도움을 받아 각각 복제할 것이다. 실험 복제, 약물 타깃 발견 등의 시도에 대한 전체 보고서는 상세한 방법과 함께 유용하게 공개될 것이다. 이 프로젝트는 2단계로 실행되고 있다. 첫 번째 단계는 특정 실험을 수행하도록 문서로 프로토콜을 표준화한 등록 보고서의 완결이다. 두 번째 단계는 등록된 보고서를 사용해 실험을 수행하고 결과를 문서화하는 사이언스 익스체인지의 회원 기관 중 하나가 관여하는 것이다. 결과적으로 이라이프^{eLife} 논문지의 검토자가 보고서와 데이터 모두를 동료 검토하고 온라인에서 이용할 수 있게 될 것이다.

이러한 세 가지 이니셔티브^{initiative}는 재현성을 강화하는 대규모 협력 노력의 사례이며, 앞으로 점점 더 많아질 것이다. 지금까지 긍정적인 데이터와 부정적인 데이터의 다른 처리 방식, 재현성 위기의 핵심, 결과로 인해 발생하는 어려움을 이끄는 학술 환경의 문제에 대해 논의했다. 다음으로 약물 치료의 경우 데이터 조작이 이끄는 더욱 심각한 결과에 대해 논의할 것이다. 임상 시험의 데이터 포인트는 수천 명의 생명에 영향을 줄 수 있는 약물의 운명을 결정한다. 모든 관련 데이터를 얻는 것은 약물을 정확하게 처방하기 위해서뿐만 아니라 위험 및 과거에 이미 다룬 방안을 피하는 데 있어 매우 중요하다.

임상 시험

임상 시험으로 보고된 데이터의 결함으로 인해 발생하는 몇몇 복잡한 문제에 대해서는 이미 서술했으니, 여기서는 잠재적인 해결책을 간략히 설명하겠다. 이 절에서는 세 가지 특정 문제에 집중하고, 각각 블록체인 기술을 통합하는 사용 사례를 제공한다.

- **시험 등록**: 임상 시험의 등록, 적절한 시기의 업데이트, 관련 결과의 공개 데이터베이스 보관은 표준 약물이 효과적이지 않은 환자에게 임상의가 새로운 약물을 처방하는 데 있어 중요한 요소다. 인간 참가자를 포함한 대규모 임상 시험이 등록되더라도 흔히 이러한 시험은 관리되지 않곤 한다. 미등록 시험 데이터의 유일한 징후는 제안된 후보 약물의 효과를 입증하기 위한 실험 및 결과가 포함된 논문 또는 출판물이다. 이런 종류의 출판물은 위험한 수단으로 임상의를 오도할 수 있다. 그러므로 진찰과 관련 임상 프로토콜에 대한 등록된 임상 시험을 정기적으로 업데이트하도록 조사자에게 인센티브를 제공해야 한다.

- **약물 효능 비교**: 오늘날 대부분의 임상 설정에서는 임상의가 사용할 수 있는 여러 가지 약품 옵션이 점점 더 많이 제공되고 있다. 그러나 여기에는 대개 효능이나 약물 상호 간 안정성을 직접 비교할 수 있는 이어지는 임상 시험의 증거가 부족하다. 연산 모델은 혼합 처리 비교^{MTC, mixed treatement comparison}라는 유형의 분석에서 대규모 데이터 세트의 병렬 처리를 가능하게 한다. 이 모델은 베이지안 통계^{Bayesian statistics}를 사용하며, 약물에 대해 사용 가능한 데이터를 통합하고 비교된 약물에 관한 탐색 보고서를 생성한다. 이것은 자동 비교의 기초가 될 수 있다. 왜냐하면 더 많은 데이터를 미출판 및 미사용 정보 사일로^{silo}에서 해방시키기 때문이다.

- **후처리**: 경우에 따라서는, 시험을 등록하고 출판물과 함께 제공되는 보충 데이터를 제공할 때 레지스트리는 조직화된 데이터 저장소로서의 역할보다는 수많은 데이터 덤프와 같은 역할을 한다. 최근에 더 주의 깊게 준비되고 출판된 사후 분석 요약을 살펴봤지만, 이것은 대개 규칙이 아니며 예외다. 여기서 핵심은 임상 시험 데이터를 블록체인과 연결하면 자동화 업무 흐름에 포함시킬 수 있다는 것이다. 현재 사람이 아닌 알고리즘으로 사후 분석 요약 및 데이터를 생성할 수 있다. 데이터 스토리지를 위한 범용 백엔드는 블록체인을 읽는 프론트엔드 개발을 촉진할 수 있다. 그리고 적절한 공개키-개인키 쌍을 사용해 외부 소스에서 첨부된 데이터를 다운로드하고 로컬에서 후처리할 수 있다. 그런 다음 요약 보고서를 블록체인에 추가할 수 있다.

🖉 참고

하이델베르크에서 생키 바틀링(Soenke Bartling)과 일부 협력자는 블록체인 기술을 사용해 오픈 사이언스 혁신에 대한 끊임없는 노력을 했다. 최근 오픈 사이언스의 블록체인 기술 채택을 촉진하기 위해 과학을 위한 블록체인(Blockchain for Science)이라는 지식 집단(think tank)을 설립했다. 관심 있는 독자는 더 많은 정보를 웹사이트(blockchainforscience.com)에서 찾아볼 수 있다.

이제 블록체인을 사용해 더 투명하게 임상 시험을 할 수 있는 실행 가능한 해결책에 대해 논의를 시작할 것이다. 좀 더 구체적으로 말하면, 블록체인에서 사용할 수 있는 임상 시험 데이터의 생성은 컬러드 코인[colored coin 5]의 구현과 함께 실시될 것이다. 컬러드 코인은 실세계 가치로 자산을 표현할 수 있는 정적 메타데이터를 부착해 블록체인 인프라를 활용하는 개념이다. 희소성을 도입하기 위한 지표로 컬러드 코인을 사용한다. 그리고 부가 데이터 업로드, 정기 업데이트 등에 대한 인센티브를 제공한다. 컬러드 코인을 더 자세히 살펴보기 전에, 무엇이 이것을 특별하게 만드는지 살펴보자. 세 가지 필수적인 구성 요소는 다음과 같다.

- **컬러링 개념**[coloring scheme] : 컬러드 코인 데이터에 의한 부호화 방법을 블록체인에서 부호화/복호화한다.
- **자산 메타데이터**[asset metadata] : 블록체인에 저장된 컬러드 거래에 부착된 실제 메타데이터다. 나중에 예제를 통해 살펴본다. 새로운 컬러드 코인 프로토콜은 데이터를 공유 및 저장하기 위한 탈중앙화 방법을 제공하는 토렌트[torrent]를 사용해 컬러드 거래에 무제한의 메타데이터를 부착할 수 있다.
- **규칙 엔진**[rule engine] : 과거에는 메타데이터가 단지 컬러드 코인에 추가된 정적 정보를 포함했다. 그렇지만 최근에 새로운 규칙 영역[rules section]이 컬러드 코인에 스마트 계약의 기능을 해제하는 규칙 엔진이 제공하는 로직의 부가 계층을 부호화하는 데 추가되었다. 현재 네 가지 형태의 규칙을 지원하는데, 이에 대해서는 이후 논의할 것이다.

컬러드 거래에 추가될 수 있는 메타데이터의 일반화된 구문은 다음과 같다.

```
{
    metadata: {...여기에 정적 데이터를 입력...},
    rules: {...여기에 규칙 정의를 입력...}
}
```

---

5   이더리움과 비슷한 블록체인의 대체 코인으로, 용도별로 색을 지정해 사용한다. - 옮긴이

해결책으로 사용할 규칙 엔진에 대한 두 가지 규칙이 있는데, 만료 규칙^{expiration rule}과 조폐자 규칙^{minter rule}이다. 만료 규칙은 자산을 빌려주는 데 사용되고 자산의 수명을 결정한다. 조폐자 규칙은 수령인이 더 많은 동일 자산을 발행할 수 있게 권한을 부여한다. 따라서 컬러드 코인을 수신하고 있는 조폐자는 네트워크에서 다른 사람에게 더 많은 컬러드 코인을 발행할 수 있다. 두 규칙 모두 블록체인 경제의 이러한 사례에서 희소성을 도입하는 데 중요한 역할을 한다. 희소성은 어떤 역할을 하는가? 이를 이해하기 위해서는 이 시나리오에서 보유자와 조폐자, 두 참여자를 살펴봐야 한다. 보유자는 자산을 보유할 수 있는 주소를 지정하는 컬러드 코인으로부터 또 다른 규칙을 갖는다. 그리고 조폐자에 대해서는 이미 설명했다.

그림 8-2는 임상 시험을 등록하고 업데이트를 제공하는 연구원, 업데이트의 접수를 인식하는 조폐자와 임상 시험의 다음 단계를 계속하기 위한 요청 사이의 상호작용을 보여준다. 이제 그림 8-2를 단계적으로 살펴보자. 임상 시험은 연구자의 시험 등록으로 시작한다. 이것은 조폐자에서 보유자(연구자)로 최초의 컬러드 거래를 시작한다. 이 거래는 첨부된 만료 규칙과 함께 제공되며, 특정 임상 시험과 관련한 여러 단계 중 하나의 마감일이다. 연구자는 업데이트 및 신규 데이터를 포함하는 메타데이터에 URL과 함께 조폐자에게 컬러드 거래를 다시 전송해야 한다. 조폐자가 이 거래를 받으면 자산이 만료됐는지 여부에 대한 평가를 수행하고 그 결과를 내보낸다. 다음 절에서 이 결과에 대해 살펴본다. 거래의 반환 후 조폐자는 다음 단계를 위해 보유자에게 더 많은 컬러드 코인을 발행하고 이 주기는 반복된다. 시험의 각 단계마다 더 많은 데이터 URL이 (지속적으로 업데이트한다는 표시로 보유자가 전송하는) 메타데이터에 추가된다.

> **⑦ 팁**
>
> 컬러드 코인 프로토콜의 규칙 엔진은 또한 블록체인에 직접 저장되지 않는 메타데이터의 일부이지만, 대신 토렌트(torrent)를 사용해 평문 JSON 형식으로 저장된다. 토렌트는 데이터 공유를 위해 탈중앙화 메커니즘을 제공한다. 그리고 규칙이 블록체인 외부 객체와 상호작용하게 한다. 여기서는 신탁으로 조폐자를 추상화했지만, 실제 구현은 자동화된 평가자와 스마트 계약의 혼합을 포함한다.

▲ 그림 8-2 조폐자와 보유자 간 상호작용

그림 8-2에 시각화된 전체 프로세스를 SSL 핸드셰이크^{handshake}와 유사한 것으로 간주할 수 있다. SSL 핸드셰이크는 브라우저에서 서버−클라이언트 상호작용 및 대칭키 암호화의 기초를 형성한다. 아마도 미래에는 누군가 대칭키 암호에 대한 추론이 가능할 것이다. 이런 유형의 상호작용이 일반화되는 경우, 상호작용은 컬러드 코인 지갑의 기능이 될것이다. 조폐자 주소의 평가 구성요소는 브라우저에 포함된 새로운 프로토콜과 유사한전문화된 지갑이나 새로운 클라이언트가 될 수 있다.

이 프로세스는 만료 규칙을 적용해 인공적인 희소성을 만들 수 있다. 보유자(연구자)는 업데이트에 상응하는 데이터 URL로 컬러드 거래를 반환해야 한다. 조폐자는 보유자의 상태에 대한 평가를 수행하고 그때 업데이트 수신을 인식한다. 업데이트의 다음 주기를 위해 새로운 코인을 발행하고 전체 주기는 새로 시작한다. 평가자 결과를 내보내고 곧 논의할 평판 시스템을 구축할 것이다.

지금까지 컬러드 코인 상호작용에 대해 논의했다. 이제 그림 8-3의 전체 임상 시험 시스템을 살펴볼 것이다.

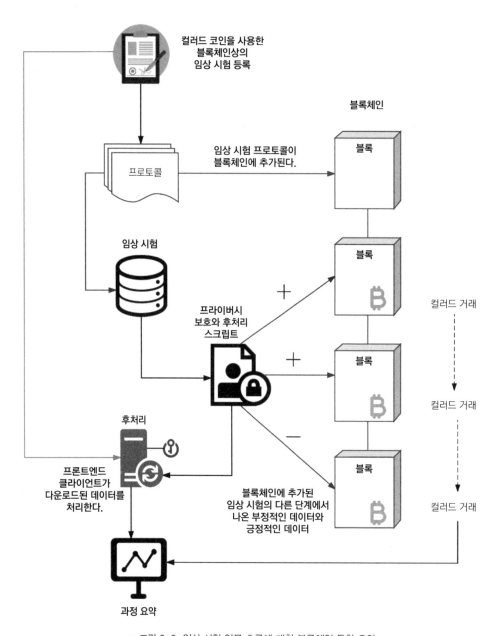

▲ 그림 8-3 임상 시험 업무 흐름에 대한 블록체인 통합 요약

프로세스는 등록과 임상 시험이 수반하는 것과 사용된 방법, 기대되는 데이터나 결과에 대한 제안된 요약으로 시작한다. 시험이 시작되기 전에, 승인된 프로토콜에 따라 요약 정보를 블록체인에 추가한다. 이것은 등록 과정을 완료한다. 연구자의 업데이트 관리를 위해 컬러드 코인과 규칙 엔진을 사용한다. 이러한 업데이트는 간단한 프라이버시 보호 확인을 한 후 블록체인에 추가된다. 임상 데이터가 일반적인 백엔드에 있는 경우 가장 중요한 혜택은, 데이터베이스를 보유하고 있는 백엔드 클라이언트에서 블록체인을 읽을 수 있는 단순하게 개발 중인 프론트엔드 클라이언트로 중심이 이동하는 것이다. 데이터 관리는 블록체인 내부에서 자동으로 수행될 것이다. 필요한 건, 추가 처리를 위해 외부 위치에서 무엇을 가져와야 하는지 알기 위해 메타데이터에 남아 있는 태그나 브레드크럼^{breadcrumb6}을 읽기 위한 메커니즘뿐이다. 이 사례에 대한 예제는 그림 8-3에서 보여주는 후처리 단위^{postprocessing unit}다. 이 단위는 블록체인을 읽고 외부 위치에 접근하기 위해 적합한 공개키-개인키 쌍과 권한을 갖고 있다. 또한 추가된 데이터를 블록체인에 업데이트하는 동일한 스크립트는 후처리 단위로 불리는 후처리를 위한 조각을 포함한다. 이 후처리 단위는 다양한 제3자 위치를 특정 로컬 집합에 통합하는 방법을 알려준다. 그렇게 한 후, 추가된 데이터의 품질을 결정하기 위해 후분석 통계 방법을 사용한다. 그리고 주어진 간격으로 시험 과정을 요약하는 자동화된 보고서를 생성한다. 한 번 사용할 수 있도록 만든 데이터 처리 방법에 대한 지침에 따라, 연구자가 데이터를 업데이트해야 하는 간격은 후처리 단위에 사용할 수 있도록 만드는 스크립트에 코드화되어 있다.

평판 시스템

이제 희소성에 대한 명명을 다시 살펴보자. 희소성은 임상 시험 시스템을 구축하는 데 있어 매우 중요하다. 그렇지만 만료 규칙을 가진 컬러드 코인의 소개는 평판 시스템 같은 또 다른 구성요소를 구성할 수 있게 한다. 평판의 전제는 단순히 만료 규칙의 준수를 추

---

6 '헨젤과 그레텔'에서 과자 부스러기를 버려 이동 경로를 표시한 것과 같이, 특정 행위에 대한 이동 경로를 표시하는 것
   – 옮긴이

적하는 것이다. 평가자 기능의 내보내기 기능 구축에 대해 생각하고, 주기적인 업데이트를 전송하는 능동적인 연구자(또는 컬러드 코인 프로토콜의 보유자 주소)에 대한 보상의 정량적 메커니즘을 통해 내보내기를 할 수 있다. 주기적 업데이트를 구축한 후, 실용적인 애플리케이션에서 조폐자가 메타데이터에 이 내보내기 숫자를 추가할 수 있다. 여기서 평판 구축은 직접적인 태스크로, 내보내기 숫자가 높을수록 더 좋은 평판이다.

임상 시험 시스템의 경우 평판이 단순히 설계의 속성으로서 부각되지만, 재현성과 관련해 상당한 영향을 준다는 점을 유의해야 한다. 높은 평판은 기관이나 연구자 그룹의 품질 관리에 대한 의지를 나타낸다. 평판 메커니즘을 블록체인상의 네트워크 전반에 구현하는 경우 외부에서 참조할 수 있다. 제3자 서비스는 특정 컬러드 지갑과 관련된 평판 점수를 요청할 수 있다. 이것은 지갑의 rep_score를 반환하는 API 호출로 간단하게 할 수 있다. 이것이 유용한 이유는 무엇인가? 앞선 논의에서 DDI에 대해 언급했다. 그리고 여기서는 데이터 저장소에서 rep_score를 가진 저장소로 DDI의 명명을 확장하고자 한다. 이것으로 또 다른 세분화된 계층을 DDI에 제공할 수 있다. 데이터 세트상의 평판 점수(높거나 낮은)의 태그는 공개적으로 사용할 수 있는 임상 시험에 연결됐다. 이 설계에서 임상 시험으로 얻거나 DDI 저장소에 남은 업데이트의 모든 데이터에 대해 주목해야 한다. 그러나 rep_score는 컬러드 거래를 통해 블록체인 메타데이터에 있다. 그림 8-4는 각 정기 업데이트와 함께 발생하는 연속적인 평가와, rep_score의 평판이 올라가는 것에 대해 묘사하고 있다.

평가자 기능은 만료 규칙을 확인한다. 보유자가 컬러드 거래를 만들었는지에 따라 메타데이터에 업데이트에 상응하는 URL을 포함한다. 그러한 두 가지 조건에 부합하는 경우 rep_score는 보유자의 지갑에 대해 업데이트된다. 이렇게 느린 증가로 시간에 따라 평판이 만들어지고, rep_score 매개변수는 외부 서비스로부터 독립적인 방법으로 블록체인에서 참조될 수 있다. API 호출은 DDI에 저장된 데이터베이스에 최신 rep_score를 첨부하는 기본 수단이 될 것이다.

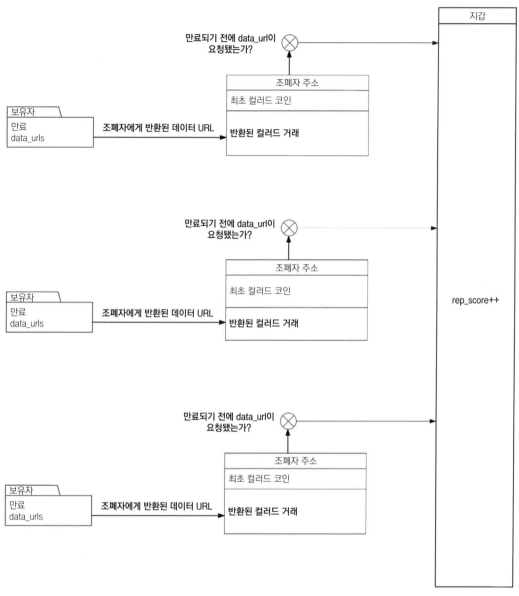

▲ 그림 8-4 각 정기 업데이트의 증가하는 rep_score 개요

이제 rep_score 메커니즘에 대해 더 잘 이해하게 됐으니, 완벽한 평판 시스템을 살펴보자. 그림 8-5는 평판 시스템의 포괄적인 묘사와 네트워크 전체 구성원에 대한 결과를 제공한다.

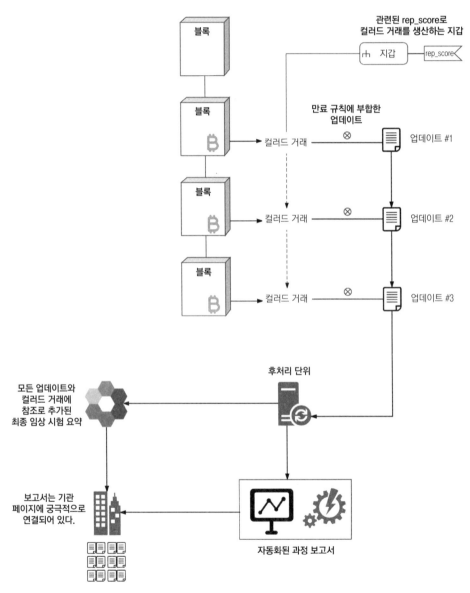

▲ 그림 8-5 평판 시스템

컬러드 코인 프로토콜에서 조폐자와 보유자 역할 사이에서 발생하는 컬러드 거래를 기록하는 블록체인과 함께 시작한다. 이러한 컬러드 거래는 보유자가 업데이트를 제공할 때마다 조폐자가 평가한다. 초기 업데이트 후 조폐자가 반환된 컬러드 거래의 한 부분으로서 rep_score를 전송하며, 임상 시험에 대한 업데이트 프로세스에서 수행된다. 이제 평판은 각 교환마다 메타데이터로 변경되고 rep_score는 매번 개정된다. 이 점수는 마침내 보유자 지갑의 속성이 될 수 있고 이 방법으로 블록체인에서 외부에 참조될 수 있다. 임상 시험이 하나의 포괄적인 개요가 될 수 있는 충분한 업데이트를 생성하도록 성숙된 이후, 후처리 단위는 중요해진다. 이 단위의 목적은 품질 관리 통계 계산을 자동으로 수행하게 하고, 시험을 시작하는 데 있어 블록체인에 추가된 스크립트의 지침에 따라 업데이트를 공유하는 것이다. 비슷한 방식으로 임상 시험에서 공유된 모든 업데이트에 따라 후처리 단위는 최종 요약을 할 것이며, 기관 페이지에 그것을 첨부할 것이다.

> **⚙ 참고**
>
> 후처리와 데이터 스토리지가 블록체인에서 수행되는 기능의 전부임을 명심해야 한다. 계산이나 데이터 조작은 블록체인에서 수행되지 않는다. 우리는 필요한 기본 요소만 가능하다면 블록체인 수행 코드를 가능한 한 제한하길 원한다. 블록체인상의 거래나 메타데이터와 상호작용하는 유일한 도구는 변수나 매개변수의 분산 상태를 업데이트하기 위한 것이다.

의약품 추적

8장의 마지막 사용 사례는 공급 사슬 관리 프레임워크를 통한 의약품 추적이다. 처방약 모니터링 프로그램은 약국을 관리하기 위한 기본적인 요소다. 메이요 클리닉Mayo Clinic은 '약물 쇼핑drug shopping'이란 다른 처방에 대한 임상의의 처방 없이 여러 헬스케어 종사자에게 받은 관리 약물(대부분 마약)을 복용하는 환자로 정의한다. 이것은 약물 남용이나 대규모 판매로 이어지며, 메이요 클리닉은 다음 세 가지 요인으로 약물 쇼핑의 속성을 정의한다.

- **부족한 데이터의 적시성**^{poor timeliness of data} : 얼마나 자주 약국이나 제공자가 중앙집중식 시스템에 처방 데이터를 업데이트하는가? 블록체인 기반 백엔드는 모든 거래와 관련된 약물을 네트워크의 모든 구성원이 즉시 사용할 수 있게 한다.
- **신뢰성**^{reliability} : 중앙집중식 데이터베이스는 탈중앙화 특성을 지닌 블록체인과 비교되는 단일 실패 지점^{SPoF, single point of failure}을 갖는다. 따라서 데이터는 더 신뢰할 수 있도록 단일 데이터베이스에 보관하지 않아야 한다.
- **데이터 검색의 복잡성**^{complexity} : 데이터 검색 및 기존 병원 시스템 호환성의 현재 모델은 완벽하게 손상됐다. 병원은 종종 약국에서 사용하는 데이터베이스와 동기화되지 않고 있으며, 업데이트는 힘든 태스크다. 블록체인은 외부 서비스를 위해 읽기 위한 일반적인 백엔드를 제공함으로써 보편적인 프로세스를 만든다.

임상의가 처방을 작성할 때 이러한 시스템에서는 제공자가 현재 유효한 처방에 대한 환자 기록을 찾기 위해 블록체인을 확인할 수 있다. 이것은 환자가 여러 소스에서 처방을 요청하는지 여부 혹은 또 다른 가족 구성원이 동일한 처방을 받았는지 여부를 임상의가 결정하도록 돕는다. 다른 제공자의 유효한 처방이 있다면 새로운 처방에 대한 요청을 자동으로 무효화할 것이고, 이것은 이중 지불 요청으로서 네트워크에 부호화될 수 있다. 만약 그렇지 않다면 거래는 처리되고 약국은 환자에게 약을 공급하도록 요청받을 것이다. 요청하는 제공자와 환자는 거래에 서명할 수 있다. 그리고 특정 환자의 진료를 통해 더 좋은 추적이 가능하다. 이 시스템이 간단해 보이지만, 공급 업체를 통해 구현할 수 있는 의약품 공급망 보안법^{DSCSA, Drug Supply Chain Security Act} 호환 시스템에 관한 대부분의 요구사항을 충족시킨다. IBM 및 딜로이트^{Deloitte} 블록체인 연구소 등의 주요 블록체인 주자가 오피오이드 과다 전염병^{opioid overprescription epidemic}을 통제하고자 노력 중이다. 최근 일부 신생 스타트업은 블록체인을 사용하는 의약품 추적에만 전념했다.

공급 체인 관리가 블록체인 인프라에 가장 밀접하고 적합하지만, 이 분야는 매우 새롭고 기술이 미숙하다. 약품 추적과 오픈 사이언스의 미래가 이전에는 결코 불가능했던 새로운 통신 계층 기술을 사용해 훨씬 더 유망해 보인다. 블록체인은 공개된 과학적 탐구와 담론에 대한 새로운 혁신의 촉매제다.

예측 시장과 아가

이 장에서는 출판된 연구의 재현성을 향상할 수 있는 추가적인 과학 데이터를 제공하는 데 책임이 있는 연구자의 핵심 매개변수인 평판에 대해 논의했다. 이 목표를 달성하기 위한 결정적인 도전과제는 연구자가 사용 가능한 데이터의 생성을 통해 이익을 얻도록 인센티브와 연계하는 것이다. 이제 기존 인프라에서 블록체인을 좀 더 쉽게 통합하려는 학계의 노력들을 살펴보자.

2015년에 100가지 심리학 연구의 주요 성과를 검증하기 위해 대규모 집단 복제 노력이 진행됐다. 이 노력이 종료되기 전, 일부 연구자는 연구의 주요 결과가 성공적으로 복제될 것이라고 생각되는 가능성을 나타내는 44개의 연구에 대한 설문조사를 작성했다. 또한 동일한 연구자들이 게임을 했다. 연구자들은 진행하고 있는 복제 노력에 계약을 체결하고 거래하는 데 100달러를 받았다. 개별 계약은 주요 결과가 성공적으로 복제됐는지에 따라 1달러를 지불해야 한다. 설문조사와 내기 게임의 데이터는 수집되고 국립과학원 회보^{PNAS, Proceedings of the National Academy of Sciences}에 출판된다. 설문조사의 예측은 동전 던지기만큼 정확하다는 사실이 밝혀졌다. 그렇지만 연구자가 동일한 질문의 내기 시장에 종사하는 경우, 이 데이터의 복제는 연구의 중지에 좋은 예측(대략 71%의 정확도)을 제공한다. 시장 접근법은 두 가지 이유로 설문조사보다 더 정확했을 것이다. 첫 번째 이유로는 최선의 내기를 하기 위한 금전적인 인센티브가 있다. 두 번째 이유는 시장이 사람들로 하여금 다른 참여자의 추세를 배우고 내기를 조정할 수 있게 해주기 때문이다. 국립과학원 회보 연구의 저자는 예측 시장을 통해 불확실성 속에서 복제 노력의 우선순위를 정하는 연구를 선정하는 데 사용할 수 있다. 그들은 예측 시장이 어떤 개인적인 발견의 정확성을 신뢰하지 않는 것에 대해 경고하지만, 현재 조사 결과의 신뢰도를 평가하고 정해진 순서의 연구 대기열을 복제하게 한다.

예측 시장을 설정하는 데는 플랫폼이 필요한데, 아가^{Augar}가 그러한 플랫폼이다. 아가는 이더리움 블록체인상에서 동작하는 탈중앙화 예측 시장 플랫폼이다. 아가의 숨은 가치 교환은 REP 토큰이나 평판이다. REP는 플랫폼에서 이벤트 결과를 보고하는 심판(리포터라고 함)의 역할을 한다. 그리고 이더는 다른 사용자가 시장에서 내기를 하기 위해 사용된다.

아가에서 예측 시장은 예측과 보고의 2단계로 작동한다. 처음에 사용자는 이벤트 결과나 질문을 처리할 예측 시장을 만들기 위해 일부 자금을 제공하고 예측 기간이 시작된다. 이 기간 동안 다른 사용자는 내기를 하고 이벤트는 성숙한다. 이벤트가 발생할 때, 보고 기간이 시작된다. 리포터는 네트워크에 대해 신탁 역할을 하고 답변이나 결과를 제출한다. 충분한 수의 답변을 수신한 후, 이 이벤트에 대한 합의가 된다. 정확한 결과를 제출한 리포터는 자신의 서비스에 대해 평판으로 보상을 받으며, 정확한 결과에 내기한 사용자는 이더를 받는다.

국립과학원 회보 연구의 연구자가 수행하는 내기 게임은 대규모로 아가 같은 플랫폼에서 반복될 수 있다. 아가가 복제 연구의 예측에 사용될 수 있으려면 더 많은 작업이 이뤄져야 하지만, 그 플랫폼은 대규모 재현성 노력을 제공하는 데 필요한 모든 기능을 갖고 있다.

요약

8장은 재현성 문제와 증거 기반 과학의 심각한 경제적 결과에 대한 폭넓은 설명으로 시작했다. 그런 다음 현재의 해결책과 과학 커뮤니티의 단점에 대해 논의했다. 그 후 블록체인을 사용해 평판 시스템을 구축하고 임상 시험, 평판 네트워크, 의약품 추적이라는 세 가지 사용 사례를 다루는 아이디어를 설명했다. 모든 사용 사례에서는 전통적인 방법을 통한 추적 및 책임에 있어 블록체인의 강점을 강조했다.

9

헬스케어와 블록체인

헬스케어 영역은 3조 달러 규모의 산업으로 대략 1조 달러가 매년 낭비되고 있다. 의료 조정은 지속적으로 증가하는 노령 인구의 만성 질환chronic condition 때문에 더욱 복잡해지고 있다. 많은 경우 헬스케어 제공자가 사용할 수 있는 기술은 제공되는 의료의 모든 측면에 적합하도록 충분하지 않다. 그 결과 환자 당사자 간 정보 전달이 어려워지고, 이에 따라 환자들에게 제공되는 의료의 질이 궁극적으로 감소하는 결과를 초래한다. 이것은 기존 시스템을 보유한 제공자, 벤더 비특화 기술의 통합 부족, 문서 기반 의료 기록, 관련 헬스케어 종사자 간 수평적 이동의 부족 때문이다. 병원은 이러한 오버헤드 대부분을 정교한 기술 인프라를 사용해 제거할 수 있는 경우, 의료 분쟁 처리와 관리 기록 처리에 상당히 많은 자원을 투자하고 있다. 9장에서는 인센티브 및 서비스를 제공하는 상황에서 지급자–제공자–환자 모델과 이 모델이 가까운 미래에 어떻게 변화할지에 대해 논의할 것이다. 9장의 핵심은 첫 방문의 1차 진료 의사로부터 최종 진단과 치료 계획에 이르기까지, 블록체인을 이용한 추적 방법의 개념적 업무 흐름을 구성하는 데 있다. 그런 다음 핫스위칭 주제를 소개할 것이다. 그리고 블록체인에서 활용되는 라이트닝 네트워크와 플러그 가능한 합의라는 핫 스위칭의 두 가지 새로운 구현에 대해 간략하게 설명할 것이다. 마지막으로, 헬스케어의 폐기물 관리와 비즈니스 프로세스에 블록체인을 적용해 경제적 비효율성을 감소시키려는 캐피털 원^{Capital One}과 아크 인베스트^{Ark Invest}의 노력에 대해 논의하며 끝맺을 것이다.

지급자-제공자-환자 모델

지급자-제공자-환자 모델^{payer-provider-patient model}은 헬스케어에서 세 가지 주요 당사자 간 표준 상호작용 모델이다. 그림 9-1은 이러한 상호작용을 시각적으로 보여준다. 그리고 이 절에서 이러한 세 가지 당사자를 위한 인센티브와 혜택을 자세히 설명한다. 단순화하기 위해, 이제 지급자는 거대 보험 회사, 제공자는 병원 시스템 또는 개인 의원, 환자는 주어진 보험 회사가 제공하는 무작위 표본이라고 가정한다.

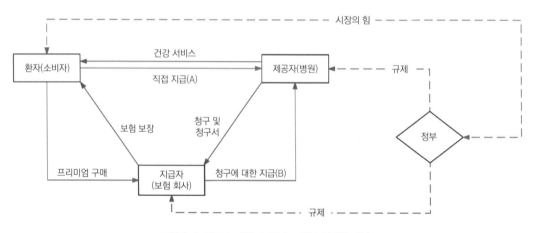

▲ 그림 9-1 지급자-제공자-환자 모델의 간략한 개념

이제 그림 9-1에서 보여주는 모델과 관련된 다른 시나리오를 고려할 수 있다.

- 첫 번째 시나리오는 가장 단순하다. 이 시나리오는 환자가 병원에 방문하고 서비스 절차에 대해 직접 지불하는 것이다. 단지 2명의 참여자만 관련이 있는 이 직접적인

시스템은 여전히 다른 국가들에서 수많은 헬스케어 시스템의 표준이다. 미국에서 헬스케어를 제공하는 비용은 매우 증가하고 있다. 그래서 새로운 참여자가 시스템 내에 등장하고 있다.

- 두 번째 시나리오는 현재 미국 전역에 구현되어 있는 것이다. 환자는 보험 회사의 프리미엄 서비스를 구매한 후 건강 관련 보장을 제공받는다. 이때 이 회사는 서비스 절차에 대해 실행 가능한 가격을 설정하는 더 많은 협상력을 가지며, 환자를 대신해 비용을 지불한다. 이제 제공자는 환자 대신 직접 보험 회사에게 지급 청구서를 보낸다. 이런 방법으로 보험 회사는 시스템에서 마찰을 제거하고 개인화된 헬스케어를 받기 위해 환자를 위한 중앙집중식 포털로 발전했다.

- 세 번째 시나리오는 원격 의료, 오프사이트 모니터링, 원격 의사를 통해 치료를 관리하는 전문 기관인 새로운 제공자의 통합으로서, 헬스케어의 미래에 관한 내용이다.

가장 단순한 경우는 환자가 병원에 서비스 비용을 직접 지불하는 것이다. 그러나 더 복잡한 의료 절차와 실험실 테스트는 환자가 보험 회사에서 구매한 일부 서비스 보장 범위를 요구한다. 이제 보험 회사가 환자를 대신해 청구된 의료비를 지급한다. 또한 제공자는 환자를 대신해 보험 회사에 직접 지불 청구서를 보낸다. 이 모델은 오늘날 수많은 다른 참여자가 포함된 헬스케어 시스템의 엄청난 복잡성을 이해하기 위한 기초다. 예를 들어, 보험 회사 및 병원이 환자와 관련해 운영할 수 있는 영역은 정부 기관에 의해 크게 규제된다. 이러한 기관은 경제적 힘과 소비자 수요에 따라 영향을 받는다.

🎟 팁

휴마나(Humana)의 CIO인 크리스 케이(Chris Kay)는 기조 연설을 했다(헬스케어 비용을 줄이기 위해 블록체인을 채택하고 회원들에게 좀 더 효율적으로 개인화된 의료를 제공하려는 휴마나의 노력에 대한 2016년 논의). 크리스는 앞서 언급한 두 번째 시나리오에 대한 잠재적인 발전 경로를 발표했다. 블록체인이 제공자와 지급자 간 지급 흐름을 원활하게 할 수 있으며 서비스 절차뿐만 아니라 결과에 대한 책임성을 높일 수 있다고 했다. 환자에게로 통제 장소를 옮기면, 블록체인을 사용해 마찰이나 간접비를 전혀 들이지 않고 더 좋은 관리와 만족감을 얻을 수 있다.

블록체인에서 처리되는 청구에 대한 아이디어는 탈중앙화 합의, 신뢰 없는 거래, 네트워크 확인 같은 특성을 사용하며, 비용과 시간의 오버헤드를 감소시키도록 업무 흐름을 설계한다. 대부분의 사람들은 다음 질문을 다루기를 원한다. "실험실 작업으로 주치의가 환자의 이관을 문서화하는 블록체인 기반의 환자 업무 흐름 개념을 설계할 수 있는가?" 이제 블록체인 사용과 관련된 환자의 방문 업무 흐름을 살펴보자.

업무 흐름

이 절에서는 공개키-개인키 쌍을 사용해 한 당사자에서 다른 당사자로 전달되는 접근 권한에 기반한 기본적인 전자 건강 기록[EHR, Electronic Health Record] 시스템을 설계하려고 한다. 업무 흐름은 제인이 음식 섭취 후 체해서 검진을 위해 일차 주치의[PCP, primary care physician]를 방문하는 것으로 시작한다. 제인의 주치의는 바이러스성 전염을 의심하고 더 많은 연구 작업 수행을 지시한다. 최종 진단을 내리는 전문가에게 추가로 추천되고 치료 계획을 개발한다. 이 업무 흐름의 모든 단계를 접근 권한 및 소유권과 관련된 적절한 권한을 가지고 제인의 의료 기록으로 블록체인에 기록한다. 또한 제인의 기록은 의료 기록에 대한 추가와 변경을 비롯한 모든 체크인 및 체크아웃 이력을 포함한다. 소유권 변경 방법을 철저히 추적하면 제인에게 제공되는 다양한 관리 지점 간 전환에 도움이 된다. 그리고 건강에 대한 명확한 그림이 나오기 시작하면 자신의 의료 기록에 즉시 접근할 수 있다.

이 업무 흐름의 주요 목적은 블록체인이 여러 비 관련 당사자 간의 권한을 처리하고 소유권을 이전하는 방법에 대한 개념을 설명하는 것이다. 암호화 키를 사용한 사용자 서명으로 이러한 기본적인 의료 기록 시스템을 생성할 수 있다. 버전 제어 시스템의 용어를 사용해 업무 흐름 내의 속성 및 권한을 좀 더 잘 이해할 수 있다. 깃[Git]이나 SVN이 커밋 메시지와 코드 커밋을 하는 것과 같이 새로운 데이터를 의료 기록에 체크인할 때마다 변경된 내용에 대한 커밋 메시지가 포함된다. 블록체인은 깃이 새로운 변경사항을 적용할 수 있는 (깃허브[GitHub] 같은) 원격 저장소가 되고 있다. 또한 여기에 데이터 보호를 위한 잠금 메커니즘이 있다. 의료 기록 문서를 사용자(의사나 간호사)가 체크아웃하면, 원래 사용자가 편집 내용을 확인하고 잠금 해제할 때까지 문서는 잠기고 다른 사람은 동일한 문서의 새로운 변경사항을 확인할 수 있다. 그림 9-2에서 그림 9-4까지 이런 업무 흐름을 설명한다.

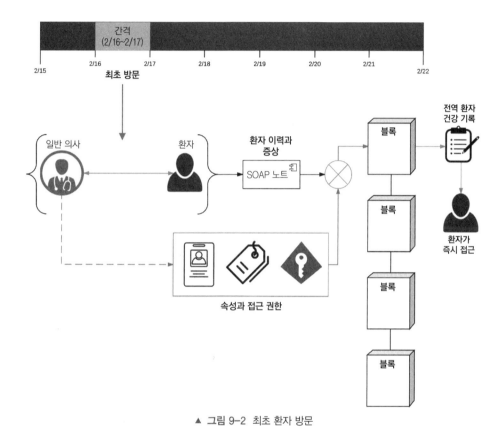

▲ 그림 9-2 최초 환자 방문

업무 흐름은 제인이 정기 검진을 위해 일반 의사를 방문하는 것으로 시작된다. 의사는 이력을 살펴보고 제인의 신체 시스템을 확인해 뚜렷한 증상을 기록한다. 의사는 SOAP 노트라는 환자 이력을 문서화하는 매우 표준적인 방법으로 이 정보를 추가한다. 노트는 해시^{hash}로 불리는 고유한 아이디로 블록체인에 추가될 것이다. 의사는 해시와 함께 의료 기록에 접근하기 위한 권한과 사용자 그룹의 역할을 추가한다. 초기에는 의사와 환자만 접근할 수 있고 점차 쉽게 확장할 수 있다. 마지막으로, 의사의 키를 사용해 노트에 서명하며 제인의 의료 기록이 블록체인에 처음 커밋됐음을 나타내게 한다. 제인의 기록이 블록체인으로 보내지면 즉시 접근할 수 있다.

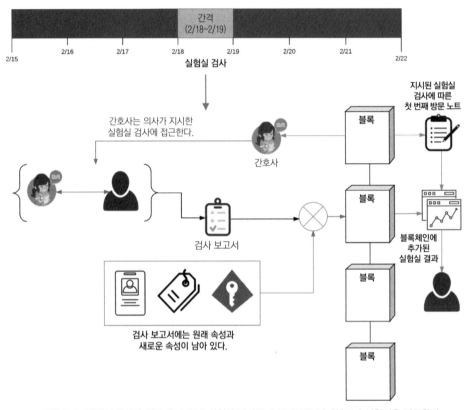

▲ 그림 9-3 제인의 의사가 이틀 후에 일부 실험실 검사를 수행하도록 지시했으며 실험실을 방문한다.

실험실의 간호사가 세부 정보에 접근할 수 있도록 허용하는 권한에 따라 시험이 의료 기록에 입력됐다. 의사는 쉽게 접근 권한을 설정하고, 간호사에 대한 의료 기록 업로드 권한을 추가할 수 있다. 이 업무 흐름은 제인이 도착하기 전에 시작된다. 간호사는 제인의 기록을 조회하고, 검사 준비를 시작한다. 제인이 도착하면 상담사와 간호사는 실시할 검사에 대해 알려준다. 검사 후 보고서를 생성하고 블록체인에 제인의 기록을 추가한다. 이제 제인의 일반적인 기록은 최근 수행된 실험실 검사를 위해 새롭게 추가됐음을 오른쪽에서 확인할 수 있다. 이러한 모든 결과는 제인이 업로드할 때 즉시 할 수 있다.

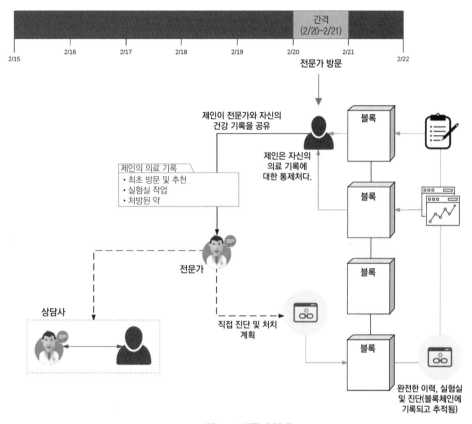

▲ 그림 9-4 전문가 연계

업무 흐름의 이 단계에서 제인은 실험실 결과를 더 잘 이해하기 위해 전문가 방문을 결정한다. 이틀 후 제인은 전문가와 자신의 의료 기록을 공유한다. 이 시점에 전문가는 두 가지 선택지를 갖는다. 전문가는 제인의 기록을 검토할 수 있으며 방문 없이 치료 계획과 함께 진단을 제공한다. 또는 제인은 상담사에게 가서, 전문가와 함께 치료 계획을 채용할 수 있다. 첫 번째 옵션은 제인이 받은 방문 및 서비스의 비용을 줄이는 데 도움이 될 수 있다. 궁극적으로 치료 계획과 진단 모두 블록체인에서 활용할 수 있게 될 것이다. 이것으로 최초 방문에서부터 진단을 받은 시점까지 업무 흐름을 완성한다. 원래 노트에서 마지막 치료 계획까지 이 업무 흐름의 모든 단계를 블록체인에 기록한다. 그렇지만 만성 질환 환자의 경우 이 시점의 기록은 제인을 정기적으로 검진하고 건강을 유지할 수 있도록 장기 보건 시설로 이전된다.

핫 스위칭

핫 스위칭^{hot switching}은 시스템 작동 중 최소 지연으로 실행되도록 구성요소를 교체할 수 있는 시스템을 생성하도록 블록체인이 활용할 수 있는 설계 원칙이다. 핫 스위칭의 목적은 정보의 흐름을 재설정하는 것이다. 이 개념은 블록체인의 탈중앙화 특성에 의해 가능하다. 즉, 단일 실패 지점^{SPoF, single point of failure}이 없다. 핫 스위칭 같은 새로운 개념이 필요한 이유는 무엇인가? 전통적인 스케줄러는 이 작업을 상당히 잘 수행한다. 운영 블록체인 기반 의료 기록 시스템은 블록체인에 동기화된 라이브 구성요소와 오프체인 구성요소 모두 필요하다. 병원의 IT 인프라는 최소한의 중지 시간을 가지며 매우 안정적이어야 한다. 그래서 핫 스위칭은 중단 없이 격리된 시스템 업그레이드를 할 수 있다. 그리고 여전히 활성화된 기존 시스템을 단계적으로 전환해 블록체인과 호환되게 할 수 있다.

핫 스위칭을 가능하게 하는 두 가지 초기 구현이 있는데, 라이트닝 네트워크^{lightning network}(https://lightning.network/)와 플러그 가능한 합의^{pluggable consensus}다. 그러면 라이트닝 네트워크는 무엇인가? 라이트닝의 알파 버전은 새로운 소액 결제 채널(하위 채널)을 통해 거래를 전송하는 메커니즘을 제공한다. 이러한 가치 이전은 즉시 거래가 가능하도록 오프 블록체인에서 발생한다. 이러한 채널은 궁극적으로 블록체인과 업스트림을 동기화하고 전체 네트워크의 데이터 무결성을 보호한다. 비슷한 방법으로 오프체인 채널을 복제하고, 간헐적 접근 요청을 일시적으로 저장하며, 사전 승인된 접근 통제에 따라 의료 기록을 배포한다. 정의된 기간이 지난 후 라이트닝 채널은 블록체인과 함께 중간 변경사항을 동기화한다. 그리고 비활성 상태가 된다. 핫 스위칭의 두 번째 애플리케이션은 플러그 가능한 합의다. 플러그 가능한 합의는 블록체인에서 처리되는 거래 유형에 따른 합의 알고리즘을 교체할 수 있는 아이디어다. 예를 들어, 퍼블릭/프라이빗 분할 영역의 블록체인에서 수행되는 프라이빗 거래는 일반적인 목적의 거래와는 다른 합의 메커니즘이 필요할 것이다. 따라서 블록체인에서 다양한 합의 알고리즘이 허용된다. 다음 장에서 플러그 가능한 합의의 구현에 대해 더 자세하게 논의할 것이다.

낭비 관리: 캐피털 원, 아크 인베스트, 젬

젬[Gem], 캐피털 원[Capital One], 아크 인베스트[Ark Invest]에서 주최한 웨비나[webinar]는 의료 비용의 문제와 헬스케어 시스템을 괴롭히는 오버헤드에 대해 설명했다. 이 경제적 낭비는 지불자(보험 회사) 관점의 청구 처리 맥락에서 강조됐다. 그러나 여기서 배운 교훈은 자동차 보험 같은 사업 처리 청구에 광범위하게 적용할 수 있다. 예로서, 젬은 헬스케어 보험 산업용으로 개발한 애플리케이션을 자동차 보험에 적용하기 위해 도요타[Toyota]와의 협력 관계를 발표했다. 블록체인을 사용해 대부분의 보험 청구 처리를 자동화하려는 것이다. 여기서 패널들이 강조한 핵심 결과를 요약해보겠다. 다음 논의에서 패널이 제기한 개별 문제는 [P]로 표현하고 제안된 해결책은 [S]로 표현한다.

- [P] 헬스케어 제공자가 거둬들인 1달러당 15센트는 당사자와 수작업 노동 비용 사이의 용이한 청구 및 지불 처리에 사용된다. 15센트가 3조 달러의 산업을 만드는 것을 상상할 수 있다.
- [P] 제공자는 상환율을 높이고, 지불자(보험 회사)는 보험료 인상으로 대응한다.
- [P] 병원은 자기 부담금 지불을 위해 환자에게 대출을 제공하고 비효율적인 지불 빈도에 대한 지원 및 흡수를 위한 인프라 부족으로 은행 업무를 수행한다.
- [P] 병원은 대출로 제공한 환자의 자기 부담금의 5% 징수율을 유지한다.
- [P] 이러한 총체적인 비효율로 인해 병원은 서비스 기본 요금보다 최고 45% 더 많은 보험료를 청구한다.
- [S] 긍정적인 면은 제공자의 청구 처리에 대한 소요 시간을 줄이면 230억 달러의 비용을 절감할 수 있다는 것이다.

- [S] 자기 부담금 청구에서 과금 주기의 변동성을 줄이면 70억 달러를 절약할 수 있다.
- [S] 이력을 포함한 거래 추적을 위한 블록체인을 사용함으로써 상당한 사기 비율을 감소시키고 보험 회사는 약 3천억 달러를 절약할 수 있다.
- [P] 청구 어음 교환소^{clearing house}는 상당한 비용을 추가하면서 청구 처리를 위해 며칠이나 몇 주를 사용해야 한다.
- [P] 제공자는 청구를 관리하기 위해 다양한 제3자 소프트웨어 도구를 사용한다. 이 기술에 도움이 되는 대신에 진료소는 더 많은 분열을 겪으며 수작업으로 다른 소프트웨어 통합을 한다.
- [S] 블록체인은 관련 당사자 간 마찰을 줄이기 위해 전체 치료 연속성 및 과금 주기를 추적할 수 있다.
- [S] 탈중앙화 원장에서 몇 분 안에 요청을 즉시 확인해 거래와 청구를 매우 효율적으로 추적할 수 있다.
- [S] 비트코인 블록체인 같은 공용 원장을 사용할 수 없기 때문에, HIPPA[1] 법률은 환자 정보를 디지털 채널을 통해 전송하는 방법을 제한한다. 궁극적인 해결책은 검증된 노드와 함께 권한이 부여된 원장을 사용하는 것이다. 이것으로 권한 있는 사용자가 공개키 및 개인키 사용에 의해 추적되는 의료 기록에 접근하는 것이 제한된다.
- [S] 의료 기록을 요청하는 다양한 당사자 간 블록체인의 권한 조정 및 역할 접근을 담당하는 스마트 계약. 모든 당사자가 전체 기록을 볼 수 있는 것은 아니며, 허가된 접근에 대해 관련 노출만 허용한다.
- [P] 제공자는 IT 전문가가 아니며 새로운 시스템에 대한 교육을 제공할 충분한 시간이 없다. 따라서 상호 운용성이 중요한 문제로 남는다.

---

1   미국 의료정보보호법(Health Insurance Portability and Accountability Act) – 옮긴이

- [P] 상호 운용성의 부족
  - 의료 시스템에 환자 등록
  - 절차의 승인
  - 의료 기록
  - 공동 부담
  - 제출 요청
  - 환자 과금
  - 청구 및 과금 책임
- [P] 기능 및 분할 — 청구와 의료 기록이 동일한 블록체인에 있어야 하는가? 패널들은 애트나^{Aetna}의 시나리오에 관해 논의했다. 애트나는 청구 정보와 관련해 제공자에게서 연간 약 백만 건의 팩스를 수신한다. 이것으로 서류 작업 관리에 엄청난 관리 오버헤드가 추가된다. 이상적으로 청구와 기록 모두 함께 진행돼야 한다. 블록체인에 업로드된 환자에 대한 수행 절차는 청구를 처리하도록 촉진할 수 있다. 궁극적으로 적당한 분할로써 블록체인에서 모두 좀 더 효율적으로 될 것이다.
- [S] 그림 9-5에서 페그드 사이드체인^{pegged sidechain}의 개념을 볼 수 있다. 이 개념은 여러 당사자와 관련한 조정된 관리와 더 관련이 있을 수 있다. 영역 특화 사이드체인^{domain-specific sidechain}은 접근 권한을 좀 더 쉽게 전달하고 주 블록체인과 동기화할 수 있다. 그림 9-6에서 매우 기본적인 사이드체인 개념을 확인할 수 있다.

▲ 그림 9-5 건강 관리의 연속. 모든 수준의 의료 서비스 제공자와 지역 사회 서비스에 걸친 포괄적 의료 서비스를 보여주는 이 그림은 권한을 가진 책임 있는 의료 조직의 에코비아(Eccovia)가 한 발표에서 가져온 것이다. 권한을 가진 책임 있는 의료 조직 에코비아가 행위했다.

여러 당사자 간 역할을 전환할 때 블록체인은 의료 기록에 대한 정보 흐름을 간소화할 수 있다. 이번 절에서는 아크 인베스트와 캐피털 원이 발견한 경제적 낭비의 주요 발견사항을 요약했다. 사이드체인은 아직 개발 초기 단계이지만, 간단히 설명하자면 그림 9-6과 같다.

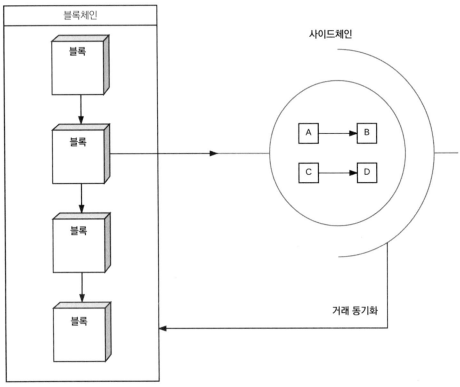

▲ 그림 9-6 오프체인 거래를 수행하는 단순한 사이드체인. 이 프로세스는 권한 있는 접근 및 권한을 신속하게 승인하는 데 유용할 수 있다. 그리고 궁극적으로 이러한 거래는 업스트림과 동기화된다.

검증 가능한 데이터 감사

구글의 딥마인드^{DeepMind}는 임상 진단을 돕기 위해 딥마인드의 헬스 서비스를 사용해 병원의 감사 로그^{audit log} 역할을 하는 흥미로운 블록체인 유사 서비스를 개발하고 있다. 병원은 민감한 환자 데이터를 딥마인드의 머신 러닝과 인공지능 서비스로 전송해 임상 예측을 한다. 이 프로젝트는 환자의 동의에 따른 데이터 사용을 보장하고자 노력하고 있다. 저자와 연구자들은 딥마인드에 연락해 어떠한 노력을 했는지 문의했으며, 허가를 받아 딥마인드의 블로그 게시물에서 검증 가능한 데이터 감사에 대한 개요를 재현하고 있다.

데이터는 사회 발전의 강력한 추진력이 될 수 있다. 가장 중요한 기관이 지역 사회에 봉사하는 방식을 개선하는 데 도움이 된다. 도시, 병원, 교통 시스템에서 사람들이 요구하는 것을 이해하는 새로운 방법을 찾으면서 오늘날의 업무 방식을 변경하고 미래에 대한 흥미로운 아이디어를 파악할 수 있는 기회를 모색하고 있다.

데이터는 사회의 신뢰와 확신이 있는 경우에 한해 사회에 도움이 될 수 있으며, 여기에서 도전에 직면하고 있다. 이제 다른 많은 목적으로 데이터를 사용할 수 있게 됐고, 사람들은 정보를 보유한 사람에 대해 그리고 정보를 안전하게 보관하고 있는지 여부에 대해 묻지만은 않는다. 또한 무엇을 하고 있는지 정확히 알기를 원한다.

이러한 상황에서 감사 기능은 점차 중요한 항목이 되고 있다. 잘 만들어진 디지털 도구는 이미 데이터를 사용하는 방법을 기록하고 문제가 있는 경우 해당 로그를 보여주고 판단할 수 있다. 그렇지만 감사 프로세스를 더욱 강력하고 안전하게 만들 수 있으며, 데이터가 실제로 어떻게 사용되고 있는지 진정한 신뢰를 갖게 된다.

위조나 누락의 가능성 없이 개개인의 개별 데이터를 엄밀하게 보증할 수 있는 서비스를 상상해보라. 해당 시스템 내부 동작을 실시간 검사해 위조나 누락 없이 원본 그대로 데이터가 사용되게 하는 능력을 상상해보라. 이 기능을 지원하는 인프라를 오픈소스로 자유롭게 사용할 수 있다고 가정하면, 전 세계 모든 조직이 원하는 경우 자체 버전을 구할 수 있다.

이 프로젝트의 작업 제목은 '검증 가능한 데이터 감사(Verifiable Data Audit)'이며, 계획하고 있는 것에 대한 자세한 내용을 공유하게 되어 매우 기쁘다!

딥마인드 헬스를 위한 검증 가능한 데이터 감사

올해 딥마인드 헬스에 대한 검증 가능한 데이터 감사를 구축하기 시작할 것이다. 이런 노력을 통해 의사는 심각한 질병 예측, 진단, 예방할 수 있는 기술을 갖춘 헬스 서비스를 제공할 수 있을 것이다. 딥마인드의 미션 중 핵심은 기술 배포를 통해 사회적 혜택을 확대하는 것이다.

헬스 데이터의 민감성을 고려할 때, 항상 기술 자체와 함께 거버넌스의 혁신을 지향해야 한다고 믿고 있다. 이미 딥마인드 헬스에 대한 추가 감독을 요청했다. 건강 관리 업무를 면밀히 검토하고 감사에 대한 위탁과 연례 보고서 발표의 책임을 맡고 있는 무보수 독립 검토 패널을 임명했다.

검증 가능한 데이터 감사는 이 조사의 강력한 보완으로서, 협력 병원에 데이터 처리 방법을 확인할 수 있는 추가적인 실시간 및 검증된 메커니즘을 제공한다. 이 접근법이 개인 의료 데이터의 민감성과 데이터와의 상호작용이 적절하게 승인되고 환자 동의와 관련된 규칙에 부합해 건강에 특히 유용하다고 생각한다. 예를 들어 헬스 데이터를 보유한 조직은 치료를 제공하는 데 사용되는 환자 기록에 대한 연구를 시작하거나, 승인되지 않은 다른 용도로 연구 데이터 세트의 용도를 변경하기로 결정할 수 없다. 즉, 단지 데이터가 저장되는 곳이 아닌 중요 데이터가 저장되는 곳이다. 이것을 처음에 실시간으로 검증 가능하고 감사 가능한 것으로 만들기 원한다.

그러면 어떻게 작동시킬 것인가? 데이터 처리자로서 병원 협력자가 된다. 이는 병원의 지침에 따라 안전한 데이터 서비스를 제공하고 병원을 완전히 통제할 수 있는 역할을 한다는 뜻이다. 이제 언제든 시스템에서 데이터를 수신하거나 접촉하면, 필요한 경우 이후 감사할 수 있도록 상호작용에 대한 로그를 생성한다.

검증 가능한 데이터 감사를 통해 이것을 더욱 발전시킬 수 있다. 데이터 상호작용을 할 때마다 특수 디지털 원장에 항목을 추가하기 시작한다. 이 항목은 특정 데이터가 사용됐다는 사실과, 예를 들어 혈액 검사 데이터가 NHS[2] 국가 알고리즘과 비교해 가능한 급성 신장 손상을 탐지한 이유를 기록한다.

원장과 그 안의 항목은 블록체인과 다른 프로젝트의 아이디어인 블록체인의 일부 속성을 공유한다. 블록체인처럼 이 원장은 추가 전용이며, 데이터 사용 기록이 추가되면 나중에 지울 수 없다. 블록체인과 마찬가지로 원장은 제3자가 아무도 입력 항목을 훼손하지 않았음을 확인할 수 있다.

그러나 몇 가지 중요한 점에서 블록체인과 차이가 있다. 블록체인은 탈중앙화되어 있다. 그래서 원장의 확인은 다양한 참가자들 사이에서 합의에 따라 결정된다. 악용을 막기 위해 대

---

2   국민 건강 서비스(National Health Service) – 옮긴이

부분의 블록체인은 거대한 비용을 들여 참가자들이 복잡한 연산을 반복적으로 수행하게 한다. 일부 평가 측정에 따라 블록체인 참가자의 총 에너지 사용량은 키프로스(Cyprus)의 전력 소비보다 많아질 것이다. 이것은 헬스 서비스에서는 필요하지 않다. 왜냐하면 이미 원장의 무결성을 확인하기 위해 의존할 수 있는 병원이나 국가 기관 같은 신뢰할 수 있는 기관이 있기 때문이다. 따라서 블록체인의 낭비를 피할 수 있다.

또한 블록체인의 체인 부분을 대체하고 대신 트리와 비슷한 구조를 사용하는 편이 좀 더 효율적일 수 있다(머클 트리(Merkle tree)에 대해 더 많은 내용을 알고 싶은 경우 영국 정부 디지털 서비스(UK's Government Digital Service)의 블로그를 확인한다). 전체 효과는 거의 동일하다. 원장에 추가할 때마다 '암호화 해시'라는 값을 생성한다. 이 해시 프로세스는 최신 항목뿐만 아니라 이전 원장의 값도 모두 원장에 요약하기 때문에 특별하다. 이것은 항목의 해시값뿐만 아니라 전체 트리의 해시값을 변경하기 때문에, 누군가가 돌아가서 조용히 항목 중 하나를 변경하는 일은 사실상 불가능하다.

간단히 말해, 〈젠가(Jenga)〉 게임의 마지막 이동과 같이 어떤 비트(bit)를 생각할 수 있다. 부드럽게 조각 중 하나를 가져가거나 움직이려고 할 수 있다. 그렇지만 전체적인 구조로 인해 결국 큰 잡음이 발생한다!

이렇게 겸손한 감사 로그의 개선된 버전을 갖는다. 신뢰할 수 있고 효율적인 원장이 데이터와 모든 상호작용을 포착하고 의료 업계의 평판 좋은 제3자에 의해 검증될 수 있다. 이것으로 무엇을 할 수 있는가?

간단한 대답은 다음과 같다. 이러한 기록을 감사할 수 있는 방법을 대폭 개선한다. 협력 병원의 승인된 직원이 딥마인드 헬스의 데이터 사용 감사 기록을 실시간으로 조사할 수 있는 전용 온라인 인터페이스를 구축할 것이다. 구글 시스템이 제대로 작동하는지 지속적으로 확인할 수 있으며, 파트너가 특정 유형의 데이터 사용을 확인하기 위해 원장을 쉽게 질의할 수 있다. 또한 협력자는 자동화된 질의를 실행해 비정상 상황이 발생했을 때 동작하도록 경보를 효과적으로 설정하기를 원한다. 그리고 시간이 지나면 협력자에게 개별 환자나 환자 그룹처럼 데이터 처리를 확인하도록 허용할 수 있다.

기술적 과제의 직면

이것을 구축하는 것이 주요 사업이 될 것이지만, 문제의 중요성을 고려하면 가치 있는 일이라고 생각한다. 바로 지금 세 가지 기술적 과제가 있다.

사각 지대 없음. 확실히 신뢰할 수 있도록, 원장에 대한 로그인 없이 데이터 사용은 불가능하다. 그렇지 않으면 개념이 분리된다. 데이터와 상호작용하는 시간, 특성, 목적을 기록하기 위한 로그를 설계할 뿐만 아니라 백그라운드에서 데이터와 비밀리에 상호작용하는 다른 소프트웨어가 없음을 증명할 수 있기를 바란다. 장부에서 모든 단일 데이터 상호작용을 로깅한다. 그뿐 아니라 데이터 센터의 모든 소프트웨어에 대한 모든 데이터 접근이 이러한 로그에 포착됨을 증명하기 위해 전문가의 코드 및 데이터 센터 감사뿐만 아니라 공식적인 방법을 사용해야 할 것이다. 또한 이 시스템이 실행되는 하드웨어의 신뢰성을 보장하기 위한 노력에 관심이 있다. 이것은 컴퓨터 과학 연구의 활발한 주제다!

다른 그룹에 대한 다른 사용. 핵심적인 구현은 협력 병원이 승인된 목적으로만 환자 데이터를 사용하고 있음을 실시간으로 확인할 수 있는 인터페이스다. 이러한 협력자가 환자 또는 환자 그룹 같은 사람들에게 그러한 능력을 확장하기를 원한다면 해결해야 할 복합한 설계 문제가 있을 것이다.

긴 목록의 로그 항목은 많은 환자에게 유용하지 않을 수 있다. 그리고 일부는 통합된 조회나 신뢰할 수 있는 중개자에게 의존하는 것을 선호할 수 있다. 마찬가지로, 환자 그룹은 식별된 데이터를 볼 수 있는 권한이 없을 수 있다. 이것은 협력자의 실수로 환자 데이터를 공개하지 않고 시스템 전체 정보를 제공할 수 있음을 의미한다. 예를 들어, 머신 러닝 알고리즘이 특정 데이터 세트에서 실행됐는지 여부를 확인하는 것이다.

데이터 하위 집합이나 요약에 대한 검증된 접근을 제공하는 방법에 대한 기술적인 상세 정보는 오픈 소스 트릴리안(Trillian) 프로젝트에서 확인할 수 있다. 이 프로젝트를 사용할 것이며 해당 문서는 작동 방식을 설명한다.

간격이 없는 탈중앙화 데이터와 로그. 영국은 환자의 정보를 통합 관리하는 데이터베이스가 없다. 따라서 헬스케어 제공자, IT 시스템, 웨어러블 장치 같은 환자 제어 서비스 사이를 오가며 데이터를 주고받는 과정이 있다. 이러한 시스템을 상호 운영 가능하게 만드는 많은 작업이 있다. 모바일 제품(스트림(Streams))은 상호 운용 가능한 표준으로 구축되어 있어 안전하게 함께 작업할 수 있다. 데이터가 특정 시스템에서 다른 시스템으로 전달될 때, 데이터가 감사를 받을 수 없는 틈을 피하기 위해 이러한 표준이 감사 기능에 포함되는 데 도움이 된다.

이것은 딥마인드 같은 데이터 프로세서가 다른 시스템의 데이터 또는 감사 로그를 봐야 한다는 뜻은 아니다. 로그는 데이터 자체와 마찬가지로 탈중앙화 상태로 남아야 한다. 상호 운용성 감사는 단순히 이 데이터가 시스템 간에 이동하면서 변경될 수 없다는 추가적인 재보증을 제공한다.

이것은 중요한 기술적 도전이지만 가능해야 한다고 생각한다. 특히 헬스케스 상호 운용성에 있어 부각되고 있는 FHIR이라는 공개 표준이 있는데, 이 표준은 유용한 방식으로 감사를 포함하도록 확장될 수 있다.

공개적으로 구축하기

올해 후반기 첫 번째 작품을 구현할 수 있기를 희망하고 있으며, 진행 과정에서 직면한 어려움과 도전에 관해 블로그를 작성할 계획이다. 이것이 정말 어렵다는 사실을 인식하고 있다. 그리고 가장 어려운 도전은 절대로 기술적인 것이 아니다. 프로세스를 공유하고 함정을 공개적으로 문서화함으로써 최대한 많은 사람과 협력 관계를 유지하고 의견을 수렴할 수 있기를 희망한다. 헬스케어와 어쩌면 그 이상의 것을 포함하는 것을 의미한다.

요약

9장에서는 지불 처리에서 나타나는 블록체인의 역할과 헬스케어에 적용하는 방법에 초점을 두었다. 중앙집중식 지불자-제공자-환자 모델에 대한 설명과 그 모델이 가까운 미래에 어떻게 바뀌는지에 대해 논의하기 시작했다. 그런 다음 블록체인을 사용해 단순한 전자 건강 기록 시스템을 구축하는 방법에 대해 논의했다. 그리고 블록체인에서 환자 업무 흐름을 기록할 수 있는 방법을 제시했다. 마지막으로 아크 인베스트, 젬이 논의한 헬스케어에서의 경제적 낭비에 대해 살펴봤다. 그리고 가까운 미래에 그러한 긴장의 일부를 줄일 수 있는 방법에 대해 이야기했다.

참고문헌

9장을 준비하면서 사용한 주요 참고문헌은 블록체인 기반 HER에 대한 젬^{Gem}의 블로그 게시물이다.

10

하이퍼레저 프로젝트

하이퍼레저 프로젝트^{Hyperledger Project}는 블록체인 개발의 오픈소스 생태계를 개발하기 위한 리눅스 재단^{Linux Foundation} 이니셔티브다. 리눅스 재단은 소프트웨어 개발자와 회사의 커뮤니티가 블록체인 프레임워크를 구축할 수 있도록 장을 마련하고 조정하는 환경을 만드는 것을 목표로 한다. 하이퍼레저 자체가 또 하나의 암호화폐는 아니지만, 기업용 블록체인 프로젝트는 개발과 상용화의 모든 단계를 통해 육성되고 성장할 수 있게 만드는 개방형 허브다. 10장에서는 하이퍼레저 프로젝트의 현재 상태에 대해 논의할 것이다. 이 논의는 현재 육성 중인 프로젝트, 구현 중인 프로젝트 범위 요약, 오픈소스 기업용 블록체인 생성과 관련된 포괄적 기술의 검토에 초점을 둘 것이다.

현재 상태

하이퍼레저 프로젝트는 8개의 프로젝트를 육성하고 있다. 전체 프로젝트와 연결된 5개의 프레임워크와 그러한 프레임워크와 함께 진행되는 3개의 개발 도구다. 이 절에서는 먼저 8개 프로젝트 모두를 간략히 요약한 다음, 패브릭^{Fabric}과 소투스^{Sawtooth}라는 2개의 특정 블록체인 플랫폼을 중점적으로 살펴볼 것이다.

- **소투스**^{Sawtooth} : 소투스는 인텔에서 진행 중인 오픈소스 블록체인이다. 하이퍼레저 소투스는 분산 원장을 구축, 배포, 구동하기 위한 모듈식 플랫폼이다. 자원 소비를 최소화하면서 대규모 분산 검증 집단을 대상으로 하는 경과 시간 검증^{PoET, Proof of Elapsed Time}이라는 새로운 합의 알고리즘을 포함하고 있다. 이 도구를 사용하면 권한 있는 원장과 권한 없는 원장 모두 대규모로 배포할 수 있다.

- **아일로하**^{Iroha} : 아일로하는 기존 인프라에 분산 원장 기술을 채용하는 일관된 라이브러리 및 구성요소 집합이다. 모바일 라이브러리 및 모바일 애플리케이션에 매우 중점을 둔다. 데이터 스토리지와 동기화는 오프 디바이스^{off-device}에서 발생한다. 그리고 유효한 노드를 보장하기 위해 네트워크 전반에서 기본 평판 시스템을 구현한다.

- **패브릭**^{Fabric} : 패브릭은 모듈러 아키텍처의 기업용 애플리케이션을 개발하기 위한 블록체인 개발 프레임워크다. 플러그 가능한 합의^{pluggable consensus} 같은 플러그앤플레이^{plug-and-play} 기능과 다양한 사용자 역할을 위한 고유한 회원 서비스에 중점을 둔 구성요소 기반 시스템을 위한 것이다.

- **버로우**^{Burrow} : 이 허가된 블록체인 노드는 EVM과 비슷한 방법으로 스마트 계약을 실행한다. 애플리케이션 특화 스마트 계약을 통해 다중 체인 환경에서 실행되도록 버로우를 구축한다. 버로우 노드는 서로 호환되지만 다른 영역에서 동작하는 다수의 연결된 블록체인에 계약 실행 서비스를 제공할 수 있다. 버로우 노드는 3개의 주요 구성요소로 구성되어 있는데, 합의 엔진, 허가된 EVM, 계약을 실행하기 위한 원격 호출 게이트웨이다.

- **인디**^{Indy} : 인디는 자기 주권자 신원을 분산 원장에 구축할 수 있는 하이퍼레저 소프트웨어 개발 도구^{SDK, software development kit}다. 이 SDK는 새로운 기능을 추가하고 더 좋은 탈중앙화 신원 관리자를 구축할 수 있는 많은 언어에 대한 래퍼^{wrapper}를 제공한다.

- **콤포저**^{Composer} : 콤포저는 특정 사용 사례를 위한 간단한 블록체인 네트워크를 구축하고 배포하는 하이퍼레저 프론트엔드 인터페이스다. 하이퍼레저 콤포저를 사용해 간단한 스마트 계약을 작성하고 이것을 내부 블록체인 네트워크에 배포할 수 있다. 대규모 개발 환경에서 일부 핵심 사용자만 패브릭 같은 원장 코드를 업데이트한다. 대부분의 사용자는 콤포저 내에서 블록체인에 접근하고, 블록체인의 접근 및 업데이트의 일상 활동을 수행한다.

- **익스플로러**^{Explorer} : 전통적인 블록체인 탐색기와 비슷하게 하이퍼레저 익스플로러의 사용으로 사용자는 블록 질의, 트랜잭션 및 관련 데이터 검색, 네트워크 상태 및 정보, 실행 중인 스마트 계약 유형과 원장에 저장된 트랜잭션 제품군을 검색할 수 있다.

- **첼로**^{Cello} : 첼로는 BaaS^{Blockchain-as-a-Service} 인스턴스 배포를 위한 관리 도구다. 첼로는 블록체인 인스턴스 생성 과정을 단순화하고 블록체인의 생성, 관리, 종료를 위해 필요한 노력을 줄여준다. 클라우드, 베어 메탈^{bare metal}, 가상 머신, 특정 컨테이너 플랫폼에 존재하는 인프라에 배포될 수 있는 컨테이너화된 블록체인 서비스다.

거버넌스

이러한 여덟 가지 프로젝트는 모두 하이퍼레저의 하위 프로젝트로 리눅스 재단에서 지원한다. 어떻게 리눅스 재단이 부모 조직으로서 하이퍼레저 프로젝트를 지원하는가? 기술적 법률적 거버넌스 모두에 해당하는 거버넌스를 제공하는 방법으로 지원한다. 리눅스 재단은 오픈소스 커뮤니티를 구축하는 방법을 깊이 이해하고 있으며, 창업 보육 프로젝트가 성숙함에 따라 커뮤니티 구성, 법률 업무, 마케팅 측면에서 헌신적인 도움이 필요하다. 리눅스 재단은 블록체인 개발을 위한 기술 커뮤니티와 생태계 구축, 법률 및 브랜딩 작업에 대한 보조 지원을 제공한다. 그림 10-1은 리눅스 재단의 지원 아래 있는 하이퍼레저 프로젝트 구성을 보여준다.

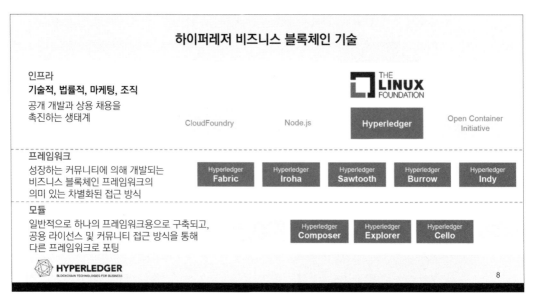

▲ 그림 10-1 리눅스 재단의 대규모 지원 속의 다양한 하이퍼레저 프로젝트와 기술

기술 운영 위원회^{TSC, Technical Steering Committee}는 하이퍼레저의 기술적 거버넌스를 제공한다. 기술 운영 위원회는 오픈 거버넌스^{Open Governance}의 구현으로, 적극적인 참여자 집단에서 끌어온 커뮤니티 선출 개발자 그룹이 주요 기술 설계에 대한 결정을 내린다. 하이퍼레저는 최근 오픈 거버넌스의 ABC에 따라 2017−2018 기술 운영 위원회 선거를 실시했다. 적극적으로 참여하는 기여자는 선거에 참여할 자격이 있으며 위원회에 지명될 수 있고 보안 채널을 통해 투표권을 행사한다. 하이퍼레저의 환경에서 이러한 개발자 중심의 의사결정 위원회가 오랫동안 지속되는 설계 결정을 내리는 메커니즘은 대부분의 오픈 소스 프로젝트에서 기술 능력 수준을 넘는 이상에 가깝다.

패브릭과 소투스

하이퍼레저 패브릭^{Hyperledger Fabric}은 합의, 사설 회원, 거래 기능을 포함하는 플러그 가능한 기능을 갖춘 블록체인 아키텍처의 모듈화 구현이다. 이 절에서는 체인코드^{chaincode}, 노드의 종류, 사설 채널이라는 패브릭의 특별한 기능 세 가지를 상세히 살펴볼 것이다. 패브릭 블록체인은 체인코드라는 프로그램 양식의 스마트 계약을 구동시킨다. 그리고 거래는 체인코드와 상호작용하는 메커니즘만을 사용한다. 네트워크의 모든 거래는 승인돼야 하고, 승인된 거래만 블록체인에 커밋하고 글로벌 상태를 업데이트할 수 있다. 두 가지 형태의 거래로 체인코드를 설명할 수 있다.

- **거래 배포**^{deploy transaction} : 새로운 체인코드가 생성되게 하고 매개변수로서 프로그램을 사용한다. 거래를 검증하고 성공적으로 실행하는 경우 체인코드가 블록체인에 설치됐다고 생각할 수 있다.

- **거래 호출**^{invoke transaction} : 체인코드 프로그램이 블록체인에서 실행되게 한다. 거래 호출은 클라이언트가 실행을 요청하는 체인코드에서 특정 기능을 호출한다. 거래 호출은 이전에 배포된 프로그램의 환경에서만 성공적으로 작동한다. 거래 호출의 결과는 체인코드의 성공적인 실행과 궁극적으로 반환된 출력으로 로컬/전역 상태의 변경이다.

패브릭에서는 거래를 비공개로 설정하고 활용하며, 채굴자 및 노드는 네트워크에서 검증해야 한다. 비트코인과 달리, 여기서는 네트워크에 관련된 모든 당사자는 공통 목표를 갖고 있기 때문에 신원의 희생을 수용한다. 비공개 거래를 위해 네트워크의 여러 개체와 상호작용할 수 있도록 새로운 기능을 추가해 노드를 엄격하게 업데이트해야 한다. 세 가지 기본 개체는 다음과 같다.

- **클라이언트**^{client} : 최종 사용자를 대신해 거래를 생성(거래 배포 또는 호출)하거나 네트워크로 거래를 브로드캐스트하는 개체. 클라이언트는 블록체인과 통신 설정을 위해 인접한 이웃에 접속해야 한다. 흔히 주문 서비스와 인증 기관 사이의 상호작용을 한다.

- **인접 이웃**^{peer} : 블록체인과 거래를 커밋하고 상태 업데이트를 유지하며 전체 원장 사본을 보관하는 노드. 일부 노드는 보증 인접 이웃의 역할을 수행하는 추가적인 기능을 갖는다. 보증 인접 이웃의 목적은 블록체인에 커밋되기 전에 생성-체인코드 거래를 승인하려는 맥락에서다. 체인코드는 배포 거래(전역 또는 네트워크 전체 체

인코드 보증 정책에 의해 처리됨)의 경우를 제외하고 생성-거래의 유효성을 확인할 수 있는 알려진 인접 이웃 집합을 참조해 승인되는 데 필요한 조건을 지정(보증 정책이라 함)할 수 있다. 이것은 모든 인증 기관에서 서명을 받는 것과 마찬가지다.

- **주문 서비스**^{ordering service} : 네트워크 전반에 메시지를 브로드캐스트, 오류 복구 메시지 전달, 사설 채널 같은 기능을 수행하도록 게시자-구독자 메시징 루틴을 구현한 통신 서비스를 실행하는 노드. 이 주문 서비스는 분산 방법으로 통신 프로토콜을 구현하고, 거래 순서를 보장하며, 해당 거래의 메시지 순서를 보존한다. 통신 계층은 블록체인에 추가할 수 있는 검증 및 최종 거래를 위한 후보 거래(메시지 포함)를 브로드캐스트하기 위해 네트워크의 모든 클라이언트 및 인접 이웃이 사용할 수 있다. 브로드캐스트는 공유 채널을 통해 매우 표준 방식으로 이뤄지며, 작동 방식은 다음과 같다. 클라이언트는 인접 이웃이 준비^{listen}하고 있는 채널에 연결하고 메시지를 브로드캐스트하여 결국 적절한 인접 이웃에 전달한다.

여기서 논의하고자 하는 채널 기능(주문 서비스로 활용할 수 있는) 두 가지는 사설 채널에 대한 원자적 전달^{atomic delivery} 및 분할^{partitioning}이다. 원자적 전달에 대한 아이디어는 주문 보존 및 배달 신뢰성을 바탕으로 메시지 기반 통신을 허용하는 것이다. 원자적 전달 채널에서는 거래가 도착한 순서대로 모든 인접 이웃에게 브로드캐스트 및 전달된다. 이것은 이러한 거래에 포함된 메시지에 대한 합의를 유지한다. 메시지 순서를 보존할 때 메시지가 블록체인 상태에 적용되면 블록체인 상태 업데이트가 (기대하던 대로) 결정적으로 발생한다. 두 번째 기능은 사설 채널을 생성하는 분할이다. 주문 서비스는 다수의 채널을 생성할 수 있게 하고, 클라이언트는 게시자-구독자 방식으로 채널에 연결할 수 있다. 클라이언트는 또한 적절한 권한을 가진 메시지를 주어진 채널에 브로드캐스트할 수 있다. 일부 노드는 권한을 필요로 하거나 사전에 키 기반 승인을 요구하는 사설 채널을 생성할 수 있다. 주문 서비스는 여러 채널에 연결할 수 있는 경우에도 클라이언트가 다른 채널의 존재를 알지 못하게 하는 방식으로 채널을 만든다. 그림 10-2는 패브릭에서 사용할 수 있는 기능을 간략히 요약해 보여준다.

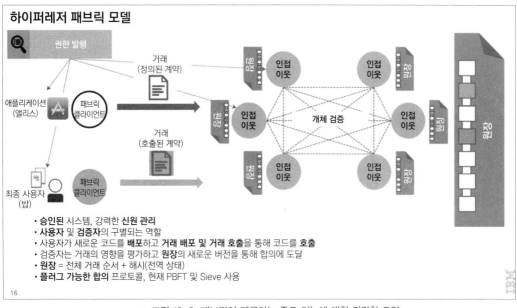

하이퍼레저 패브릭 모델

- **승인된** 시스템, 강력한 **신원 관리**
- **사용자** 및 **검증자**의 구별되는 역할
- 사용자가 새로운 코드를 **배포**하고 **거래 배포 및 거래 호출**을 통해 코드를 **호출**
- 검증자는 거래의 영향을 평가하고 **원장**의 새로운 버전을 통해 합의에 도달
- **원장** = 전체 거래 순서 + 해시(전역 상태)
- **플러그 가능한 합의** 프로토콜, 현재 PBFT 및 Sieve 사용

▲ 그림 10-2 패브릭이 제공하는 주요 기능에 대한 간략한 요약

이제 패브릭에 대해 상세하게 논의할 것이다. 그리고 소투스 같은 블록체인에 대한 인텔의 접근 방법도 간단하게 논의할 것이다. 인텔은 다음과 같은 활동에 대해 설명한다.

소투스 레이크(Sawtooth Lake)는 분산 원장을 생성, 배포, 동작시키려는 의도로 C/C++ 암호 촉진과 함께 파이썬으로 구현된 모듈화 플랫폼이다. 이 플랫폼은 모듈 형식으로 확장성을 갖는다. 또한 플러그앤플레이 구성요소를 지원해 조직이 빠르게 원형(프로토타입)을 구현하고 다양한 형식의 블록체인 배포로 실험하게 한다.

소투스는 라이브 데이터 스트림, 기업 수준 고객 부하, 하드웨어 기반 보안을 위한 IoT 디바이스와의 호환성 같은 다양한 사용 사례가 있다. 합의 알고리즘의 선택에 대한 인텔의 설명은 다음과 같다.

어떤 사용 사례는 약간의 참가자 사이의 높은 거래율을 요구하는 반면, 또 어떤 경우에는 많은 참가자를 지원해야 할 수 있다. 이러한 다양한 환경은 누가 체인에 다음 블록을 추가하는지를 식별할 다른 방법을 요구한다. 소투스 레이크 내에서 선택할 수 있는 두 가지 합의 알고리즘을 제공했다. 분산 합의의 경우 공정한 분산 합의를 이루는 동안 연산 및 에너지 비용을 절감하기 위한 공정하고 효율적인 리더 선출을 위해 신뢰된 실행 환경에서 사용하는 경과 시간 검증(PoET, Proof-of-Elapsed-Time) 알고리즘을 구현했다.

새로운 합의 알고리즘은 인텔에서 또 다른 이점이 있다. 왜냐하면 인텔 칩에서 동작하도록 PoET를 설계하고 소프트웨어 보호 확장^{SGX, software guard extension}의 장점을 취했기 때문이다. SGX는 소프트웨어 수준에서 민감 데이터 접근을 보호하도록 특정 보호 영역을 생성하고 거래 처리 시간을 획기적으로 개선하는 명령어 집합이다. 이 하드웨어 가속은 소비자 측면에서 대용량 처리에 사용되고 있다. 소투스에서 하드웨어 보안 모듈은 소투스 위에 구축된 도크체인^{Dokchain}을 발표하는 포킷도크^{PokitDok}를 이용한 헬스케어에서 매우 흥미로운 협력 관계를 가져오고 있다. SGX의 사용은 상단에 구축된 블록체인이 프라이버시와 보안을 강화할 수 있게 한다. 이 둘은 HIPPA 준수를 위한 강력한 요구사항이다. SGX와 소투스는 암호화와 보안 기능으로 환자의 프라이버시를 보호함으로써 헬스케어를 위한 매우 강력한 플랫폼을 제공한다. 더욱이 도크체인 또한 행위자를 식별하는 즉시 M2M^{machine-to-machine} 결제를 이루는 판단 기능을 갖고 있다. 이로 인해 제공자의 청구 주기는 크게 단축되고 블록체인 기반 요청 처리에 더 유리해진다.

결정 모델: 블록체인이 필요한가?

블록체인 기술에 대한 과장은 기업 세계를 통해 산불과 같이 퍼졌다. 모든 종류의 기업과 회사는 소규모 블록체인 개발 조직을 구성했으며, 블록체인을 사용해 이점을 얻을 수 있는 방법을 조사했다. 이 과장 아래에서 블록체인 세계에는 매우 중대한 기술 개발의 징후가 나타났다. 그리고 이 중 많은 것이 이 책에 수록되어 있다. 그렇지만 여전히 초기 단계다. 블록체인을 활용하는 애플리케이션의 비즈니스 이점은 비즈니스 프로세스를 단순화하고 마찰을 크게 감소시킨다는 것이다. 이 절에서는 프로젝트 또는 회사에 블록체인을 통합하는 것이 실제로 적절한 기술적 해결책인지 여부를 비판적으로 분석하는 데 도움이 되는 세 가지 의사결정 모델을 제시한다.

- **IBM 모델**: 이 블록체인 모델은 비즈니스 프로세스와 애플리케이션에서 적합한 블록체인의 핵심 기능이 어떠한 것인지를 강조하고 있다.
- **버치-브라운-파루라바**Birch-Brown-Parulava **모델**: 이 모델은 분산 원장의 승인된 구현과 승인되지 않은 구현 사이의 선택을 돕는다. 컨설트 하이페리온Consult Hyperion에서 개발자가 설계했다.
- **뷔스트-제르베**Wüst-Gervais **모델**: 이 단순한 모델은 ETH 취리히의 연구자 두 명이 설계했으며, 위에서 살펴본 두 모델의 장점을 결합했다.

> **✎ 참고**
>
> 이 세 가지 모델을 선택하는 이유는 무엇인가? 애플리케이션 시나리오가 블록체인을 필요로 하는 비즈니스 결정을 돕기 위해 온라인에서 사용할 수 있는 여러 포괄적인 결정 트리(decision tree)가 있다. 이 절에서는 기존 인프라에 블록체인을 통합하는 좀 더 중요한 설계 원칙을 설명하기 위해 가장 단순한 모델을 선택했다.

각 모델의 사양을 살펴보기 전에, 세 가지 모두에서 공유되는 일반적인 원칙은 무엇인가? 여러분은 자신의 비즈니스 요구사항을 평가하기 위한 기준으로서 공유된 설계를 사용할 수 있다. 그리고 몇몇 단순한 아이디어와 질문에 따라 자신의 비즈니스에 특화된 모델을 생성할 수 있다.

- **데이터베이스**database : 비즈니스가 데이터베이스를 사용하는 이유를 이해해야 한다. 블록체인은 모든 참가자가 볼 수 있는 공유 데이터베이스를 사용한다. 자신의 애플리케이션을 위해 공유 원장을 사용하는 것에 만족하는가? 데이터베이스는 네트워크를 통해 발생하는 거래에 의해 끊임없이 업데이트된다. 끊임없이 업데이트되는 데이터베이스와 자신의 애플리케이션을 인터페이스할 수 있는가?
- **작성자**writer : 데이터베이스에 쓰고 있는 여러 거래가 데이터베이스를 업데이트한다. 다수의 작성자를 갖도록 블록체인을 설계했다. 즉, 원장에 게시된 거래를 생성하고 검증하는 다수의 개체를 의미한다.

- **비신뢰**^{no trust} : 작성자의 신원 검증이 자신의 애플리케이션에서 중요한가? 이것으로 배포한 원장 구현이 변경될 수 있다. 블록체인의 기본 설정은 원장에 쓰는 당사자 간의 비신뢰다. 자신의 애플리케이션에 충분한가? 자신의 네트워크 당사자는 경쟁적인 이익이나 유사한 동기를 갖고 있는가? 당사자들이 유사한 이익을 갖고 있는 경우, 신뢰를 관리하는 블록체인 구성의 일부를 안전하게 제거할 수 있다.
- **탈중개화**^{disintermediation} : 블록체인은 네트워크에서 중앙집중식 승인을 제거한다. 그리고 거래는 탈중앙화된 것으로 간주한다. 이러한 거래는 독립적으로 검증되고 네트워크의 모든 노드에 의해 처리된다. 이러한 탈중개화를 원하는가? 자신의 애플리케이션 특화 사용 사례에서 문지기를 사용하는 데 심각한 결점이 있는가? 블록체인 기반의 데이터베이스를 선호하는 이유는 저비용, 신속한 업무 흐름, 자동 정산, 규제 영향 때문이다.
- **거래 상호 의존성**^{transaction interdependence} : 블록체인은 작성자가 블록체인에 게시할 때 서로 빌드하는 거래를 처리하는 데 가장 적합하다. 상호 의존성 부분은 거래를 정리하는 것으로 생각할 수 있다. 예를 들어 A가 B에게 자금을 전송하면 B가 C에게 자금을 전송하는 경우, 두 번째 거래는 첫 번째 거래가 완료될 때까지 정리할 수 없다. 블록체인은 작성자가 게시한 거래의 순차적이며 신속한 처리를 보증한다. 즉, 블록체인은 여러 사용자가 관여하는 긴 이력으로 거래 로그를 유지할 때 진정 빛난다.

이제 결정 모델을 살펴보자. 그림 10-3은 첫 번째 모델을 보여준다.

이 모델은 권한 있는 원장이나 권한 없는 원장을 배포할지 여부에 대한 의사결정을 통해 사용자를 안내한다. 이것은 예를 들어 이더리움^{Ethereum}과 큐럼^{Quorum} 사이에서 소프트웨어 기반을 결정하는 데 중대한 변화를 가져올 수 있다.

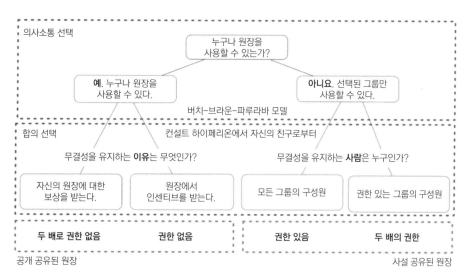

▲ 그림 10-3 버치-브라운-파루라바 모델

다음 모델은 IBM의 모델로서, 그림 10-4에서 보여준다.

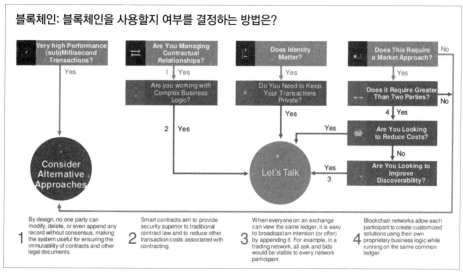

▲ 그림 10-4 블록체인을 사용하는 시기를 위한 IBM의 결정 차트

이 흐름도에서 강조하는 중요 기능은 어떤 결정이 블록체인의 고유한 특성과 어떻게 관련되어 있는가다. 예를 들어, 현명한 계약을 사용해 계약 관계를 블록체인에서 잘 처리할 수 있다. 이 차트는 프로젝트 및 블록체인이 사용할 수 있는 기능과의 블록체인 호환성에 대한 적절한 예비 검사가 될 수 있다.

여기서 고려하는 마지막 결정 모델은 그림 10-5에서 볼 수 있다. 이 모델은 뷔스트와 제르베가 작성한 '블록체인이 필요한가?'라는 제목의 논문 내용이다. 이전 모델 모두의 개념을 순차적으로 통합한다.

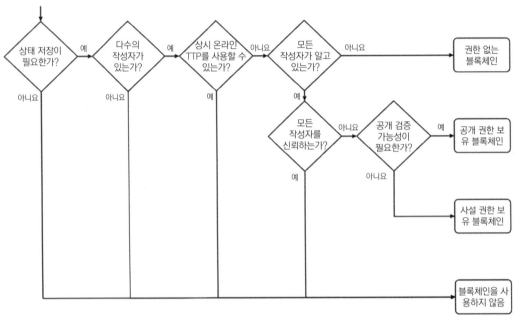

▲ 그림 10-5 뷔스트-제르베 모델

이 모델은 블록체인을 고려할지 말지에 대한 것과 두 가지 배포 옵션 모두에 대한 답변을 시도한다. 이 개념은 이전 모델과 유사하지만, 흐름은 추가적인 옵션을 사용할 수 있다는 점에서 약간 다르다.

하이퍼레저 콤포저로 신속하게 프로토타이핑

하이퍼레저 콤포저^{Hyperledger Composer}는 비즈니스를 모델링하는 고급 수준 애플리케이션 추상화 묶음이다. 블록체인을 사용함으로써 비즈니스에서 이익을 얻을 수 있다고 판단되는 경우, 콤포저를 사용해 애플리케이션의 블록체인 기반 프로토타입을 만들 수 있다. 다음은 프로토타입을 만드는 데 관련된 프로세스의 개요다.

- 작업 환경에 하이퍼레저 콤포저 도구를 설치하거나 온라인에서 콤포저를 사용
- 비즈니스 네트워크, 자산, 거래를 정의
- 거래 프로세서 구현
- 콤포저 UI의 비즈니스 네트워크 시험
- 비즈니스 네트워크에 활성 하이퍼레저 패브릭 블록체인 인스턴스 배포
- 저수준 추상화 위에 샘플 애플리케이션 생성
- RESTful API 또는 Node.js를 통해 이 배포에 다른 애플리케이션을 연결

콤포저의 기능적 출력을 비즈니스 네트워크 아카이브^{BNA, Business Network Archive}라 한다. BNA는 활성 패브릭 블록체인이나 테스트넷^{testnet}에 배포할 수 있다. 비즈니스 네트워크는 역할이나 신원을 통해 연결된 참가자, 네트워크를 통해 전파되는 자산, 자산 교환을 설명하는 거래, 거래를 뒷받침하는 규칙으로 제공되는 계약, 모든 거래를 기록하는 원장을 포함한다. 비즈니스 네트워크의 모델링 구성요소 외에, BNA는 거래 프로세서, 접근 통제 목록, 질의 정의도 포함한다. 자바스크립트로 작성된 거래 프로세서는 이러한 모델 요소상에 비즈니스 로직을 구현하고 시행한다. 접근 통제 목록은 참가자가 특정 조건을 충족한 후 비즈니스 네트워크의 어떤 자산에 접근할 수 있는지에 대한 세부 조정 통제를 허용하는 규칙이다. 이러한 접근 통제 목록을 설명하는 데 사용되는 언어는 매우 정교하며, 복잡하게 소유권을 주장하는 것을 확인할 수 있다. 접근 통제를 거래 프로세서 로직과 별도로 유지하면, 개발자는 호환성 또는 핵심 기능에 대한 두려움 없이 신속하게 두 구성요소를 유지 관리하고 업데이트할 수 있다.

이제 모델링 언어를 살펴보고 콤포저의 토대에 대해 깊게 논의할 것이다.

- **자산**^{asset} : 자산은 네트워크상에서 사용자 간에 교환되는 자원을 나타낸다. 공식적으로 자산을 정의하는 데 사용되는 설명 체계는 키워드-클래스-식별자-속성-관계의 순이다. 그 밖의 선택적 필드도 여기에 추가할 수 있지만, 이 일반 체계는 모델링 언어 전체에서 준수되고 있다. 자산은 asset 키워드를 사용해 정의되며 도메인 관련 클래스 이름이 연관된다. 예를 들어, 자동차를 VIN으로 식별할 수 있다. 이것은 vin으로 식별된 asset Vehicle이다. 자산에는 정의된 속성 집합이 있다. 차량의 경우 문자열 설명으로 저장된 설명이 될 수 있다. 또한 자산은 모델링 언어에서 다른 자원과 관계를 형성할 수 있다. 이때 차를 소유한 사용자에 대한 표기는 '--> 사용자 소유자'다. 모든 자산은 네트워크에서 사용할 수 있는 자산 레지스트리에 저장된다.

- **참가자**^{participant} : 참가자는 네트워크에서 사용자 또는 상대방을 표현한다. 참가자는 네트워크에서 발생하는 모든 상호작용의 핵심이며, 자산과 동일한 방식으로 설명할 수 있다. 참가자는 participant 키워드를 사용해 표현되며, 구매자 또는 판매자 같은 도메인과 관련된 클래스 이름도 갖는다. 이메일과 String firstName의 속성으로 식별된 participant 구매자로 전체 설명을 제공할 수 있다. 모든 참가자는 네트워크의 사용자가 사용할 수 없는 참가자 레지스트리에 저장된다.

- **거래**^{transaction} : 거래는 네트워크를 통해 자산의 이동과 교환되는 자산의 수명 주기를 나타낸다. 거래는 참가자 또는 자산과 동일한 방식으로 설명된다. 참가자의 판매 요청은 transcationid와 Double saleprice의 속성으로 식별되는 transaction Offer로 정의할 수 있다.

232

- **개념**^{concept} : 개념은 자산, 참가자, 거래에 속하지 않는 추상 클래스다. 개념은 주로 자산 또는 거래에 지정자를 추가하는 데 사용되며, 일반적으로 세 가지 중 하나에 포함된다. 예를 들어 주소의 개념은 String street 및 String city_default = "Orlando" 속성을 갖는 Concept Address로 설명할 수 있다. 이제 자산에서 이 개념을 사용해 주소 속성을 지정할 수 있다.
- **거래 프로세서**^{transaction processor} : 거래 프로세서는 거래가 네트워크로 브로드캐스트 되는 결과로 블록체인에 대한 상태 변경과 전역 업데이트를 수행하는 비즈니스 로직을 나타낸다. 기본적으로 이러한 프로세서는 거래가 모델에 적용되도록 구현한다. 이들은 별도의 js 파일로 작성되고 비즈니스 네트워크 모델의 정의를 사용한다.

그림 10-6은 시각적으로 BNA를 보여준다.

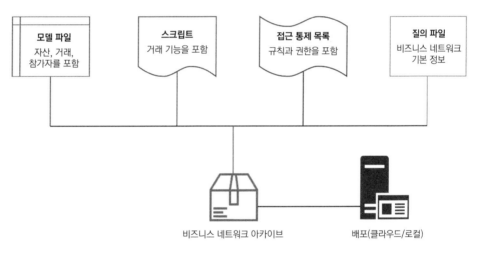

▲ 그림 10-6 BNA의 구성요소. 하이퍼레저 프로젝트의 허가를 받아 복사함

요약

10장에서는 현재의 육성 도구에 특히 초점을 맞춰 하이퍼레저 프로젝트를 소개했다. 하이퍼레저하의 다섯 가지 주요 오픈소스 프로젝트에 대해 논의하고 리눅스 재단의 지원 속에서 프로젝트를 구성하는 방법을 설명했다. 하이퍼레저가 일반적으로 제공하는 패브릭과 기업용 기능에 중점을 두며 하이퍼레저의 최근 개발 내용 중 일부를 살펴봤다. 그 후 블록체인이 이익이 되는지 여부에 대한 프로젝트 또는 비즈니스 결정을 돕는 결정 모델들을 제시했다. 마지막으로, 사용자가 모델링 언어를 사용해 쉽게 비즈니스 네트워크를 모델링할 수 있게 도와주는 신속한 프로토타이핑 도구인 하이퍼레저 콤포저에 대해 설명했다. 여기서 모델링 언어의 구성요소와 비즈니스 네트워크를 만드는 방법을 설명하면서 논의를 마쳤다.

11

최근의 블록체인 개발 동향

11장에서는 블록체인 활용 애플리케이션에 대한 이해를 증진하고 연구를 위한 새로운 방법을 열어놓는 세 가지 새로운 기술에 중점을 둔다. OS에 영감을 얻은 아키텍처와 플랫폼 지원 설계 철학으로 구축된 이더리움 경쟁자인 EOS로 논의를 시작한다. EOS는 위임 지분 증명 DPoS, delegated proof-of-stake 이란 새로운 합의 메커니즘을 사용한다. 위임 지분 증명은 신속한 거래 검증을 할 수 있게 하며, 네트워크를 지원하는 위임자를 위한 지속적인 투표를 할 수 있게 한다. EOS에서 구현된 메시지 전달 프로토콜은 매우 발전된 상태로 자동 응답 처리와 메시지 전달 트리거를 할 수 있게 한다. 이런 프로토콜은 스마트 계약 시스템의 대부분을 구성한다. 또한 네트워크를 통한 스마트 계약 명령의 병렬 처리 구조의 잠금 없는 실행을 지원하여 통신 및 상태 업데이트의 지연 시간을 굉장히 감소시킨다.

제시하는 두 번째 기술은 체인 코어 Chain-core 라는 계약 지향 프로그래밍 언어다. 체인 네트워크에서 모든 가치는 사용자가 발행하고 통제할 수 있는 자산에 집중된다. 체인은 개발자에게 블록체인의 자산을 관리하고 전송할 수 있는 매우 강력한 API를 제공한다. 아라곤 Aragon 과 비슷하게 체인은 시각적 인터페이스를 제공하며 블록체인의 자산을 관리한다. 자산 관리를 위해 사용할 수 있는 모든 기본적인 기능을 담당하는 체인의 그래픽 인터페이스에 대해 살펴볼 것이다. 체인은 최근 들어 저작물 계약을 단순화하는 새로운 개발 언어인 아이비 플레이그라운드 Ivy Playground 를 발표했는데, 아이비의 새로운 업데이트에 대한 논의로 해당 절을 마무리한다.

마지막으로 논의할 기술은 큐럼 Quorum 이다. 큐럼은 블록체인을 사용하는 기업의 대량 요구사항을 처리하기 위해 이더리움 기업 연합 EEA, Ethereum Enterprise Alliance 이 만든, 기업 수준의 다른 이더리움 버전이다. 완벽하게 개인 거래를 허용하기 위한 블록체인의 퍼블릭-프라이빗 분할, 개인 스마트 계약 및 큐럼체인 QuorumChain 합의 알고리즘 같은 수많은 업그레이드가 있다. 또한 영 지식 증명 zero-knowledge proofs 은 가까운 미래에 큐럼으로 다가올 것이다. JP모건 JPMorgan 과 이더리움 기업 연합이 제시한 큐럼의 개요로 해당 절을 마무리한다.

EOS 블록체인

EOS.IO는 OS와 유사한 블록체인을 구축하기 위한 새로운 아키텍처 접근 방식이다. 설계 고려사항은 탈중앙화된 애플리케이션에 대해 쉽게 확장 가능한 핵심 인프라를 사용할 수 있게 하는 것이다. 여기서 '확장성'은 블록체인 애플리케이션이 전통적인 비블록체인 상대와 경쟁할 수 있게 하는 일련의 원칙으로 좀 더 일반적인 것을 말한다. 이 절에서는 다음과 같은 EOS의 세 가지 주요 기술 혁신으로 인한 대규모 채택의 잠재력에 중점을 둔다. 즉, 고급 권한 시스템, 위임 지분 증명이라는 새로운 합의 방법, EOS 블록체인 내의 병렬 처리다. 이제 EOS에 담긴 확장성의 몇 가지 원칙에 대해 논의해보자.

- **사용자 기반** user base : 파괴적인 EOS 블록체인 애플리케이션은 수많은 사용자와 사용자 계정을 지원할 수 있어야 한다. 기본 아키텍처는 거래와 달리 기본 단위로 분산 원장이 계정을 처리할 수 있도록 설계돼야 한다. 지원하는 서비스는 계정 및 블록체인 전역 상태의 동기식 변경을 제공할 수 있다.

- **무료 접근**free access : 블록체인에 구축된 서비스나 애플리케이션은 실행 비용을 사용자에게 전가하면 안 된다. 대규모 비블록체인 서비스는 기본적으로 무료이며, 최종 사용자는 사용량에 따라 발생하는 데이터에 따라 수익이 창출된다. 광범위한 채택을 가능하게 하기 위해 블록체인 기반 애플리케이션은 사용자 요금을 없애고, 서비스 비용을 상환해야 하며, 애플리케이션 가입을 위한 신규 계정에서 이익을 창출해야 한다.

- **업데이트 및 포크**update/fork : 서비스에 신규 구성요소나 기능의 통합으로 중단 시간이 발생하지 않아야 한다. 블록체인 기반 서비스는 일부 수준에서 합의를 처리해야 하며, 비동의는 체인에서 분기를 발생시킬 수 있다. 이러한 분기는 길이가 다른 체인을 생성하며, 다음 블록의 생성으로 일반적으로 매우 빠르게 해결된다. 그렇지만 더 심각한 문제는 소프트웨어 업데이트를 야기한다는 것이다. 네트워크에서 버그는 네트워크의 일부가 더 이상 호환되지 않는 하드 포크hard fork 형태를 요구하지 않고 쉽고 원활하게 교정돼야 한다. 블록체인 서비스의 탈중앙화 특성은 단일 실패 지점SPoF, single point of failure이 없는 네트워크를 만들고 이중화와 결합되어 고유한 중단 시간 경험을 제공할 수 있다.

- **낮은 지연 시간**low latency : 비트코인 블록체인은 현재 높은 지연 시간과 믿을 수 없을 만큼 긴 검증 연기로 고통받고 있다. 수천 명의 사용자가 사용하는 실용적인 서비스는 긴 대기 시간이 지속될 수 없기 때문에, EOS의 서비스는 매우 신속한 검증과 확인 방법을 제공해야 한다. 거래에서 느린 확인으로 발생하는 고민을 완화할 수 있는 병렬 처리 같은 일부 흥미로운 새로운 기능이 있다.

이제 EOS가 계정과 사용자 권한을 처리하는 방법을 알아보자. EOS에서는 어떤 유일한 사람이 읽을 수 있는 참조를 모든 계정에 생성할 수 있다. 또한 EOS는 처리기 및 자동화 규칙을 가진 계정 간 잘 정의된 메시지 전달 프로토콜을 제공한다. 네트워크의 모든 계정은 다른 계정에 구조화된 프로그램 방식 메시지를 전송할 수 있다. 그리고 메시지를 수신했을 때 들어오는 메시지를 처리하는 규칙과 스크립트를 정의할 수 있다. 메시지를 처리하는 데 사용되는 스크립트는 또한 들어오는 특정한 행위에 대한 응답 메시지를 전송할 수 있다. 또한 각 계정은 계정 상태를 변경하려는 메시지 처리기가 접근할 수 있는 사설 스토리지를 보유한다. 규칙에 의한 메시지 처리 스크립트는 EOS가 배포한 스마트 계약 시스템을 구성한다. EOS 스마트 계약의 설계 원칙은 잘 연구된 메시지 전달 프로토콜과 유사하다. 이 프로토콜은 주변장치 및 기타 하드웨어 구성요소와 OS가 통신하는 방법을 설명한다. EVM과 유사한 가상 머신에서 계약을 실행할 수 있다. 솔리디티^{Solidity}나 그 밖의 계약 지향 언어로 작성된 기존의 스마트 계약을 EOS 블록체인의 컨테이너로 이전 및 채용할 수 있다. 또한 계약은 일부 EOS 특화 기능을 상속한다. 이 기능은 다른 EOS 구성요소와 통신할 수 있게 한다.

> **🖉 참고**
>
> EOS의 또 다른 고급 기능은 머클 증명(Merkle proof)과 호환할 수 있는 외부 블록체인과 EOS 블록체인 간의 통신 능력이다. 이것은 동일한 기본 암호화 원칙(메시지 존재 증명 및 메시지 서열 증명)을 사용해 블록체인 안팎으로 전송되는 메시지를 검증함으로써 클라이언트 측에서 발생한다.

이제 사용자 권한 작동 방식을 이해하는 데 다시 집중한다. EOS에서 애플리케이션 구조는 인증과 권한 모듈을 비즈니스 로직에서 별개로 유지하는 구조다. 이것은 개발자가 권한 관리를 위한 특정 도구를 설계하게 하며, 애플리케이션 지향 작업과 관련된 코드만을 포함하도록 애플리케이션을 간소화할 수 있게 한다. EOS는 사용자가 나가는 메시지에 서명을 하는 데 사용되는 키와, 사용자가 접근한 개별적인 별도 서비스를 위해 사용되는 다른 키를 정의할 수 있게 한다. 예를 들어 사용자는 다른 사용자에게 전송하는 메시지에 대한 서명을 위한 키와, 소셜 미디어 계정에 접근하기 위한 키를 가질 수 있다. 키 할당 없이 사용자 대신 행동할 수 있는 다른 계정 권한을 제공하는 것이 가능하다. 이런 형태의 제한된 접근은 우선 권한을 가진 소셜 미디어에 대한 사전 승인을 받을 수 있지만 게시물은 고유한 서명을 유지하게 될 것이다. 이것은 다음에 논의할 권한 매핑^{permission mapping}이라는 개념으로 이뤄진다. 권한 매핑의 핵심 아이디어는 단일 계정의 다중 사용자 통제다. 이것은 탈중앙화 애플리케이션에 대한 높은 수준의 보안 측정으로 간주되며, EOS에서 비밀번호나 화폐 도난의 위험을 감소시키기 위해 구현된다.

권한 매핑을 이해하기 위해 이제 계정 소유자, 적극적 사용자, 소셜 미디어 사용자라는 세 가지 사용자 역할과 관련된 예제를 살펴보자. 소셜 미디어 권한은 투표와 게시 등 사용자의 특정 행위만 허용한다. 반면에 적극적 사용자 권한은 소유자를 제거하는 것을 제외한 거의 모든 행위를 허용한다. 소유자는 철회를 포함하여 모든 사용 가능한 행위를 수행할 수 있다. 이 예제에서 권한 매핑은 역할을 정의하고 연결된 사용 권한을 다른 계정에 매핑하는 계정 소유자를 말한다. EOS는 사용자 정의 역할, 다른 계정에 매핑될 수 있는 사용자 정의 행위를 허용해 이 예제를 일반화한다. 예를 들어, 계정 보유자는 소셜 미디어 애플리케이션을 친구 사용자 그룹에 매핑할 수 있다. 이제 계정 보유자에 의해 권한 그룹에 추가된 계정은 소셜 미디어 애플리케이션에 즉시 접근할 수 있다. 권한 그룹에 대해 게시, 투표, 그 밖의 작업을 수행할 수 있지만 고유키가 기록된다. 따라서 항상 행위를 수행한 사용자를 식별할 수 있어야 한다. 권한 매핑의 개념은 그림 11-1에 표현했다.

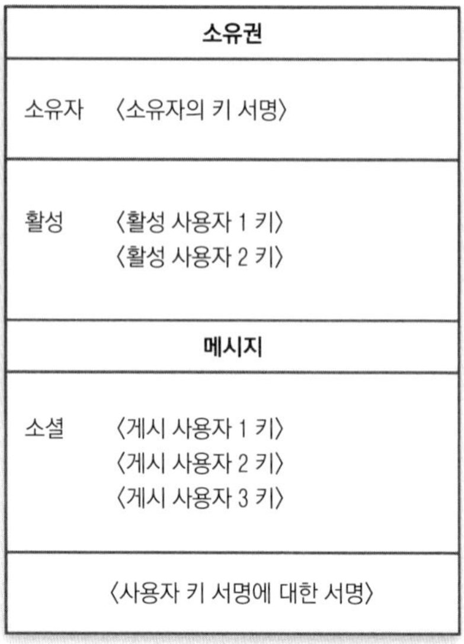

소유권	
소유자	〈소유자의 키 서명〉
활성	〈활성 사용자 1 키〉 〈활성 사용자 2 키〉
메시지	
소셜	〈게시 사용자 1 키〉 〈게시 사용자 2 키〉 〈게시 사용자 3 키〉
〈사용자 키 서명에 대한 서명〉	

▲ 그림 11-1 맞춤형 권한 매핑의 구조

이 표현을 소유권과 메시지 자체라는 두 가지 구성요소로 분할할 수 있다. 소유권 부분은 계정 보유자의 키를 포함한다. 계정 보유자는 토큰의 철회를 포함한 모든 계정 기능을 수행할 수 있다. 또한 소유자 대신 행위하는 활성 사용자의 키를 포함한다. 이런 구조에서 두 번째 부분은 메시지다. 여기서 소셜 미디어의 예제를 계속 사용한다. 소유자에 의해 이 계정에 매핑된 3명의 소셜 사용자가 있다. 각 사용자는 고유키를 갖고 있다. 메시지를 소셜 미디어에 게시할 때 게시 사용자는 자신의 고유키로 메시지에 서명한다. 그러면 매핑된 사용자가 수행한 행위를 추적할 수 있다. 여기서는 다른 애플리케이션을 이용해 계정 소유자가 사용자 정의 권한을 애플리케이션에 매핑하며, 사용자에게 제한된 기능을 제공하고 메시지 모듈을 다른 애플리케이션으로 대체할 수 있다.

위임 지분 증명

EOS는 위임 지분 증명^{DPoS, delegated proof-of-stake}이라는 새로운 합의 메커니즘을 사용하는데, 효율성과 공정한 접근에 중점을 둔 지분 증명^{PoS, proof-of-stake} 알고리즘의 변형이다. 좀 더 작은 지갑이나 계정에 블록을 생산하고 보상을 얻을 수 있는 솔직한 기회를 제공한다. 전통적인 지분 증명 알고리즘과 위임 지분 증명 간 차이점은 직접 민주주의 및 간접(대의) 민주주의와 비교할 수 있다. 전통적인 지분 증명 알고리즘에서 지갑을 가진 사용자는 합의의 형성과 채굴에 대한 일부 보상을 얻으면서 거래를 검증하는 과정에 참여할 수 있다. 그렇지만 작은 지갑이나 더 작은 지분을 가진 사용자에게는 이익이 되지 않을 수 있다. 위임 지분 증명에서는 일정량의 코인을 가지고 네트워크를 통해 모든 지갑은 블록체인의 블록을 검증하고 확장하는 기능을 수행하는 위임자에게 투표를 할 수 있다. 궁극적으로 위임 지분 증명 네트워크에는 두 가지 주요 참여자가 있다.

- **이해관계자**^{stakeholder} : 이해관계자는 잔액이 있는 지갑을 보유한 EOS 네트워크에 계정을 갖고 있다. 보유한 토큰으로 블록 생성자에게 투표할 수 있다.
- **블록 생산자**^{block producer} : 위임자로도 알려진 블록 생산자는 위임 지분 증명의 합의 메커니즘을 주도한다. 블록 생산자는 전통적인 채굴자와 동일한 위임 지분 증명이다. 블록 생산자는 네트워크에서 거래를 검증하고 블록을 서명하며 블록체인에 블록을 추가한 것에 대해 보상을 얻는다.

이제 위임 지분 증명을 자세히 살펴보기 전에 전역 상태 업데이트의 필요성과 합의 메커니즘에 대해 간단하게 검토한다. 일관된 업데이트 기록이 있는 상태 머신^{state machine}으로서 블록체인을 모델링할 수 있다는 사실을 상기한다. 상태 머신은 거래를 수행하며, 합의는 네트워크 전체의 동의 과정이다. 새로운 거래가 블록에 포함될 때 특정 증분으로 업데이트가 발생하며, 빠른 업데이트 빈도는 유효하지 않거나 이중 지불 거래를 필터링한다. 위임 지분 증명의 목표는 블록 생산을 대부분의 사람들에게 균등하게 분배하고 블록 생산자를 선출하는 민주적이고 공정한 과정을 갖는 것이다. 일반적인 지분 증명 네트워크는 검증을 위해 충분한 합의가 필요하지만, 위임 지분 증명 시스템에서 제한된 수의 위임된 노드(위임자)는 아마도 거래가 유효하며 합의에 도달할 것이다.

> **⟳ 참고**
>
> 현재 일정에서 EOS는 단일 블록 생산자가 3초마다 블록을 생산할 수 있게 한다. 기본적으로 여러 시리즈로 블록을 생산하는데, 각 시리즈는 21개의 블록 생산자를 갖고 있다.

위임 지분 증명 알고리즘은 블록 생산자 그룹 선출과 블록 생산 스케줄링이라는 두 가지 주요 운영 역할을 갖고 있다. 네트워크의 각 계정은 승인 투표로 알려진 과정에서 위임자(채굴자) 1명당 적어도 1표를 투표할 수 있다. 그렇지만 네트워크의 지분이 더 큰 계정은 토큰 하나당 위임자당 1표의 원칙을 따르며 둘 이상의 위임자에게 투표할 수 있다. 블록 생성자(위임자)는 실시간 투표 과정을 통해 선출되어 블록체인에서 최소한의 신뢰를 가진 당사자로 간주한다. 위임자는 거래를 블록에 추가하고 블록을 서명하는 순서대로 (시리즈에서) 수행할 수 있다. 따라서 신뢰된 당사자 적용은 악의적인 당사자가 블록체인에 잘못된 거래를 추가하는 것을 방지할 수 있다. 위임자에게는 거래나 블록의 상세 정보를 변경하는 능력이 없다는 점을 기억해야 한다. 위임자는 블록에 거래를 추가하거나 추가하지 않을 수만 있다. 이런 위임자의 그룹은 가중 공정 대기열 알고리즘의 일부 변이에 기반하는 블록 생산에 대해 무작위로 할당된다. 목표는 수신한 득표 수와 위임자가 블록을 생성하기 위해 대기한 시간이라는 두 가지 기준에 따라 블록 생성자를 효율적으로 스케줄링하는 것이다. 더 많은 표를 얻은 위임자는 블록을 생산하기 위해 다음에 스케줄링될 확률이 더 높다. 반면에 심하게 행동하는 위임자는 중요한 거래량에 영향 없이 신속하게 투표할 수 있다. 이제 위임자의 주요 역할을 요약해보자.

- **블록 생산**block production : 위임자의 가장 중요한 기능은 3초마다 고정된 일정으로 블록을 생성하는 것이다. 이것은 거래의 유효성 검사와 여러 시리즈를 통한 블록 서명을 포함한다.

- **네트워크 지원**^{network support} : 위임자가 블록을 생산할 때마다, 블록을 단조한 것에 대한 보상을 지급한다. 이해관계자가 지급률을 설정하지만 일부 위임자는 네트워크에서 더 많은 투표를 얻기 위해 낮은 지급률을 수용할 수도 있다. 따라서 낮은 지급률을 받는 것 대신에 위임자는 이해관계자에게 마케팅, 법률 작업 등 추가 서비스를 제공할 것이다.

그림 11-2는 위임 지분 증명 합의 알고리즘을 사용해 위임된 블록 생산을 보여준다.

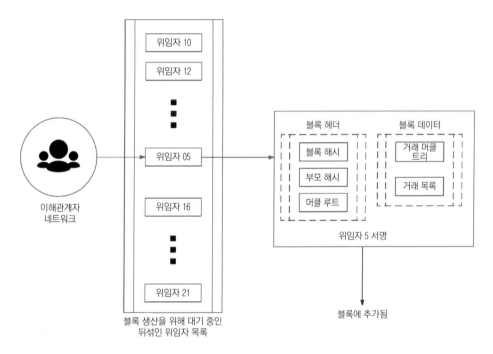

▲ **그림 11-2** 위임 지분 증명의 블록 생산

앞서 언급했듯이, 네트워크상의 이해관계자는 차례로 거래를 검증하고 블록을 생산하는 위임자에 대한 투표와 선출을 한다. 가장 높은 표를 받은 위임자 중 21명은 여러 시리즈에 참여하고 블록을 생산하기 위해 선출된다. 위임자는 블록 생산을 위한 일정에 할당되며, 이 할당은 라운드 로빈 알고리즘^{round-robin algorithm}을 사용해 수행된다. 블록 생산자가 자신의 일정 계획을 벗어난 경우 해당 블록은 유효하지 않은 것으로 간주한다. 위임자가 블록에 서명한 후 그림 11-2의 오른쪽에 표시된 것과 같이 마지막 블록을 블록체인에 추가할 수 있다. 블록 생산자가 예정대로 실행되지 않는 경우 다음 위임자의 블록은 더 커지고 이전 거래를 포함하게 된다. 동시에 반복적으로 실패하는 블록 생산자는 시리즈에서 낙선될 것이다.

> **⚙️ 팁**
>
> 위임 지분 증명 블록체인이 포크하려는 경향이 없다는 것은 흥미로운 사항이다. 이것은 블록 생산자가 작업 증명 시스템에서 서로 경쟁하기보다는 블록을 생산하기 위해 협력하기 때문이다. 포크가 발생하는 경우 합의는 자동으로 가장 긴 체인으로 전환된다.

병렬 실행

이더리움에서 명령어의 실행(예: 스마트 계약에서)은 네트워크를 통해 결정론적이고 동기적인 방법으로 수행된다. EOS는 잠금 기초 요소 사용 없이 애플리케이션의 병렬 실행을 위해 매우 흥미로운 업그레이드를 제공한다. 이 경우 각 계정이 자체 데이터베이스만 업데이트하도록 블록체인 고유 메커니즘이 있어야 한다. 수신 명령은 계정 상태를 업데이트한다. 따라서 n + 1 명령이 n번째 명령 후에만 계정을 업데이트하는 것과 같이 순차적으로 적용해야 한다. 합격-불합격의 이진 명령의 경우 이러한 일반적인 규칙에 대한 예외가 있다. 일부 계정 처리기는 이진 명령을 읽기 전용으로 처리하고 내부 상태를 변경하지 않은 채 응답한다.

기본적으로 EOS의 병렬 실행은 계정 내의 다른 소스에서 생성된 메시지에 따라 영향받으며, 이 메시지는 독립적인 스레드를 통해 전달된다. 따라서 병렬로 실행될 수 있다. 궁극적으로 계정의 마지막 상태는 전달되는 메시지에 달려 있다. 블록 생산자는 독립적인 스레드에 대한 메시지 전달을 구성한다. 블록 생산자가 블록의 유효성 검사 일정에 따르더라도 메시지 전달은 더욱 빠르고 병렬성의 장점을 취하는 사용자 정의 일정으로 수행된다. 흔히 이러한 메시지의 소스는 블록체인이나 메시지를 전송하는 자동 계정 처리기에서 동작하는 스크립트다. EOS의 병렬 특성으로 인해, 메시지가 생성될 때 즉시 전달되지는 않는다. 대신 대기 시간으로 언급되는 메시지 생성과 전달 사이의 지연 기간이 있다. 대기 시간을 도입한 이유의 근거는 즉각적인 전달이 이전 메시지로 인해 내부 상태를 이미 수정한 수신자를 방해할 수 있다는 것이다. 잠금 없는 메시징은 메시지가 다음 주기에 전달되도록 예약해 수행된다.

그러면 주기는 무엇인가? 정상적인 상황에서 메시지 충돌을 피하기 위해 계정은 두 번째 메시지를 보내거나 응답을 받기 위해 다음 블록까지 대기해야 한다. 블록이 3초마다 생성되기 때문에 계정은 더 많은 메시지 전송 사이에서 적어도 3초간 대기해야 한다. 이러한 메시지 사이의 대기 시간을 제거하기 위해 EOS는 블록을 여러 주기로 분리하고 다음과 같이 이러한 주기로 더욱 세분화한다.

- 각 주기는 스레드로 분할된다.
- 각 스레드는 거래 목록을 갖고 있다.
- 각 거래는 전달될 메시지 집합을 갖고 있다.

그림 11-3은 블록 내의 세분화와 주기의 구조를 보여준다. 블록 생산자는 시간 제한이나 새로운 거래가 더 이상 발생하지 않을 때까지 블록에 대한 새로운 주기를 추가하는 것을 유지한다.

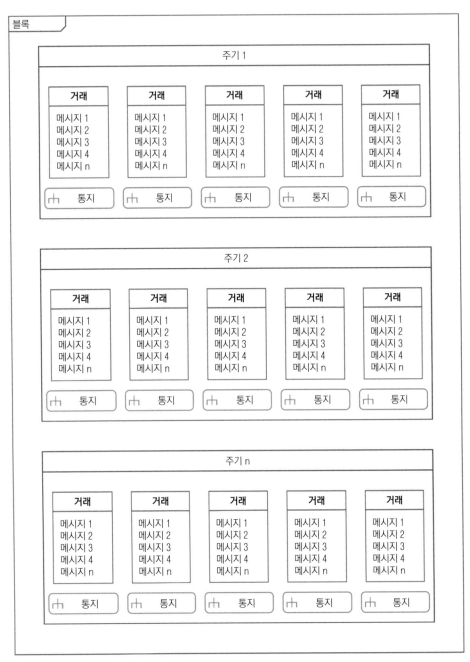

▲ 그림 11-3 EOS의 메시지 블록 구조

단일 블록 내에 신속한 통신의 기초를 형성하는 주기로 각 블록을 분할한다. 블록 내에 2개의 거래가 동일한 계정을 변경하지 않는 경우, 한 주기의 모든 거래는 병렬로 실행될 수 있다. 사용자 사이에서 발생하는 각 거래에 대해, 수신자에 의해 사전 설정되는 자동화 처리기에 수신 명령을 통지한다.

한 주기의 시간 동안 발생된 거래 또한 후속 주기나 다음 블록에 추가할 수 있다. 블록이 완성되면 다음과 같은 질문을 할 수 있다. "블록 주기가 있을 때, 동일한 계정을 변경하는 거래를 포함하는 2개의 스레드가 존재하는가?" 아니라면, 모든 스레드를 병렬로 실행해 주어진 블록을 처리할 수 있다. 교환 애플리케이션 개발자는 사용자에게 교환 상태를 표시하려는 목적으로 전체 노드를 실행한다. 이런 교환 애플리케이션은 소셜 미디어 애플리케이션과 관련된 상태가 필요 없다. EOS.IO 소프트웨어로 전체 노드는 실행할 애플리케이션의 하위 집합을 선택할 수 있다. 다른 애플리케이션에 전달된 메시지는 안전하게 무시된다. 왜냐하면 애플리케이션 상태가 전달된 메시지에서 완전히 유도되기 때문이다. 이번 절에서 다시 강조할 필요가 있는 중요한 요점은 다음과 같다.

- 애플리케이션의 내부 상태는 해당 애플리케이션에 특별하게 전달된 메시지로부터 유도된다.
- 계정의 내부 상태에 대한 변경은 계정 간에 전달되고 블록체인의 거래에 포함된 메시지를 통해 발생한다.

댄 라리머[Dan Larimer]는 블록체인상에 애플리케이션을 구축할 때의 큰 이점으로 EOS의 병렬 특성을 언급했다.

병렬 처리 기능은 지속적인 확장성과 애플리케이션에 대한 믿음직스러운 고성능 토대를 제공한다. 기존의 단일 스레드 기능은 모든 애플리케이션이 하나의 단일 스레드 블록체인의 용량과 성능을 공유하게 하여 하드 스케일링 제한을 갖는다. 그래서 플랫폼 전반에 걸친 중단을 발생시킬 수 있는 네트워크 정체로 어려움을 겪을 수 있다.

스케줄링

이 절에서 다루려는 마지막 주제는 최선을 다한 스케줄링이다. 블록체인의 이더리움 가상 머신^{EVM}이 계약에 포함된 명령의 실행 비용을 결정한다는 연산 시장에 대한 앞선 논의를 상기하자. 주어진 태스크를 요청한 고객은 가스로 명령의 각 단계에 대한 지불을 했다. 그리고 단계 수가 EVM 제한을 초과하면 태스크는 실행되지 않는다. EOS에서 위임자는 가상 머신 대신 실행 자격에 대한 글로벌 의사결정의 역할을 담당한다. 블록 생성자(위임자)는 거래 내에 포함된 명령을 처리하고 메시지를 전달하는 데 필요한 시간과 복잡성(명령 단계의 수)을 주관적으로 측정한다. 이러한 처리 비용의 주관적인 측정은 이더리움 시스템에서 가스와 유사하다. 위임자 기반 명령 계수 및 비용 결정 메커니즘은 비용 계산의 중단에 대한 고려 없이 블록체인에 새로운 기능과 최적화의 추가를 단순하게 만든다. 또한 네트워크 기능성을 분류하게 하는데, 실행을 위한 블록체인과 가상 머신, 자원 할당 및 관리를 계산하기 위한 노드나 블록 생산자 등이 있다.

각 블록 생산자는 EOS 알고리즘에 대한 사용자 정의를 사용해 자원 활용률을 계산한다. 네트워크에서 각 단계는 실행 시간 제한이 있으며 계산에 밀리초나 전체 시간 제한이 필요한지 여부에 관계없이 고정 대역폭 사용 비용이 부과된다. 주목할 중요한 사항은 EOS에서 모든 자원 사용 제약이 블록 생산자에 의해 주관적이며 궁극적으로 강요된다는 것이다.

집단적으로 블록 생산자는 EOS 네트워크에서 다음 기준에 동의했다.

- 블록 생산자의 경우 두 가지 옵션을 사용할 수 있는데, 거래(명령 집합)를 포함하거나 블록에 포함되어 있는 것을 제거하는 것이다.
- 블록 생성자가 주어진 계정이 불합리한 연산 대역폭의 양을 소비했다고 결론지을 경우, 자신이 소유한 블록을 생산할 때 해당 계정에서 거래를 간단하게 제거한다.
- 한 블록 생산자가 거래가 유효하다고 생각하고 자원 사용 제한 아래에 있는 한, 다른 모든 블록 생산자도 이것을 승인한다. 그렇지만 이 거래는 네트워크에서 확인하는 데 더 오래 걸린다.
- 블록 생산자가 자원 제한을 넘어선 거래를 갖고 있는 경우, 다른 생산자는 블록을 거부할 수 있으며 승자를 결정짓는 역할(타이브레이커^{tie-breaker})로서 세 번째 생산자가 필요할 수 있다.

승자를 결정짓는 역할을 하는 블록의 전파가 지연되어 이해관계자와 다른 위임자가 자원 위반의 원인을 정확히 찾아낼 수 있다. 시간이 지남에 따라 악의적인 블록 생산자가 제한을 초과하는 블록을 승인하면 해당 생산자가 위임자 목록에서 떨어져 나갈 것이다. 블록 생산자는 EOS에서 최선의 노력을 다한 스케줄러 역할을 수행한다(최대 처리량을 위한 태스크의 공정한 스케줄링 또는 네트워크에서 실행되고 있는 태스크의 거부).

> **✎ 참고**
>
> SDK가 포함된 EOS의 초기 배포판은 EOS 깃허브에서 제공한다. 이 배포판을 Dawn 1.0이라 하며, 배포판 발표에 따르면 블록을 생성하고 블록체인에 추가하는 독립 실행형 eosd 노드, eosc라는 명령행 클라이언트, 클라이언트 지갑 및 로컬 테스트넷을 작성하는 도구를 포함한다. 또한 스마트 계약 개발자가 계약을 작성할 수 있는 애플리케이션이 포함되어 있다.

체인 코어

체인^{Chain}은 블록체인의 자산을 관리하도록 설계된 계약 지향 프로그래밍 언어다. 다음은 체인 플랫폼 팀이 언급한 체인 플랫폼의 훌륭한 요약이다.

> 체인 블록체인을 분산 데이터베이스가 아닌 공유 원장으로 만드는 핵심 특징은 값(즉, 하나 이상의 자산 단위)을 추적하고 통제하도록 설계됐다는 것이다. 데이터와 달리 값은 드물게 보인다. 발생되면 복사할 수 없으며 전송만 할 수 있다.
>
> 금융 상품의 기본 형식이 암호화되어 발행되는 디지털 자산이 될 때 새로운 기능을 얻는다. 가장 주목할 만한 기능 중 하나는 자산을 통제하는 프로그램을 작성하는 능력이다. 이러한 프로그램을 계약이라 한다.
>
> 체인 블록체인의 모든 값은 그러한 계약에 의해 보호된다. 각 계약은 특정 값(즉, 일부 자산의 단위 수)을 통제하거나 잠그고 해당 값을 잠금 해제하기 전에 만족해야 하는 조건을 시행한다. 가장 단순한 계정에서부터 가장 복잡한 파생 상품까지, 계약은 체인 블록체인 네트워크에서 자산 이동에 대한 규칙을 정의한다. 그리고 아이비(Ivy)는 이런 규칙을 작성할 수 있게 한다.
>
> 아이비를 설계할 때의 목표는 하나였는데, 블록체인에서 값의 이동을 통제하도록 안전하고 단순한 프로그램을 쉽게 작성하는 것이다. 넘치지도 부족하지도 않을 것이다.

주요 블록체인 개발 컨퍼런스인 컨센서스^{Consensus} 2017에서, 체인은 핵심 프로그래밍 언어에 대한 좀 더 정교한 업그레이드 집합을 발표해 자산을 관리하는 계약 작성을 더 쉽게 만들었다. 아이비 플레이그라운드^{Ivy Playground}는 개발자의 경험을 최대한 원활하게 하기 위한 노력의 결과물이다. 체인과 아이비가 계약을 설계하는 데 있어 핵심 개념은 블록체인의 정보량을 상태 업데이트 로직 및 합의 유지 변수로만 제한하는 것이다. 이 설계의 근거에 대해 체인 팀이 다음과 같이 설명했다.

> 가능한 한 많이, 블록체인 솔루션의 비즈니스 로직은 SDK를 통해 체인 코어와 상호작용하는 전통적인 언어로 작성된 '애플리케이션 계층' 프로그램 내의 오프체인에서 실행돼야 한다. '스마트 계약' 계층의 일부가 될 필요가 있는 로직만이 자산을 보호하고 전송하는 규칙 집합이다.

일부 블록체인 플랫폼은 워크플로우 자동화 도구, 공유 상태의 전역 데이터베이스, SaaS 애플리케이션 구축을 위한 플랫폼으로 판매된다. 이런 목표가 저비용 연산과 정보의 사설화 특징을 가진 전통적인 서버에서 모든 연산이 네트워크의 모든 노드에서 중복 실행되는 블록체인으로 연산과 로직을 이동시킴으로써 잘못된 양자 관계를 형성할 수 있다고 생각한다.

체인의 설계를 이해하기 위한 핵심은 전통적인 서비스를 블록체인으로 전환할 수 없다는 것이다. 대신 새로운 아키텍처를 재설계해야 한다. 우선 합의와 관련된 추가적인 매개변수를 애플리케이션에 도입한다. 프로그램 방식의 루틴은 블록체인의 외부에 남아 있어야 하는 비즈니스 로직과 블록체인상에서 업데이트돼야 하는 상태 변수를 구별해야 한다. 따라서 새로운 설계 설정이 필요하다. 또한 전통적인 서비스는 데이터 센터의 서버에서는 일반적으로 문제가 되지 않는 일부 고유한 중복이 있지만, 각 노드가 (상태 시스템을 복제하는) 연산의 모든 단계에서 동일한 순서로 계정 상태를 업데이트해야 하는 탈중앙화 네트워크에서 증폭된다. 체인이 작동하는 방법을 설명하기 위해 아이비와 함께 체인 코어에 대한 검토를 수행한다. 이 검토의 주요 목적은 하드웨어 보안 모듈HSM, hardware security module 키의 생성 방법, 계정 생성 방법, 자산 거래 방법을 이해하는 데 있다. 해당 계층은 아라곤Aragon과 매우 유사한데, 이에 대해서는 앞서 살펴봤다. 체인 웹사이트에서 아이비 플레이그라운드(https://chain.com/docs/1.2/ivy-playground/install) URL에 접속해 체인 코어를 다운로드한다. 설치가 끝나면 그림 11-4와 같이 체인 코어를 구성한다.

▲ 그림 11-4 체인 코어 구성

검토를 위해 블록체인처럼 작동하는 테스트넷^{testnet}에 참여하지만, 모든 데이터는 매주 재설정된다. 테스트넷은 적절하게 블록체인과 상호작용하는 방법과 체인에서 자산을 관리하는 방법에 대한 이해를 돕는다.

체인 코어의 대시보드에서 오른쪽 Join the Chain Testnet을 선택한 후 Join network를 클릭한다. 여기에서 자습서를 수행하는 옵션이 제공된다. 자습서의 기본 사항을 다루며 체인의 주요 개념에 대한 자세한 정보를 추가한다. 그림 11-5에서 볼 수 있듯이 데시보드의 왼쪽에는 내비게이션 메뉴가 있는데, 체인 코어의 검토에 자주 사용할 것이다. 내비게이션 메뉴는 세 부분으로 분할되어 있다. 상단 부분은 계정, 자산, 거래와 관련 있는 데이터를 다룬다. 중간 부분은 블록체인과 상호작용하는 데 필요한 개인키-공개키를 다룬다. 하단 부분은 일부 개발자 서비스를 제공하며, 검토의 후반부에 아이비 플레이그라운드에 대해 논의할 것이다. 테스트넷과 상호작용을 시작하려면 먼저 키를 생성해야 한다. 체인은 HSM 기반 키 관리를 사용하며, 이 키는 네트워크에 대한 게이트웨이 역할을 한다. 키 생성을 위해 내비게이션 메뉴의 SERVICES 메뉴 아래 MockHSM 메뉴를 클릭한다.

▲ 그림 11-5 체인 대시보드의 내비게이션 메뉴 구성

내비게이션 메뉴는 세 부분으로 분리되어 있다. 계정, 자산, 거래를 포함하는 CORE DATA, HSM 키를 생성할 수 있는 SERVICES, 마지막으로 몇몇 개발자 도구를 포함하는 DEVELOPERS이다. 키 쌍을 생성하기 위해 MockHSM 탭을 사용한다.

HSM 키 쌍이 필요한 이유는 무엇인가? 이 키 쌍은 새로운 자산 유형 생성, 새로운 자산 발행, 새로운 계정 생성에 사용된다. 체인 대시보드의 기본 화면은 거래 화면이다. MockHSM을 클릭하면 'MockHSM 키가 없습니다There are no MockHSM keys'라는 메시지를 볼 수 있다. 이 메시지는 키를 만들지 않았을 때 당연히 발생한다. 이제 New MockHSM key를 클릭해 시작한다. 그림 11-6의 화면을 볼 수 있다. 키의 별칭을 입력하면 해당 이름이 체인 전체에서 사용된다.

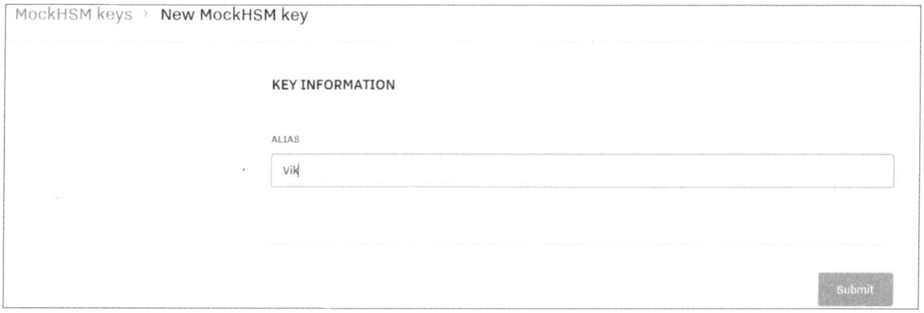

▲ 그림 11-6 신규 HSM 키의 생성. 테스트넷에서 키 데이터는 주 단위로 제거될 수 있다.

Submit을 클릭한 후, 그림 11-7에서처럼 방금 생성한 키를 확인할 수 있다.

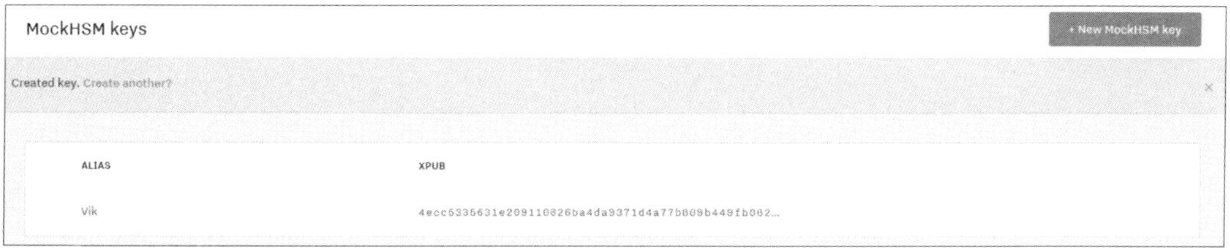

▲ 그림 11-7 별칭이 Vik인 키 생성 확인

이제 키 쌍을 가졌다. 그리고 자산 생성을 위해 키 쌍을 사용할 수 있다. **CORE DATA** 아래의 **Assets** 탭을 클릭하면 일부 기본 자산을 볼 수 있다. 그림 11-8에서 볼 수 있듯이, 작성과 동시에 체인 코어는 2개의 기본값을 갖는다.

▲ **그림 11-8** 체인에서 사용 가능한 기본 자산. 화면 오른쪽 상단의 New asset을 클릭해 신규 자산을 생성한다.

그림 11-9에서 **New asset** 화면을 볼 수 있다.

Assets › **New asset**

ASSET INFORMATION

ALIAS

Silver

TAGS

{
|
}

Contents must be represented as a JSON object

DEFINITION

{
|
}

Contents must be represented as a JSON object

▲ **그림 11-9** 자산 생성 및 서명

프로세스는 두 단계를 요구한다. 첫 번째는 자산 정보를 입력하는 것이다. 이때 JSON 형식으로 자산에 할당된 식별자나 정의를 포함시킨다. 두 번째 단계는 자신의 공개키로 자산에 서명하는 것이다. 여기서는 자산의 이름을 'Silver'로 짓는다.

자산 정보를 완성했을 때, 필요한 경우 스크롤 다운을 하며 방금 생성한 HSM 키로 자산에 서명을 한다. 그림 11-10은 서명 과정을 보여준다. 그림 11-10에서 볼 수 있듯이, 체인 문서는 사용자가 다중 키 인증을 원할 수 있는 이유를 설명해준다.

간단한 경우, 자산 또는 계정은 발행 또는 전송에 필요한 단일 키를 정의한다. 그렇지만 다른 수준의 보안 달성을 위해 또는 다른 사용 패턴을 위해 다중 키의 정의가 가능하다. 예를 들어 2개의 서명 키로 높은 가치의 자산을 정의할 수 있으며, 두 명의 분리된 당사자가 각각 발생하는 거래의 서명을 할 수 있다. 또한 공동 계정을 2개의 서명 키로 정의할 수 있으며, 하나만 요구하는 경우 각 당사자가 개별 전송에 대한 서명을 하면 된다. 필요한 서명의 임곗값을 큐럼(quorum)이라 한다.

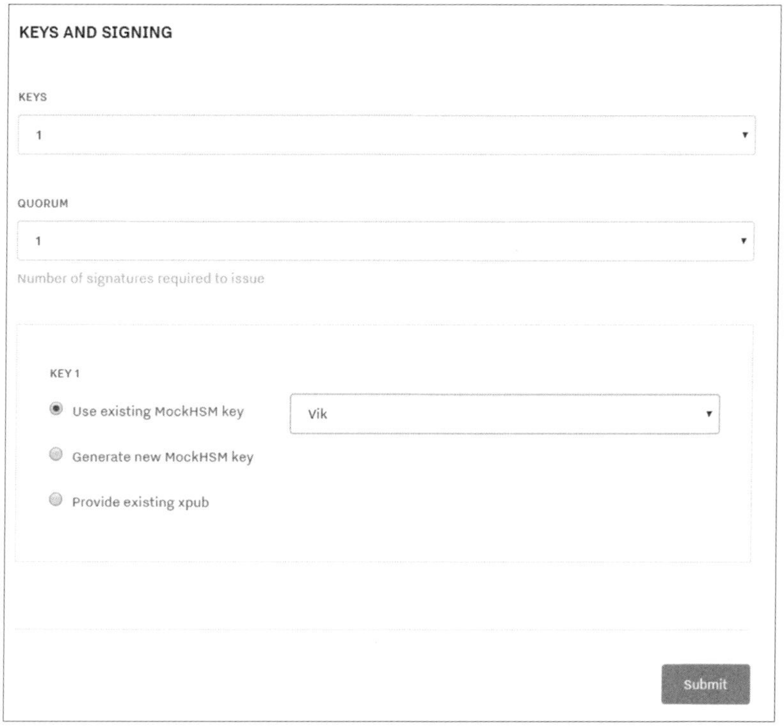

▲ 그림 11-10 자산 서명

고려해야 할 몇몇 매개변수가 여기에 있다. 기본적으로 하나의 키로 서명해 새로운 자산을 생성할 수 있다. 새로운 자산을 승인하기 위해 필요한 서명의 수를 큐럼Quorum이라 한다. 여기서는 기본값을 사용한다. 마지막으로, 생성된 키를 사용해 자산에 서명해야 한다. Submit을 클릭한 후 테스트넷에서 생성한 자산인 Silver를 확인 화면에서 확인할 수 있다.

이제 자산을 보유하게 됐고 해당 자산을 발행해야 한다. 체인에서 사용자는 모든 자산을 관리하고 통제한다. 따라서 발행한 자산은 계정으로 통제해야 한다. 네트워크에서 계정을 아직 보유하고 있지 않기 때문에 이제 내비게이션 메뉴의 Accounts를 클릭해 처리할 것이다. 그래서 계정 화면으로 이동한다. 여기에 앨리스Alice 또는 밥Bob 같은 테스트넷의 샘플 계정이 있으며, Accounts 화면의 오른쪽 모서리에는 새로운 계정을 생성할 수 있는 옵션이 있다. 자산을 생성하기 위해 사용되는 인터페이스 중 하나와 매우 비슷한 인터페이스를 열도록 클릭한다. 사실 여기서는 대부분의 단계가 정확하게 동일하다. 따라서 계정 정보를 채우는 것과 HSM 키로 서명하는 것을 제공한다. 그림 11-11에서는 계정 생성 화면을 보여준다.

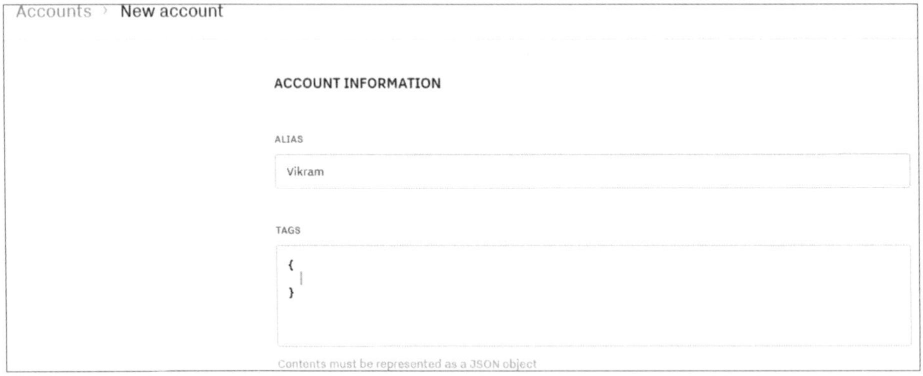

▲ 그림 11-11 신규 계정 생성

계정을 생성하는 데는 두 단계가 있다. 계정 정보와 키 서명을 제공하는 것이다. 첫 번째 단계는 그림 11-11에서 볼 수 있으며, 두 번째 단계는 자산 서명과 정확하게 동일하다.

계정 정보를 제공할 때 HSM 키를 사용해 계정에 서명을 한다. 확인 화면이 방금 생성한 계정을 위해 열린다. 이제 계정 사이의 거래를 설명하기 위해 2개의 계정이 필요하다. Team Rocket이라는 별칭의 두 번째 계정을 생성한다. 그리고 마지막 결과는 그림 11-12와 같이 확인할 수 있다.

▲ **그림 11-12** 계정 요약. 테스트넷의 계정 2개는 거래, 잠금, 잠금 해제를 확인할 수 있게 한다.

이제 2개의 계정을 갖게 됐고 두 계정 사이의 자산 거래를 시작할 수 있다. 체인 코어에서 자산만이 수행되는 네 가지 행위를 가질 수 있다는 점을 주목해야 한다. 자산을 발행, 소비, 전송(통제), 제거(폐기)할 수 있다. 대개 이러한 행위의 조합으로 사용자 간 거래를 할 수 있다. 여기서는 두 가지 거래 유형을 살펴보겠다. 하나는 새로운 자산을 계정에 간단하게 발행하는 것이고, 두 번째는 생성한 두 번째 계정에 자산을 거래되도록 만드는 것이다. 마지막으로, 어떻게 아이비 플레이그라운드에서 이런 행위가 수행되는지 살펴봄으로써 검토를 마친다. 시작을 위해 Transactions 탭을 탐색하고 New transaction을 클릭한다. 그림 11-13에서 New transaction 화면을 확인할 수 있다.

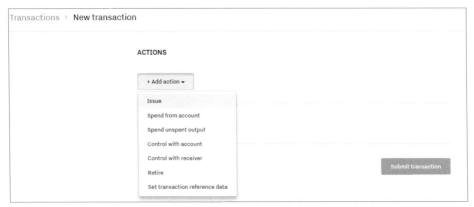

▲ 그림 11-13 신규 거래 화면

앞서 언급했던 네 가지 행위 중 하나에 따라서만 거래를 수행할 수 있다. 각 행위는 거래를 완성하기 위해 주어져야 하는 관련 매개변수의 집합을 갖는다. 여기서는 새로운 자산을 발행하고자 하므로 Issue를 선택한다.

Issue를 선택할 때 다른 화면이 열린다. 이 화면은 그림 11-14에 보이는 것과 같이 발행을 원하는 자산의 매개변수에 대해 질문을 한다.

▲ 그림 11-14 자산 생성. 발행 행위는 먼저 생성하려는 자산의 이름과 마지막으로 발행하고자 하는 금액을 묻는다.

체인에서 자산을 무효화할 수 없다는 사실을 상기한다. 새로운 자산의 생성은 계정에 의한 자산의 통제와 결합된다. 자산을 발행할 때 생성된 첫 번째 계정에 해당 자산을 할당한다. 그림 11-15는 새로운 계정에 전달되고 있는 자산의 통제를 보여준다.

▲ 그림 11-15 자산에 계정 할당

또한 이것은 체인의 계정과 함께 통제로 간주된다. Silver 100개를 생성한 첫 번째 계정에서 전달한다.

할당을 채울 때 이 거래를 제출할 수 있다. 테스트넷에 추가될 것이며, 그림 11-16에서 확인할 수 있다.

▲ 그림 11-16 거래 검증

이 요약은 발행된 자산인 100개의 Silver를 보여준다. 그런 다음 Vikram 계정에 할당된다. 다르게 말해, 자산을 발행하고 그런 다음 생성한 첫 번째 계정으로 통제한다.

이것은 체인에서 할 수 있는 가장 단순한 거래다. 이제 두 명의 사용자 간 거래와 관련된 다음 거래로 넘어간다. 이 시점에 사용 가능한 자산을 만들기 위한 소비 행위와 전달하기 위한 통제 행위를 사용해야 한다. 내비게이션 메뉴의 Transactions 탭으로 돌아가 New transaction을 클릭한다. 발행 행위를 사용하는 대신 이때는 그림 11-17에서 볼 수 있는 것처럼 Send from account를 선택한다.

▲ 그림 11-17 거래를 시작하기 위해 Spend from account 메뉴 사용

거래를 시작하기 위해 Send from account를 선택한다. 다음으로 그림 11-18과 같이 전송하려는 Silver의 양을 정한다. 첫 번째 단계는 사용할 수 있는 자산을 만들기만 한다. 이 단계에서 아직까지는 자산을 회수할 수 있다.

▲ 그림 11-18 Vikram 계정으로 거래에 사용 가능한 Silver 10개를 생성

이제 Silver를 사용할 수 있다. 그림 11-19와 같이 첫 번째 계정에서 두 번째 계정으로 소유권을 이전한다.

▲ 그림 11-19 계정 간 소유권 이전(이 경우에는 Team Rocket)

자산 발행 동안 했던 것과 같이, 자산 거래는 사용할 수 있는 자산을 만드는 하나의 계정을 갖는다. 그리고 두 번째 계정은 해제된 자산을 통제한다.

거래의 발생을 확정하기 위해 **Transactions** 화면으로 돌아갈 수 있다. 그런 다음 가장 최근 거래를 살펴본다. 그림 11-20에서 보는 것처럼 클릭으로 거래를 확장할 수 있다.

▲ 그림 11-20 가장 최근 거래에 대한 요약

첫 번째 계정(Vikram)이 전송한 10개의 자산과 그때 두 번째 계정(Team Rocket)이 통제하는 10개의 자산에 대해 거래에서 경쟁하고 있다는 점을 주목한다.

지금까지 체인 코어의 핵심인 두 가지 거래에 대해 논의했다. 단순히 일정 금액의 자산을 유통에서 제외시키는 것을 의미하는 퇴직 자산 같은, 사용 가능한 더 많은 옵션이 있다. 이것은 네트워크에 대한 희소성 증가의 효과를 갖는다. 이제 행위의 개념을 이해하게 됐다. 체인에서 무엇을 더 할 수 있는가? 체인에서 자산을 관리하고 이동하기 위한 정교한 스크립트를 작성하는 방법은 다소 복잡하다. 블록체인상의 자산을 잠그고 잠금 해제하는 공식적인 스크립트 언어를 개발하기 위해 아이비 플레이그라운드를 도입했다. 개발자는 조건을 스크립트에 추가할 수 있고 값과 자산을 보호하기 위해 더 복합한 계약을 작성한다. 아이비의 주요 목적은 자산의 잠금을 해제할 수 있는 조건을 설명하는 구절의 집합과 함께 자산의 값을 잠그는 것이다. 체인 팀은 이더리움 같은 분산 연산 플랫폼과 비교해서 체인의 계약이 어떻게 다른지에 대해 다음과 같이 말한다.

체인 블록체인의 계약은 변경할 수 없다. 계약을 업데이트할 수 없으며 소비만 할 수 있다. 즉, 블록체인에서 제거된 후 동일한 값을 잠그는 하나 이상의 새로운 계약으로 대체된다.

이러한 불변 상태 모델은 접근 방식을 예를 들어 이더리움 및 패브릭과 구분 짓는다. 이더리움에서 계약은 메시지와 값을 서로에게 전송할 수 있으며 이러한 메시지에 대한 응답으로 자신의 상태를 업데이트할 수 있다.

현재의 스마트 계약 접근 방식 대부분은 블록체인에서 임의의 로직을 실행하는 프로그램을 작성하도록 자유를 주지만, 아이비가 제공하도록 고안된 유형의 안전 보증을 제공하는 것은 본질적으로 불가능하다. 여타 플랫폼들이 무엇이든 쉽게 만들 수 있게 하려는 목표를 가진 반면, 아이비의 목표는 잘못된 것을 만들기 어렵게 하는 데 있다.

이제 공개키 쌍을 사용해 자산을 잠그고 자산을 잠금 해제하는 예제를 살펴보는 것으로 검토를 마치고자 한다. 시작을 위해 내비게이션 메뉴에서 Ivy Playground를 클릭한다. 이것은 키를 사용해 자산을 잠그는 적재된 기본 계약과 함께 플레이그라운드로 이동시킨다. 아이디어는 매우 직관적이다. 잠금을 할 값을 선택한다. 예를 들어, 자산의 경우 Silver 단위로 잠금을 할 수 있으며 그때 자산이 유입되는 계정을 지정한다. 그런 다음 계약에 인수를 제공하는데, 여기에서 유일한 인수는 자산이 키 쌍을 사용해 잠기게 하는 것이다. 그림 11-21에서 이 아이디어를 확인할 수 있다. 그림 11-22와 같이 자산을 잠근 후 잠금 확인 화면을 볼 수 있다.

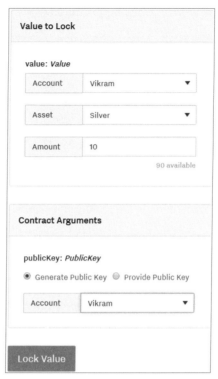

▲ 그림 11-21 블록체인의 자산을 동결하기 위해 자산 매개변수 및 계약 인수를 선택

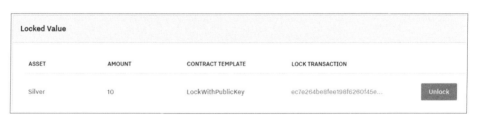

▲ 그림 11-22 블록체인의 키 쌍을 사용해 동결 중인 자산을 확인

> **🖉 참고**
>
> 아이비에 적재된 기본 계약은 또한 가장 단순한 계약이다. 계약 잠금을 위해 자신의 공개키를 사용
> 한다. 자산 잠금 해제를 위해서는 자신의 서명이 필요하다. 자산의 잠금 해제를 위해 사용자의 공개
> 키와 서명을 확인하는 '지출'이라는 구절이 있다.

아이비에서의 잠금 작동 방법을 설명했다. 이제 자산을 잠금 해제하는 방법을 살펴볼 것이다. 잠금 해제를 위해서는 공개키 서명이 필요하며 키는 잠긴 계정과 일치해야 한다는 사실을 상기한다. 그런 다음 그림 11-23에서 보는 것처럼 잠금 해제 대상을 제공할 수 있다.

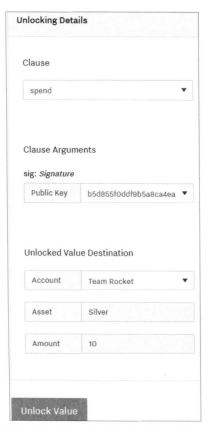

▲ 그림 11-23 아이비 플레이그라운드를 사용해 자산을 잠금 해제

여기서 잠금 해제는 자산 전송을 위해 지출과 함께 수행된다. 먼저 서명을 인수로 제공하고 잠금 해제된 값에 대한 대상을 제공한다. 이 대상은 잠금 해제된 자산의 양을 통제한다. 이 프로세스가 먼저 수행한 거래와 매우 비슷하다는 점을 주목한다.

이것으로 체인 코어와 아이비의 검토를 끝마친다. HSM 키를 생성하는 방법, 새로운 계정을 생성하는 방법, 그리고 체인에서 사용 가능한 다른 거래 모드에 중점을 두었다. 마지막으로, 스마트 계약에서 조항을 추가하기 위해 아이비를 사용하는 방법도 논의했다. 이 스마트 계약으로 블록체인에서 자산을 더욱 정교하게 관리할 수가 있다. 이제 다음 주제인 큐럼 블록체인에 관한 논의로 이어가자.

이더리움 엔터프라이즈 얼라이언스

최근 JP모건^{JPMorgan}, 마이크로소프트, 액센츄어^{Accenture} 같은 DAO 핵(9장에서 다룸) 기업은 EEA라는 컨소시엄을 구성해 대량의 거래와 비즈니스 애플리케이션을 처리할 수 있는 기업 수준 이더리움 블록체인을 만들었다. JP모건은 이더리움의 기업 수준 허가 버전인 큐럼을 가지고 EEA를 제공하면서 거대한 개발 자원을 제공했다.

> ### 🔗 참고
> 허가된 원장이란 무엇인가? 허가된 블록체인은 생산자 또는 채굴자를 차단할 수 있는 당사자를 제한해, 궁극적으로 전역 상태의 합의에 공헌하는 것을 제한한다. 금융 세계에서 이런 유형의 검증은 대중을 위한 제품을 확장하는 데 필요해질 것이다.

깃허브의 큐럼 개발자 페이지는 이더리움보다 개선된 다음과 같은 특징을 보여준다.

- **프라이버시**^{privacy} : 기업의 업무에 적합한 큐럼을 만들기 위한 주요 혁신은 사설 거래 및 사설 계약을 통해 프라이버시를 도입하는 것이다. 이것은 콘스텔레이션^{Constellation}을 사용해 달성할 수 있는데, 콘스텔레이션은 개인 정보의 흐름을 적절한 네트워크 참여자에게 지시할 수 있는 P2P 메시징 데몬이다.
- **대체 합의**^{alternative consensus} : 큐럼은 허가된 원장에 대한 작업 증명/지분 증명에 의존하지 않는다. 대신 기업 수준 블록체인에 더 적합한 두 가지 합의 메커니즘이 있다.

- **큐럼체인**^{QuorumChain} : 합의 달성을 위해 노드의 투표에 의존하는 새로운 스마트 계약 기반 모델

- **래프트 기반 합의**^{Raft-base Consensus} : 블록 생성 시간이 매우 빠른 폐쇄적인 회원 컨소시엄 설정에 적합한 합의 모델

- **노드 허가**^{node permissioning} : 적절한 식별 키를 보유하고 허가된 네트워크에 참여하도록 등록된 노드와의 연결만 허용하는 큐럼의 기능

- **고성능**^{higher performance} : 큐럼은 은행 수준 거래량을 작동하는 데 필요한 것처럼 대량의 환경에 사용되는 이더리움보다 상당히 더 고성능을 제공해야 한다.

이제 기능에 대해 살펴보겠다. 큐럼에서 사용 가능한 두 가지 합의 메커니즘의 핵심 개념에 대한 논의를 시작한다. 그런 다음 개인 거래를 처리할 수 있는 노드를 변경한 내용을 다룬다. 마지막으로, 콘스텔레이션과 허가된 네트워크의 데이터 거래를 촉진하는 작업 방법에 대해 논의할 것이다. 큐럼 기능의 요약과 JP모건이 만든 개인 거래에 대한 기술적 논의도 이어진다. 이제 합의 메커니즘으로 논의를 시작해보자.

- **큐럼체인**^{QuorumChain} : 큐럼체인은 스마트 계약이 당사자(노드)가 블록에 대한 승인 또는 거절 투표를 할 수 있는지 결정하는 주요 투표 합의 메커니즘이다. 큐럼의 참여 노드는 실제로 블록을 구성하는 제작자 노드이거나 블록의 유효성에 투표하는 유권자 노드일 수 있다. 큐럼체인은 에크레코버^{ecrecover} 같은 이더리움의 서명 확인 방법을 사용해 제작자 노드와 유권자 노드에서 받은 투표의 유효성을 검사한다. 유권자 노드 투표가 임곗값에 도달하면 네트워크에 해당 블록을 허용한다.

- **래프트 기반 합의**^{raft-base consensus} : 래프트 기반 시스템에서 기본 작업 단위는 로그 항목이다. 로그는 순서가 있는 이벤트이며, 네트워크의 모든 구성원이 항목 및 해당 순서에 동의하면 일관된 것으로 간주한다. 래프트에서 노드는 리더이거나 추종자일 수 있다. 모든 노드는 추종자로 시작한다. 결국 근접 선거 과정을 통해 하나의 노드가 리더가 된다. 모든 노드가 새로운 블록을 채굴할 수 있는 이더리움과 비교하거나 특정 단계의 리더가 될 수 있다. 래프트에서 리더만 진정한 의미로 블록을

'단조'할 수 있지만 리더는 어떠한 PoW도 제시할 필요가 없다. 대신 리더는 추종자가 투표하는 블록을 제안한다. 투표의 정족수(다수결)를 얻으면 블록체인을 확장하기 위해 다음 블록으로 받아들인다. 또한 추종자는 리더에게 인지[acknowledgment]를 보낸다. 그러면 블록을 로그 항목에 추가한다. 리더가 인지를 받으면 모든 노드에게 새로운 항목(블록)이 로그에 커밋됐음을 알린다.

이제 합의에 대해 논의했으므로 노드가 개인 거래를 수용하는 것에 대해 살펴보자. 이더리움에서 모든 거래는 공개되고 기본적으로 노드는 공개적으로 브로드캐스트되는 거래만 허용한다. 큐럼의 작동을 위해 다음과 같은 변경을 해야 한다.

- 투표 기반의 큐럼체인이 작업 증명 합의 알고리즘을 대체한다. 궁극적인 목적은 플러그 가능한 합의라는 모델 내 블록체인상에서 동작하는 여러 합의 알고리즘을 확보하는 것이다.
- 허가된 원장에 연결된 노드가 식별되고 등록되는 변경된 연결 계층이 있다.
- 상태 트리를 공개 상태 트리와 사설 상태 트리라는 두 가지 트리로 분할한다.
- 사설 거래를 포함한 새로운 로직이 블록을 검증할 수 있다.
- 필요한 프라이버시를 보존하기 위해 암호화 해시와 대체되는 일부 데이터로 거래를 생성할 수 있다.

네트워크를 통해 사설 거래 및 계약을 전파하고 개인 데이터의 흐름을 처리하는 방법은 무엇인가? 우선, privateFor라는 ETM의 새로운 선택적 매개변수가 있으며 여러 주소를 사용할 수 있다. 큐럼은 이 매개변수의 주소를 네트워크에서 개인 주소로 처리한다. 특정 거래를 개인용으로 표시하기 위해 새로운 거래 유형인 IsPrivate을 도입했다. 그렇지만 사설 거래의 전파를 가능하게 하는 주요 도구는 P2P 암호화 메시지 교환인 콘스텔레이션이다. 여기에 프라이버시를 제공하기 위한 큐럼 내의 기본 콘스텔레이션[Constellation] 동작 방법이 있다. 큐럼 네트워크에 개인 거래를 전파하기 전, 거래 내부에 포함된 메시지와 헤더는 콘스텔레이션에서 수신한 암호화된 페이로드의 해시로 대체된다. 네트워크의 일부 참여자는 콘스텔레이션의 페이로드에 공개키를 포함한다. 이러한 사용자가 페이로드를 수신하면 콘스텔레이션 자체 인스턴스를 사용해 복호화할 수 있다. 다른 모든 참여자는 암호화된 해시를 볼 수만 있고 거래를 건너뛴다. 관련된 참여자는 페이로드를 복호화하고, 결과로 내부 상태를 업데이트하면서 실행을 위해 EVM에 페이로드를 전송한다. 프라이버시를 유지하는 데 있어 중요한 역할을 하는 콘스텔레이션의 두 가지 구성요소는 거래 관리자transaction manager와 영토enclave다.

거래 관리자는 암호화된 거래 데이터를 저장하고 참여자 간 암호화된 페이로드의 교환을 가능하게 하며, 만족스러운 조건이 충족되는 경우 개인 거래의 전파를 관리한다. 또한 특별히 암호화 기능을 위한 영토로 큐럼의 다른 모듈을 호출하는 기능을 수행한다. 많은 면에서 거래 관리자는 큐럼의 하나의 구성요소에서 또 다른 요소로 메시지 흐름을 통제하는 중앙의 허브처럼 동작한다. 영토는 큐럼의 암호학적 핵심이다. 거래 관리자 자체는 민감한 정보나 핵심에 접근하지는 않으며, 대칭키 생성과 암호화 및 복호화 같은 암호화 태스크를 영토에 위임한다. 또한 네트워크의 계정에 대한 개인키도 보유한다. 거래 관리자와 영토 모두는 보안을 강화하기 위한 그 밖의 구성요소와 분리되어 있다.

zk-SNARK

영 지식 증명Zero-knowledge proof 또는 zk-SNARKZero Knowledge Succinct Noninteractive Arguments of Knowledge는 ZCash 고유의 새로운 기술이며, 블록체인에서 발생하는 거래에서 프라이버시 및 익명성을 유지 관리한다. 최근 EEA는 ZCash의 배후 팀이 큐럼에 대한 zk-SNARK 계층을 구현하도록 도와 블록체인에서 거래의 보안과 프라이버시를 강화한다. 영 지식 증명의 작동 방법은 어떻게 되는가? zk-SNARK 기술은 대개 복잡한 지불 상황에서 사용된다. 이제 예제를 살펴보자. 앨리스가 X, Y, Z 중 하나가 발생하면 스마트 계약에서 돈을 받는다고 가정한다. 이제 이러한 상황(X, Y, Z)은 앨리스의 건강이나 대중에게 공개되지 않기를 바라는 비즈니스 결정 등에 민감할 수 있다. 이것은 zk-SNARK가 빛나게 하는 부분이다. 세 가지 조건(X, Y, Z) 중 하나가 발생하는 스마트 계약에 대한 증명을 생성할 수 있지만 정확한 조건의 발생에 대해서는 누설하지 않는다. 더 공식적으로는 콘센시스^{ConsenSys}의 크리스티앙 룬드비스트^{Christian Lundkvist}가 영 지식 증명을 다음과 같이 설명했다.

> 영 지식 증명의 목적은 입증자가 검증자나 다른 사람에 대한 증인을 밝히지 않고 일부 관계에 만족하며 증인(witness)이라는 비밀 매개변수에 대한 지식을 소유하고 있음을 확신시킬 수 있게 하는 것이다.

앞선 예제에서 앨리스의 세 가지 선택은 증인을 구성했고, 발생한 것 중 하나를 스마트 계약에 증명해야 하지만, 특정 환경에서 밝힐 필요는 없다. ZCash의 페이지 피터슨^{Paige Peterson}은 zk-SNARK가 결제 계층으로 간주되어 거래에서 향상된 프라이버시와 보안을 제공하는 것을 확인했다. (컨센서스 2017에서 설명한) 궁극적인 목표는 영 지식 증명을 불가지론적 블록체인으로 만들며 서비스로 정착 계층을 구현하는 것이다. 허가된 원장이 기업 수준 거래를 수행하는 패러다임 이동은 영 지식 증명과 통합에 대한 미래다. 일부 교훈과 더 좋은 정착 계층을 통해, 헬스케어 애플리케이션은 환자 데이터를 보호하고 프라이버시를 관리하는 일부 믿지 못할 정도의 기회가 있다.

> **🔗 참고**
>
> 이 책의 집필 당시, zk-SNARK 세계에 매우 흥미로운 개발이 발표됐다. 조크레이츠(ZoKrates)는 고수준 프로그래밍 언어로, 이 언어를 사용해 이더리움 호환 ZKP로 컴파일하고 체인에서 실행될 수 있는 영 지식 증명을 작성할 수 있다.

큐럼 검토

그림 11-24와 그림 11-25는 허가하에 JP모건의 발표에서 가져온 슬라이드이며, 데이비드 보엘^{David Voell}의 하이퍼레저 프로젝트에 제공한 높은 수준의 요약을 제공한다.

쿼럼: 데이터 프라이버시를 제공하는 이더리움의 허가된 구현

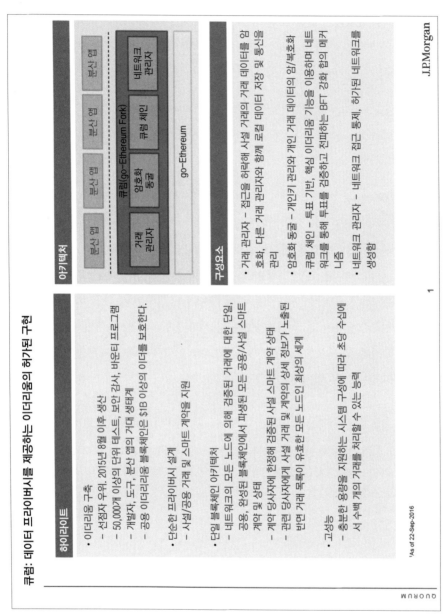

하이라이트

- 이더리움 구축
  - 선점자 우위. 2015년 8월 이후 생산
  - 50,000개 이상의 단위 테스트, 보안 감사, 바운티 프로그램
  - 개발자, 도구, 분산 엠의 거대 생태계
  - 공용 이더리움 블록체인은 $1B 이상의 이더를 보호한다.

- 단순한 프라이버시 설계
  - 사설/공용 거래 및 스마트 계약을 지원

- 단일 블록체인 아키텍처
  - 네트워크의 모든 노드에 의해 검증된 거래에 대한 단일, 공용, 완성된 블록체인에서 파생된 모든 공용/사설 스마트 계약 및 상태
  - 관련 당사자에게 한정해 검증된 사설 스마트 계약 상태
  - 관련 당사자에게 사설 거래 및 계약의 상세 정보가 노출된 반면 거래 목록이 유효한 모든 노드의 최상의 세계

- 고성능
  - 충분한 용량을 지원하는 시스템 구성에 따라 초당 수십에서 수백 개의 거래를 처리할 수 있는 능력

아키텍처

분산 엠　분산 엠　분산 엠　분산 엠

쿼럼(go-Ethereum Fork)

거래 관리자　암호화 통궁　쿼럼 체인　네트워크 관리자

go-Ethereum

구성요소

- 거래 관리자 – 접근을 허락해 사설 거래의 거래 데이터를 암호화, 다른 거래 관리자와 함께 로컬 데이터 저장 및 통신을 관리
- 암호화 통궁 – 개인키 관리와 개인 거래 데이터의 암/복호화
- 쿼럼 체인 – 투표 기반, 핵심 이더리움 기능을 이용하며 네트워크를 통해 투표를 검증하고 전파하는 BFT 강화 합의 메커니즘
- 네트워크 관리자 – 네트워크 접근 통제, 허가된 네트워크를 생성함

J.P.Morgan

'As of 22-Sep-2016

1

QUORUM

▲ 그림 11-24 쿼럼과 쿼럼의 핵심 혁신에 대한 개요

프라이버시를 위한 실용적 접근

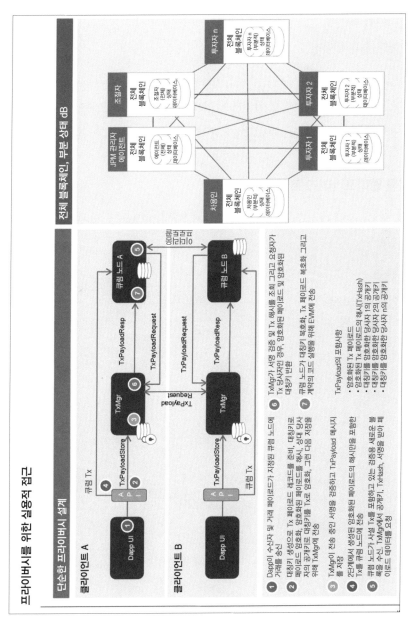

▲ 그림 11-25 큐럼 네트워크를 전파하고 있는 프라이버시 및 사설 거래의 요약

그림 11-24의 오른쪽 상단 모서리에서, 앞서 모든 주요 구성요소를 설명했던 큐럼의 구조적 설계에 주목해보자.

이 슬라이드의 가장 중요한 요점은 큐럼 네트워크를 통해 전파되는 개인 거래의 상세한 흐름이다. 이러한 흐름을 설명할 기회가 없었으므로, 슬라이드에 포함된 내용을 통해 큐럼에서 개인 거래와 암호화된 페이로드가 동작하는 방법을 더 잘 이해할 수 있을 것이다.

이더리움 엔터프라이즈 로드맵

그림 11-26과 그림 11-27은 밥 서머윌Bob Summerwill이 제공한 EEA에 대한 업데이트에서 가져왔다.

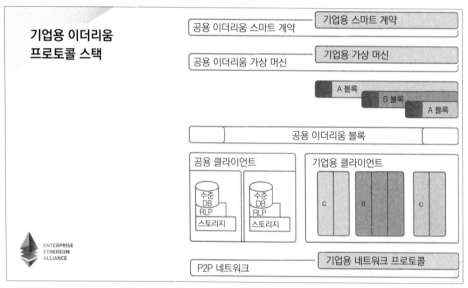

▲ 그림 11-26 기업 수준 거래를 처리하기 위해 변경된 이더리움의 새로운 프로토콜 스택

이 예제에서 프라이버시는 중요하며, 대부분의 채굴자(노드)는 알려지고 신뢰할 수 있다. 기업용 프로토콜이 프라이버시를 보호하기 위해 필요한 변경과 함께 공유된 공용-사설 블록체인의 상위에 있음을 주목한다. 공용 클라이언트는 동일한 스토리지, 가상 머신을

공유하지만 사설 및 기업용 클라이언트는 격리된 스토리지 및 명령의 암호화된 페이로드를 실행하는 가상 머신을 갖는다. 좀 더 광범위하게 말해서, 이더리움 엔터프라이즈Ethereum Enterprise는 EEA가 개발하고 있는 단순한 큐럼보다 더 큰 움직임이 있다. 이제 이전 단계로 돌아가 기업용 버전이 필요한 이유를 논의해보자. 콘센시스의 제레미 밀러Jeremy Miller는 세 가지 주요 이유를 제시했다.

- 이더리움은 신뢰 없는 거래 요구사항이 절대적인 성능보다 중요한 공용 체인 배포를 위해 초기에 개발됐다. 현재 공용 체인 합의 알고리즘(특히 작업 증명PoW)은 신뢰된 행위자 및 높은 처리량의 요구로 네트워크에 과부하를 발생시키고 있다.
- 정의에 의한 공개 체인은 적어도 초기에는 프라이버시와 권한 요구사항에 제한이 있었다. 이더리움이 스마트 계약 및 네트워크 계층에서 구현되도록 권한을 부여하지만, 전통적인 기업 보안과 ID 아키텍처나 데이터 프라이버시 요구사항과 쉽게 호환되지는 않는다.
- 자연히 (이더리움 개선 제안에서 두드러진) 현재의 이더리움 개선 프로세스는 공용 체인 문제가 거의 지배적이며, 이전에 기업 IT 요구사항을 명확하게 하고 우선순위를 정하는 문제를 갖고 있었다.

2017년 EEA의 주요 기술 목표는 무엇인가? 그림 11-27은 세 가지 중점 사항을 제시한다.

가장 큰 중점 사항은 사용자가 실행하는 거래 및 스마트 계약을 구성할 수 있도록 높은 수준의 프라이버시(현재 주요 로드블록으로서 JP모건이 식별)를 제공하는 것이다. 하이브리드 공용-개인 체인은 컨소시엄 형태의 완벽한 모델이 될 수 있다. 다음 중점 사항은 플러그 가능한 합의 모델을 만드는 것으로, 이 모델은 거래와 복잡한 상황에서 사용 사례에 최선의 합의 메커니즘을 사용하게 하는 것이다. 마지막으로, 대용량은 큐럼의 성공을 위해 중요하다. 따라서 측정 및 개선을 위한 더 좋은 벤치마킹 도구를 개발하는 것이 광범위하게 채택됐다는 것이 핵심이다.

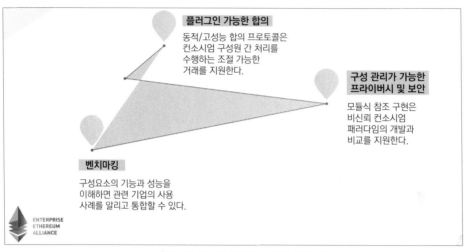

플러그인 가능한 합의
동적/고성능 합의 프로토콜은 컨소시엄 구성원 간 처리를 수행하는 조절 가능한 거래를 지원한다.

구성 관리가 가능한 프라이버시 및 보안
모듈식 참조 구현은 비신뢰 컨소시엄 패러다임의 개발과 비교를 지원한다.

벤치마킹
구성요소의 기능과 성능을 이해하면 관련 기업의 사용 사례를 알리고 통합할 수 있다.

▲ 그림 11-27 2017년 큐럼의 세 가지 중점 영역

요약

블록체인 세계의 연구 및 개발의 급속한 성장은 전통적인 인터넷 회사와 블록체인 회사의 가치 창출에 대한 좀 더 깊은 이해를 통해 설명할 수 있다. 조엘 모네그로Joel Monegro와 나발 라비칸트Naval Ravikant는 블록체인 공간에서 대부분의 혁신이 핵심 기술 수준에서 발생하는 무거운 프로토콜의 아이디어에 대해 논의했다. 그런 다음 토큰 계층이 기본 아키텍처의 사용을 통해 수익을 창출하고 애플리케이션 계층에 접근할 수 있게 한다.

참고문헌

11장을 준비하는 데 사용한 주요 참고문헌은 EOS 개발자 지침서와 문서, 체인 개발자 지침서와 API 문서, 큐럼 문서, 하이퍼레저 큐럼 발표자료, 밥 서머윌이 발표한 이더리움 엔터프라이즈 협력 로드맵이다.

12

기술 혁명과 금융 자본

전 세계 금융 시장은 혁신 없이 대부분의 비즈니스와 금융 모델이 곧 쓸모없어질 수 있음을 명확하게 하는 급격한 변화를 겪고 있다. 전 세계 금융 시스템에 대한 최근의 개관은 현재 시스템을 다음과 같이 설명한다.

시스템은 하루에 수십억 달러의 돈이 움직이고 수십억 명의 사람들에게 서비스를 제공하지만, 많은 문제와 수수료 및 지연을 통해 발생하는 비용 추가, 번거로운 문서 작업을 통해 발생하는 마찰, 사기 및 범죄의 기회가 시스템에 존재한다. 알고 있는 지식의 범위에서 지불 네트워크, 증권 거래소, 환전 서비스 같은 금융 중개 기관의 45%가 해마다 경제적 위기로 고통을 호소하고 있다. 이 수치는 전체 경제의 37%, 전문 서비스 및 기술 분야가 각각 20%와 27%에 불과하다. 규제 비용은 가파르게 증가하고 있고 은행가의 상위 고려사항이 여전히 남아 있다는 것은 놀라운 일이 아니다. 이 모든 것이 비용을 증가시키고 궁극적으로 소비자에게 부담을 안길 것이다.[1]

---

1   https://hbr.org/2017/03/how-blockchain-is-changing-finance

댄 탭스콧Dan Tapscott은 금융 시스템이 여러 가지 이유로 비효율적이라 지적했다. 세 가지 구체적인 현실은 다음과 같다.

첫째, 시대에 뒤떨어져 있기 때문에 산업 기술과 문서 기반 프로세스의 조잡한 인터페이스가 디지털 래퍼(wrapper)로 단장했다. 둘째, 중앙집중화로 변경에 저항하고 시스템 오류 및 공격에 취약하다. 셋째, 수십억 명의 사람들이 기본적인 금융 도구에 대한 접근이 거부되도록 배제되어 있다. 은행가는 창조적 파괴 혁신을 회피했고 투명하지 않은 반면, 경제적 활력과 발전에 결정적인 역할을 한다.[2]

글로벌 금융 시장과 관련된 이슈와 블록체인이 금융 시장에서 효율성을 위한 혁신적인 솔루션일 수 있는 이유를 살펴보며 이 장을 시작한다. 그런 다음 벤처 캐피털, 가상화폐공개ICO, 암호화폐, 토큰, 거래에 대한 주제로 이동한다. 중요한 가상화폐공개 시장 영향, 규제 상태, 보안과 거래 위원회SEC, Securities and Exchange Commission 관계, 고유 기술, 비즈니스 모델, 레그테크RegTech, 그리고 관련 이슈에 대해 다룬다. 이러한 개념과 이슈를 검토할 때 다음과 같은 질문들이 떠오를 수 있다.

- 크라우드펀딩이 블록체인 애플리케이션을 확장하는 방법은 무엇인가?
- 새로운 회사와 대출 플랫폼을 생성하는 방법은 무엇인가?
- 레그테크RegTech가 효율적인 규제 준수를 위해 시장의 필요에 대한 답을 할 수 있는가?
- 은행 및 투자 은행에 대한 핀테크FinTech 시장의 영향은 무엇인가?
- 가상화폐공개ICO 자금 모금의 상태와 가상화폐공개의 거품은 무엇인가?
- 기술이 금융 기회의 민주화에 도움을 줌으로써 모든 계층의 사람들이 금융 시장에 참여하는 방법은 무엇인가?

다수의 거대 금융 그룹의 상태와 블록체인, 핀테크, 그 밖의 금융 기술의 관계 상태에 대해 논의하고 이 장을 마무리하겠다.

---

2 http://hrb.org/2017/03/how-blockchain-is-changing-finance

블록체인 산업 현황

블록체인 산업은 2017년 2분기에 큰 성장을 보였다. 스미스앤크라운^{Smith & Crown}에 따르면 이때는 블록체인 산업 전반의 성장 시기였다. 암호 토큰 시장은 몇 주 동안 두세 배의 가치 성장을 보였다. 이 분기의 스미스앤크라운 지수^{SCI, Smith & Crown Index}는 4월과 6월 사이 두 배 이상의 가치 상승을 보이는 상승 장을 반영했다. 암호 토큰 시장의 자본 성장은 토큰 판매 시장의 활발한 활동을 동반했다. 모든 계정에서 2017년 2분기는 기록적인 기간이었다.[3]

블록체인 솔루션

이전 장들에서 언급했듯이, 블록체인은 금융 시스템의 비효율성을 탈피하는 혁신적인 솔루션이다. 카스텔레인^{Kastelein}은 블록체인이 금융 시장 거래의 방식을 변경하도록 허용하는 블록체인의 근간이 되는 다섯 가지 기본 원칙에 대해 말했다. 여기에서 기술 근간인 다섯 가지 기본 원칙을 살펴볼 만한 가치가 충분히 있다.

- **분산 데이터베이스**^{distributed database}: 블록체인의 각 당사자는 전체 데이터베이스와 전체 이력에 접근할 수 있다. 데이터나 정보를 통제하는 유일한 한 명의 당사자는 없다. 각 당사자는 중개자 없이 직접 거래 파트너의 기록을 검증할 수 있다.
- **P2P 전송**^{peer-to-peer transmission}: 통신은 중앙 노드를 통하지 않고 대신 상호 간 직접 발생한다. 각 노드는 다른 모든 노드에 정보를 저장하고 전달한다.
- **익명성을 가진 투명성**^{transparency with pseudonymity}: 모든 거래 및 그것과 관련된 값은 시스템에 접근할 수 있는 모든 사람이 살펴볼 수 있다. 블록체인의 각 노드 또는 사람은 고유한 30자 이상의 영문 숫자 주소를 갖는다. 사용자는 익명으로 남아 있거나 자신의 신원을 다른 사람에게 증명할 수 있다. 거래는 블록체인 주소 사이에서 발생한다.

---

3   https://www.smithandcrown.com/categories/feature/

- **기록의 비가역성**irreversibility of records : 데이터베이스에서 거래가 입력되고 계정이 업데이트되면 기록을 변경할 수 없다. 왜냐하면 ('체인'이라는 용어와 같이) 기록이 이전 거래의 모든 거래 기록에 연결되어 있기 때문이다. 데이터베이스의 기록이 영구적이며 연대순으로 정렬되어 있음을 보증하기 위해 다양한 연산 알고리즘과 접근 방법을 배포하고 네트워크상의 다른 모든 사람이 사용할 수 있게 한다.
- **연산 로직**computational logic : 원장의 디지털 특성은 블록체인 거래가 연산 로직과 연결될 수 있고 본질적으로 프로그래밍될 수 있음을 의미한다. 따라서 사용자는 노드[4] 사이의 거래를 자동으로 트리거하는 알고리즘과 규칙을 설정한다.

탭스콧Tapscott이 다음과 같이 언급했다.

> 인류 역사상 처음으로 둘 이상의 당사자가 서로 모르는 상태에서 계약과 거래를 할 수 있으며, 중개인(은행, 신용 평가 기관, 정부)에 의존하지 않고 자신의 신원을 검증하고 신뢰를 확립하며 중요한 비즈니스 로직(계약, 정리, 정착, 기록 유지 임무 등)을 수행하는 모든 형태의 상거래에 근본적인 역할을 한다.[5]

블록체인 애플리케이션은 P2P 거래 및 협력을 통해 경제적으로 모든 참여자의 거래 비용을 감소시킬 수 있다. 블록체인은 신기술을 사용하고 사고 리더십을 발휘해 진정으로 게임을 변화시키는 금융 시장 솔루션이다.

벤처 캐피털과 가상화폐공개

진짜 질문은 다음과 같다. 가상화폐공개ICO, initial coin offering가 자금 모집 모델로서 전통적인 벤처 캐피털을 대체할 것인가? 1년 안에 벤처 캐피털 산업에서 압도적이 될 것이며, 가상화폐공개라는 새롭고 혁신적인 자금 모집 방법으로 변경될 것이라 상상할 수 있는

---

4   https://hrb.org/2017/03/what–initial–coin–offerings–are–and–why–vc–firms–care
5   https://hrb.org/2017/03/how–blockchain–is–changing–finance

사람은 매우 드물 것이다. 또한 토큰 판매로 알려진 가상화폐공개는 블록체인 기술, 크라우드펀딩, 혁신적 자산 아이디어와 새로운 모델로 개발된 암호화폐 투자는 서로 함께 이어져 왔다. 가상화폐공개는 벤처 캐피털 산업의 위협이자 기회다.

전통적인 벤처 자본가는 암호화폐, 블록체인 투자, 유동성, 빠른 금융 회수의 잠재력에서 오는 이익을 위해 가상화폐공개에서 기회를 살피고 있다. 전통적인 벤처 자본가가 운영하는 방식과 시장에서의 지위에 혼란이 있을 수 있다. 이것은 기술 혁신으로 피어난 금융 시장에 대한 변화의 시기이자 큰 관심사다. SEC는 최근 가상화폐공개가 보안법의 적용을 받는다는 주장의 편지를 썼다. SEC가 암호화폐 문제와 가상화폐공개에 대해 행동할 것이라는 확실성이 큰 질문 하나를 해결한다. 그렇지만 개인, 그룹, 공개가 SEC의 규제를 준수하기 위한 방법은 명확하지 않다. 이 프로세스는 해결에 시간이 필요하고 규칙과 전례가 수립돼야 한다.

가상화폐공개

가상화폐공개[ICO]는 새로운 암호화폐의 공개에 대한 크라우드펀딩을 의미한다. 일반적으로 새로운 암호화폐용 토큰은 암호화폐가 배포되기 전에 기술 개발용 자금을 모금하기 위해 판매한다. 기업공개[IPO, initial public offering]와 다르게 새로운 암호화폐를 개발하는 회사에서 토큰의 취득에 대해 소유권을 인정하지 않는다. 기업공개와 달리 가상화폐공개에 대한 정부의 포괄적인 규제는 없다.[6]

분산 원장 방법론을 사용하는 가상화폐공개와 새로운 펀딩 모델은 기업공개와 사설 투자(벤처 캐피털) 모두를 혼란에 빠트리기 시작한다. 코인 데스크[Coin Desk]의 기사는 벤처 캐피털 형성에 대한 블록체인의 영향을 설명했다. 코인 데스크는 다음과 같이 말했다. "기업가와 투자자 입장에서 제한적인 규제 지침이 요구되고 관심이 높다. 가상화폐공개는 자

---

6   https://en.wikipedia.org/w/index.php?title=Initial_coin_offering&oldid=784220634

금 조달 메커니즘으로서 계속해서 관심을 얻을 수 있다."[7]

「하버드 비즈니스 리뷰Harvard Business Review」의 기고가 리처드 카스텔레인Richard Kastelein은 다음과 같이 언급했다. "가상화폐공개는 빠르게 확장하는 방식으로 암호화폐 시장을 변화시킨다. 또한 벤처 캐피털 산업은 이러한 새로운 금융 투자에 대해 이해하려고 노력하고 있다. 비트코인 커뮤니티는 블록체인 기술, 새로운 부, 현명한 기업가, 블록체인 연료화 아이디어로 뒷받침되는 암호 투자자가 융합되는 상황을 만들었다."[8]

가상화폐공개는 제기된 자금 모집 측면에서 전체 크라우드펀딩의 상황을 지배하고 있으며, 상위 20건 중 절반이 암호 커뮤니티에서 발생한다. 골드만삭스Goldman Sachs, 나스닥Nasdaq, 인터콘티넨탈 익스체인지Intercontinetal Exchange, 뉴욕 주식 거래소New York Stock Exchange를 소유한 미국 지주 회사 등의 IP 및 비즈니스에서 지배적인 회사는 블록체인 모험에서 가장 큰 투자자 중 하나다.[9]

코인 텔레그래프Coin Telegraph는 가상화폐공개를 다음과 같이 설명한다.

> 최근 암호화폐 및 블록체인 산업에서 크라우드펀딩 프로젝트의 개념이 부각되고 있다. 회사가 자금 모집을 목적으로 자신의 암호화폐를 공개하는 경우 특정 수의 암호 토큰을 공개한 다음 해당 토큰을 의도한 대상에게 판매한다. 가장 일반적으로 비트코인과 교환하지만 돈을 절약할 수 있다. 결과적으로 회사는 제품 개발을 위한 자금을 확보하고 청중 회원은 암호 토큰 공유를 얻으며 공유에 대한 완전한 소유권을 갖는다.[10]

SONM 실행 모델을 이용해 가상화폐공개를 만드는 방법과 실행 단계를 설명할 수 있다. 먼저 SONM이란 무엇인가? "SONM은 탈중앙화 전 세계 포그 컴퓨팅인 글로벌 운영체제다. 제한 없는 연산 능력(IoE, IoT)을 포함하는 잠재력을 지니고 있다. SONM 시스템을 사용해 구성된 전 세계적인 연산은 CGI 렌더링에서부터 과학 연산까지 수많은 태스크를

---

7   https://www.coindesk.com/ico-investments-pass-vc-funding-in-blockchain-market-first/

8   http://hrb.org/2017/03/what-initial-coin-offerings-are-and-why-vc-firms-care

9   http://hrb.org/2017/03/what-initial-coin-offerings-are-and-why-vc-firms-care

10   https://cointelegraph.com/explained/ico-explained

완성하도록 서비스를 제공할 수 있다."[11]

SONM의 특징은 구매자와 작업자가 중개자 없이 상호작용할 수 있는 탈중앙화 개방 구조다. 다른 클라우드 서비스(예: 아마존, 마이크로소프트, 구글)와 다르게 먼저 높은 수익의 시장을 구축하는 것이다.

광범위한 탈중앙화 클라우드 서비스와 다르게 SONM 프로젝트는 디바이스의 탈중앙화 풀로 포그 컴퓨팅 구조를 구현하며, 이러한 모든 것은 인터넷(IoT/IoE)에 연결된다.

SONM은 포그 컴퓨팅을 위해 SOSNA 아키텍처를 사용해 구현한다.

SONM 가상화폐공개에서 특정 실행 단계는 다음과 같다.

- SONM 플랫폼은 SONM(증권 시세 표시기 SNM)과 동일한 이름의 토큰을 사용한다.
- SNM의 총 공급은 크라우드펀딩 기간 동안 생성된 토큰의 양에 따라 제한된다.
- SNM 토큰은 스마트 계약 기반 시스템을 사용하는 계산에 대한 지불을 위해 연산 자원 구매자가 사용한다.
- SNM은 구현 표준, 이더리움 지갑을 포함하는 토큰의 저장과 관리에 사용되는 이더리움 블록체인에서 발생한 토큰이다.
- SONM 프로젝트 크라우드펀딩, 가상화폐공개, SNM 생성은 이더리움 스마트 계약을 사용해 대체한다.
- SONM 프로젝트 개발을 지원하는 참여자는 이더를 특정 SNM/ETH 환율로 거래에 의해 SNM 토큰을 생성하도록 특정 가상화폐공개 이더리움에 전송한다.
- 가상화폐공개 참여자는 이더리움 블록 번호로 지정된 크라우드펀딩 기간이 시작된 후에만 이더를 SONM 크라우드펀딩 이더리움 주소로 전송할 수 있다.
- 크라우드펀딩은 지정된 마지막 블록이 생성되거나 가상화폐공개 상한에 도달할 때 종료된다.
- SNM 토큰은 가상화폐공개를 통해 판매한다.

---

11 https://sonm.io/Somn-BusinessOverview.pdf

- SONM 사전 판매는 2017년 4월 15일 시작했으며, 1만 개의 이더리움을 발생시키면서 12시간 이내에 성공적으로 종료됐다.

- Pre-ICO 토큰은 특별히 보호된 이전 기능을 통해 주요 토큰 계약에 전송된다.

- 모든 당사자에게 토큰 할당을 완료한다.

- 거래가 완료된다.[12]

그림 12-1에서 이 프로세스를 확인할 수 있다.

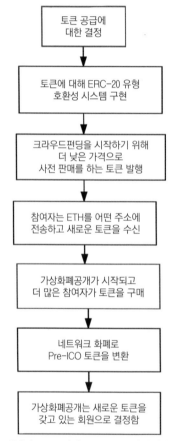

▲ 그림 12-1 시각적으로 묘사된 SONM 토큰의 가상화폐공개 프로세스

---

12 https://sonm.io/Somn-BusinessOverview.pdf

디지털 화폐 거래

디지털 화폐 거래^{DCE, digital currency exchange} 또는 비트코인 거래는 소비자가 기존의 실물 화폐^{fiat currency}나 다른 디지털 화폐 같은 자산을 위해 디지털 화폐 거래를 할 수 있게 한다. 매칭 플랫폼으로서 단순한 수수료나, 서비스에 대한 거래 수수료로서 비드 애스크 스프레드^{bid-ask spread}[13]를 일반적으로 가져가는 시장 조치가 될 수 있다.[14]

일반적으로 디지털 화폐 거래는 서방 국가 외부에서 운영되며 규제 감독을 피하고 기소를 복잡하게 한다. 크라켄^{Kracken}이라는 글로벌 비트코인 거래소는 미국의 샌프란시스코에 있다. 크라켄 웹사이트에 따르면 크라켄은 유로화 및 유동성 분야에서 전 세계적으로 가장 큰 글로벌 비트코인 거래소라고 한다. 폴로닉스^{Poloniex}는 자사의 웹사이트에서 최대의 보안과 발전한 거래 기능을 제공하는 미국의 디지털 자산 거래소라고 소개하고 있다.

디지털 화폐 거래로 작업하고 모든 면에서 세계적으로 운영되고 있기 때문에, 쉽고 정확하게 신원을 확인하는 것은 매우 중요하다. 신원 관리의 미래는 탈중앙화 디지털 세계에서 블록체인 기술과 다르게 보인다. 블록체인 기반의 디지털 신원 네트워크는 공유 원장, 스마트 계약, 표준 관리에 대한 거버넌스의 활용으로 비용, 위험, 시간, 탈중앙화 신원 관리의 복잡성을 동시에 감소시키면서 사회적 기업으로서 비즈니스 사이에 신뢰를 이끈다.

가상화폐공개 규정 현황

현재 코인 데스크^{Coin Desk}는 6개국에서 법적 지위에 초점을 맞춰 가상화폐공개 규정에 대해 논의하고 있다. 몇 가지 흥미로운 사항에 대해 핀테크^{FinTech}와 조사 회사인 오토노머스 넥스트^{Autonomous Next}에서 최근 보고서가 인용됐다. 보고서는 스위스와 싱가포르를 핀테크 및 암호화폐 친화적 환경 조성을 위한 최첨단 국가로 간주했다. 스위스 법은 암호

---

13 매수 가격과 매도 가격의 차이 - 옮긴이

14 https://en.wikipedia.org/wiki/Digital_currency_exchange

화폐를 증권보다는 오히려 자산으로 정의하고 있다. 싱가포르의 MAS 당국은 가상화폐 거래에 대해 규제하지 않고 있지만 보고서는 KYC와 AML을 모니터링하고 있다.

이 보고서는 영국과 미국을 높은 활동을 수행하는 곳으로 선정했지만, 명확한 법적 요소는 부족했다. 많은 규제 기관과 규칙을 시행하는 50개 주가 있는 미국의 경우 규제 절차가 더 복잡하다. 델라웨어주의 경우 최근 블록체인 관련 법안을 통과시켰다. 중국의 경우 토큰을 비영리 디지털 자산으로 간주한다. 러시아는 암호화폐를 환영하고 있다. 암호 토큰은 파생 상품과 비슷한 법적 금융 상품으로 분류된다.[15]

스미스앤크라운^{Smith & Crown} 은 여전히 의문이 존재하는 토큰 판매의 법적 상태에 대한 문제의 심각성을 지적했다. 토큰 판매의 참여자는 개인 또는 공공 자산 판매에서 투자자로서 동일한 법적 지위 또는 보호를 누리지 못할 수 있다. 끊임없는 토큰 판매가 발생하며 토큰 경제의 과반수 통제를 유지하면서 많은 자본을 조달하는 프로젝트가 허용되는 구조는 규제 기관의 관심을 받는 문제에서 벗어날 수 없게 된다. 많은 국가에서 토큰 판매를 위한 새로운 규제 프레임워크를 적극적으로 검토 중이며, 스미스앤크라운을 비롯한 여러 그룹에서 모범 사례와 자기 규제 지침을 개발하고 있다.[16]

미국의 SEC가 가상화폐공개, 암호화폐 및 관련된 것을 증권으로 간주한다는 성명서를 발표한 것이 현재의 화폐 규제 상태다. 이전에 언급했듯이, 이 성명서는 투자자에 대한 보호 등의 이슈에 대해 시장에 일부 명확한 방향을 제공한다. 일부는 긍정적인 시각을 가진 반면 다른 한편에서는 부정적으로 평가하고 있음에도 불구하고, 궁극적으로 SEC의 성명서는 미국과 전 세계적인 규제 환경에 대한 완전히 새로운 이해를 제시한다.

블록체인 토큰에 대한 증권법 프레임워크^{A Securities Law Framework for Blockchain Tokens} 는 블록체인 토큰에 관심이 있는 모든 사람을 위해 여러 가지 핵심적인 사고와 행동을 설명한다. "프레임워크는 미국 연방 증권법에 초점을 두고 있다. 왜냐하면 이 법률은 블록체인

---

15 https://www.coindesk.com/state-ico-regulation-new-report-outlines-legal-status-6-nations/

16 https://www.smithandcrowm.com/quarter-two-review

토큰의 대중 판매에 가장 큰 위험을 초래하기 때문이다. 많은 관할구역에서 돈세탁 방지법과 일반 소비자 보호법, 토큰의 실제 행위에 의한 특별법에 따라 문제가 있을 수 있다." 하우이 테스트^{Howey Test}는 투자 계약이 증권인지 여부에 대해 시험하고 있다(SEC v. Howey).[17]

프레임워크는 토큰 판매에 대한 여섯 가지 모범 사례를 설명한다.

1. 상세한 백서 발간

2. 사전 판매를 위한 개발 로드맵 확정

3. 개방형 공개 블록체인을 사용하고 모든 코드를 게시

4. 토큰 판매에 있어 명확하고 논리적이며 공정한 가격 사용

5. 개발 팀을 위해 마련된 토큰의 비율 결정

6. 투자로서 토큰의 마케팅 회피

가상화폐공개 투자의 장단점

가상화폐공개 투자의 장단점은 짐 레이놀즈^{Jim Reynolds}의 최근 기고문인 'Invest It In: Investment Ideas'에 설명되어 있다. 장점과 단점에 대한 찬반 양론은 무의미한 소모전이지만, 생각해봐야 할 많은 것을 담고 있다.

다음은 가상화폐공개의 장점이다.

| 가상화폐공개 설립자(기업가)의 경우 |

- 효율적인 자본 모금
- 가상화폐공개는 기업공개보다 훨씬 더 저렴
- 가상화폐공개는 기업공개에 비해 훨씬 적은 문서를 요구
- 알트코인^{altcoin}에 대한 노출을 얻는 브랜딩 및 마케팅 기회

---

17 https://www.coinbase.com/legal/securities-law-framework.pdf

- 커뮤니티 구축
- 초기 사용자와 함께 시장에서 기반 만들기. 이것은 프로젝트의 마케팅 메커니즘의 한 부분을 만들 것이다.
- 기업가는 노력에 대한 위험과 이익을 투자가와 공유한다.
- 설립자/개발자는 기술을 최대로 최대한 활용할 수 있는 프로젝트에 금융 지원을 할 수 있는 방법을 제공한다.
- 존경받는 암호 전문가는 수년에 걸쳐 형성된 기술과 신뢰에 대한 채널을 갖고 있다.
- 알트코인 지분 증명은 가상화폐공개를 통해 공정한 분산 문제를 해결하며, 지분 증명에서 코인은 즉시 실현된다.
- 벤처 캐피털 펀딩은 설립자의 Vision360에 더 많은 관여를 한다. 가상화폐공개에 대한 대안은 차입이지만, 알트코인/암호 프로젝트에서 항상 관리가 가능하진 않은 프로젝트 현금 흐름에서 많은 영향을 미친다.
- 일부 투명성. 예를 들어, 가상화폐공개 후 자금이 어떻게 소비되는지 검증하기 위해 에스크로 ^{escrow} 를 사용할 수 있다.
- 초기 투자자는 초기 단계의 회사에서 더 많은 유동성을 제공할 것이다.
- 자본 성장의 잠재력을 가진 토큰에 대한 초기 접근
- 정부 조직의 규제나 등록이 필요하지 않으며, 일반적으로 플랫폼 자체에 내장된 것 외에 투자자 보호 장치가 없다.
- 투자자가 커뮤니티의 한 부분이 될 수 있다.
- 자본 배포를 위한 혁신적인 방법
- 스트라티스 ^{Stratis}, 아더 ^{Ardor}, 이더리움 ^{Ethereum} 등의 기존 네트워크를 사용하는 가상화폐공개는 기존 생태계의 네트워크 자본을 활용한다.
- 주요 암호화폐가 알트코인으로 다각화
- 투자자는 대개 알트코인의 첫 번째 사용자다. 따라서 투자자가 사용하지 않는 제품의 사용자가 보유하고 있는 회사 주식과 다르게, 알트코인은 다른 투자보다 실체가 있다.

- 가상화폐공개의 투자 회수는 1,000% 이상 될 수 있으며, 또한 완전한 손실이 발생할 수도 있다.
- 다른 자산으로 다각화
- 주식 시장 및 경제로부터 어느 정도 비연결성을 가진 높은 위험과 높은 보상의 투자
- 실물 화폐 기반이 아닌 대체 자산을 소유

| 암호화폐 커뮤니티의 경우 |

- 알트코인은 탈중앙화 웹인 웹 3.0을 구축하기 위한 경쟁을 촉진할 것이다. 인터넷 스택은 중앙 개체로부터 완전히 독립할 것이다.
- 알트코인 프로젝트 기술이 실패하더라도 알트코인은 핀테크의 최첨단이다. 제안된 기술 및 비즈니스 모델에 관한 교훈은 커뮤니티 전체에 도움이 될 것이다.
- 암호 공간에서 더 심화된 경쟁은 경쟁자를 제거하고 시장의 '보이지 않는 손'은 더 많은 알트코인 프로젝트를 촉발하면서 창조적 파괴 및 적자생존의 측면에서 훨씬 더 빠르게 움직인다.
- 인트라 알트코인intra-altcoin 경쟁은 실제 경쟁에 대한 알트코인, 암호 기반 탈중앙화 프로젝트와 전통적인 기업에 비해 건전하다.
- 다음과 같은 두 가지 관점이 있다. (1) 비트코인이 암호화폐의 유일한 진리이며 알트코인은 실험 대상이라고 생각하는 비트코인 과격주의자들. (2) 비디오에서 CD로, 마이스페이스Myspace에서 페이스북Facebook으로, 필름 카메라에서 디지털 카메라로 대체된 것과 같이, 알트코인이 궁극적으로 비트코인의 대체가 될 것이라고 생각하는 다른 측 사람들

다음은 가상화폐공개의 투자 위험이다.

- 사기범은 규제되지 않는 산업의 특징을 이용한다.
- 아마추어는 가상화폐공개를 사용해 실패할 운명의 프로젝트에 착수한다.
- 프로젝트 납기 일정이 긴 경우 경쟁 제품이 먼저 출시될 위험이 높다.
- 거래소는 알트코인에 대한 시장 형성을 위해 알트코인을 수용해야 한다.

- 가상화폐공개는 과장된 투자와 가상화폐공개의 단점을 보완하고 투자자가 정서적으로 투자하도록 만들어주는 '끌어올리는 것'으로 둘러싸일 수 있다. 이것은 비트코인, 이더리움, 대시^{Dash}의 성공에 힘입어 수행된다.
- 규제 당국은 규칙을 변경하고 향후 특정 기능을 갖춘 동전을 불법으로 만들 수 있다.
- 알트코인 기술은 매우 새롭고 프로토콜에 대한 합의 같은 기본적인 문제가 아직 확립되지 않았다. 많은 알트코인이 발생할 것이며, 다른 것들은 암호코인의 구글, 페이스북, 유튜브를 통해 볼 때쯤 과거 속으로 사라질 것이다.
- 특정 토큰을 복사하고 더 좋게 만들 수 있다. 복제본은 결국 원본보다 더 많은 가치를 가질 수 있다. 이것은 토큰이 네트워크의 본질적인 부분이 아닌 경우 발생한다.[18]

규제 기술: 레그체인

규제 기술(레그테크^{RegTech, Regulation Technology})은 규제 산업에 큰 약속을 하는 새로운 혁신 영역이다. 인베스토피디아^{Investopedia}의 정의를 따르면 레그테크는 혁신 기술을 통해 금융 서비스 분야의 규제 문제를 해결하기 위해 만들어진 '규제 기술의 조화'다. 레그테크는 기업이 효율적이고 경제적으로 규정을 준수할 수 있도록 기술을 사용하는 여러 회사로 구성된다.[19]

EY[20]의 간행물 '레그테크로 혁신하기'에서는 규제 기술을 제공하는 몇 가지 이점을 설명한다.

- 혁신 지원
- 분석 제공
- 준수 비용 절감

---

18 https://www.investitin.com/crypto-ico-pros-cons/
19 www.investopedia.com/terms/r/regtech.asp
20 EY(Ernst & Young) - 옮긴이

단기적 이점도 있다.

- 비용 절감
- 지속 가능하고 확장 가능한 솔루션
- 발전된 데이터 분석
- 완벽한 통제 및 위험 플랫폼 연결

장기적 이점은 다음과 같다.

- 긍정적인 고객 경험
- 증가된 시장 안정성
- 개선된 지배 구조
- 향상된 규제 보고[21]

현재 딜로이트 ^{Deloitte} 가 만든 레그테크의 혁신 경험은 레그체인 ^{RegChain} 이다.

딜로이트는 아이리시 펀드(Irish Funds) 및 그 회원사와 협력해 규정 준수 보고 요구사항을 처리하는 블록체인 기술의 능력을 평가하는 '프로젝트 라이트하우스(Project Lighthouse)'를 발전시켰다. 이 프로젝트는 펀드 관리자가 펀드 데이터를 저장 및 분석할 수 있도록 개별 노드를 제공하고, 규제 보고 요구사항을 실행 및 데이터 검증을 위한 스마트 계약으로 코딩할 수 있는 플랫폼을 시험했다. 또한 규제 당국 노드가 촉진되어 기업과 규제 기관 간의 데이터 교환을 안전하게 할 수 있을 뿐만 아니라 전반적인 보고 효율성과 시장 투명성을 높일 수 있었다. 기술 설계 및 개발과 함께 상대적인 비즈니스 분석을 통해 제안된 블록체인 솔루션의 비용 편익 분석을 검토했다.

레그체인은 실험 기반 애자일 방법론을 사용하는 딜로이트의 신속한 프로토타이핑 프로세스를 사용해 개발했다. 핵심적인 항목으로 설계 및 테스트 매개변수에 대한 솔루션 비전 정의, 개발 스프린트, 기금 관리자 및 기금 관리 분야의 참가자들로 구성된 업계 소위원회의 지속

---

21 https://www2.deloitte.com/content/dam/Deloitte/lu/Documents/financial-services/performancemagazine/
articles/lu_RegChain%20Reaction_Performance23.pdf

적인 검토가 포함됐다.

이 프로젝트의 주요 고려사항 및 기본 사항은 기술자와 운영, 규제 팀, 고위 경영진의 산업 대표자 간 협력을 보장하는 것이었다. 이것은 포괄적인 개념 증명 설계를 가지고 미래의 생산 솔루션이 어떻게 실현될 수 있는지 정의하는 데 중요하다.[22]

다음과 같은 보고 요구사항의 충족을 위해 전반적인 능력을 향상할 수 있는 많은 기능과 특성에 따라 블록체인 기술을 사용했다.

- 데이터 무결성
- 신뢰성
- 스토리지와 속도
- 분석
- 개념 증명^{PoC, Proof-of-Concept}

개념 증명은 대규모 규제 데이터의 안전한 저장 및 검토를 위한 중앙 저장소로 사용함으로써 전통적인 규제 보고 프로세스를 간소화한 블록체인 기반 플랫폼인 레그체인을 만들었다. 레그체인은 여러 애플리케이션에서 성공적으로 시장에 사용돼왔으며, 미래에는 더 많이 채택되고 이 모델의 이점을 누릴 수 있기를 희망한다.

새로운 블록체인 회사와 아이디어

「하버드 비즈니스 리뷰」 기사에서 "많은 비즈니스에서 아직 산업 시대에서 정보화 시대로 도약해야 하며 기술과 조직의 발전 사이의 격차가 커지고 있다."라고 기술하고 있다.[23] 골드만삭스는 디지털 혁신 및 블록체인 애플리케이션에서 과감하고 단호한 일련의 조치

---

22   https://www2.deloitte.com/content/dam/Deloitte/lu/Documents/financial-services/performancemagazine/articles/lu_RegChain%20Reaction_Performance23.pdf

23   https://hbr.org/2017/03/how-blockchain-is-changing-finance

를 취했다. 골드만은 서클^{Circle} 및 디지털 애셋 홀딩스^{Digital Assets Holdings} 같은 일부 블록체인 기술 기반 회사에 관여했다. 또한 2016년 10월 골드만삭스는 안전하지 않은 개인 대출을 소비자에게 제공하는 온라인 플랫폼을 도입했다.

홈체인과 SALT

또 다른 새로운 회사는 대출 및 규제 준수의 미래로 설명되는 홈체인^{Homechain}이다. 해당 비즈니스 아이디어는 주택 대출 개시 및 규정 준수 프로세스를 42일에서 5일로 감소시킨다. 레그체인을 통해 보고 기관에 대한 규제 준수를 할 수 있다.

현재 블록체인 기술은 인터넷이 1992년에 시작된 단계와 비슷하다. 그리고 재무, 건강, 교육, 음악, 예술, 정부 등 다양한 산업에 가치를 더할 수 있다는 새로운 가능성을 열어가고 있다.[24]

SALT 대출 플랫폼은 블록체인 보유자가 자신의 보유 자산을 현금 대출을 위한 담보로 활용할 수 있게 한다. SALT는 블록체인 자산 보유자에게 토큰을 매각해야 하는 유동성에 대한 접근을 제공하는 최초의 자산 기반 대출 플랫폼이다. SALT는 완전 부채담보부증권[25]을 통해 고성장 자산 클래스에 빌려주는 혁신적이고 안전한 기회를 투자자에게 제공한다. SALT는 비전통적 담보로 확보된 전통적인 대출이다.

각 SALT 토큰은 SALT 렌딩 플랫폼^{SALT Lending Platform}의 대표 주자다. 이 토큰이 ERC20 스마트 계약이다.

블록체인 기술은 많은 산업에서 물결로 다가오고 있다. 다양한 영역의 회사가 블록체인을 사용해 혁신을 시작하고 파괴적 혁신 회사로 출발한다. 액센츄어^{Accenture}의 보고서에는 세계 최대 투자 은행 8곳의 비용 데이터가 표시되어 있다. 블록체인 기술을 통해 2025년까지 연간 약 120억 달러의 투자 비용을 절감할 수 있음을 명시하고 있다. 좀 더 안전

---

24   https://hbr.org/2017/03/how-blockchain-is-changing-finance

25   부채담보부증권(CDO, Collateralized Debt Obligation): 기업들이 차입한 대출이나 채권을 묶어 자산 유동화 과정을 거쳐 만든 금융파생상품으로, 미국 금융위기의 핵심 원인 상품이다. – 옮긴이

한 데이터, 비용 절감을 포함한 블록체인 기술을 사용하는 투자 은행에게 여러 가지 장점
이 있다.[26]

앰브로서스, 뉴메라이, 스웜

최근 창업한 새로운 회사의 또 다른 예는 스위스 블록체인 회사 앰브로서스^{Ambrosus} 다.
이 회사는 식품 품질 추적을 위해 스마트 계약을 채용했다. 블록체인 기술을 이용한 혁신
은 어디에나 있다.

뉴메라이^{Numerai} 는 데이터 과학자 네트워크로 구축된 새로운 종류의 헤지펀드다. 뉴메라
이는 머신 러닝 전문가를 위한 크라우드 소스 헤지펀드다. 수집 첫해에 7,500명의 데이
터 과학자가 테크 크런치^{Tech Crunch} 에서 보고한 뉴메라이 플랫폼에서 알고리즘을 만들었
다. 뉴메라이는 전 세계 데이터 과학자에게 인공지능을 제공하도록 동기를 부여하는 암
호화폐 토큰인 뉴메레르^{Numeraire} 를 발표했다. 뉴메라이가 발표한 내용에 따르면 뉴메라
이 스마트 계약은 이더리움에 배포됐으며, 전 세계적으로 약 120만 개의 토큰을 19,000
명의 데이터 과학자에게 보냈다.[27]

스타트업 회사인 스웜^{Swarm} 은 몇 가지 새로운 개념을 시장에 선보였다. 그리고 크라우드
펀딩과 암호화폐라는 두 가지 새로운 개념을 선도하며 복잡하고 진화하는 규제와 함께
시장에서 스타트업을 창업했다. 이 아이디어는 기업가가 돈을 모으는 방식을 바꾸는 것
이었다. 스웜은 프로젝트의 성공을 나타내는 토큰인 암호자산이라는 새로운 아이디어를
생각해냈다.

스웜은 다음 세 가지 구성요소로 구축됐다.

- 암호자산
- 크라우드소싱된 상당주의^{due diligence}

---

26 https://saltlending.zendesk.com/hc/en-us/sections/115002568808-Technology

27 https://medium.com/numerai/an-ai-hedge-fund-goes-live-on-ethereum-a80470c6b681

- 모든 스웜 보유자에게 배포된 코인. 스웜의 최상의 설명은 코인을 통해 제공되는 암호 킥스타터^{crypto-kickstarter}와 같다.

킥코^{KICKCO}는 고유한 모델의 새로운 회사로, 웹사이트에서 다음과 같이 언급하고 있다.

> 킥코는 블록체인과 크라우드펀딩이라는 2개의 젊은 산업의 교차로에 자리 잡고 있다. 킥코는 킥스타터 같은 중앙집중식 플랫폼에서 이더리움 기반의 스마트 계약에 이르는 크라우드펀딩으로 이동하고 있다. 이것은 탈중앙화 방식으로 크라우드펀딩 모델을 구현할 수 있을 뿐만 아니라 오버헤드를 크게 줄임으로써 실패한 프로젝트에서 백업 담당자를 보호하는 메커니즘을 제공해 킥코인(KickCoin)이라는 블록체인 기반 토큰으로 투자를 보장한다. 킥코는 가상화폐공개 및 크라우드펀딩 캠페인을 위한 강력하고 편리하며 최신의 플랫폼을 사용자에게 제공할 것이다. 킥코는 자동화되고 독립적인 가상화폐공개 및 사전 가상화폐공개 사이트이며, 이더리움에 구축되고 암호화폐로 모금되는 크라우드펀딩 캠페인이다. 킥코의 목적은 앞서 언급한 문제 해결 및 가상화폐공개와 크라우드펀딩 캠페인의 창안자와 지지자를 결집시켜 최신 커뮤니티를 형성하는 단일 플랫폼을 만드는 것이다.[28]

설명한 회사는 블록체인 모델을 중심으로 혁신과 창의적 사고방식을 보여준다. 블록체인은 금융 시장이 더 효율적으로 되도록 새롭고 흥미로운 방식을 지속적으로 발전시키고 있다.

민주적인 투자 기회

블록체인은 세계에서 가장 가난한 사람들을 도울 수 있다. 세계 경제 포럼^{World Economic Forum}의 기사는 거래가 두려움, 사기, 절도 없이 돈을 교환할 수 있도록 저렴하고 투명한 방식으로 거래를 기록할 수 있는 방법을 설명했다. 국제 송금, 비용 절감, 보험 서비스, 소규모 비즈니스 지원, 인적 공조를 하는 블록체인 스마트 계약과 블록체인 기반 ID 시

---

28 https://www.kickico.com/whitepaper

스템은 많은 사람을 도울 수 있는 방법 중 블록체인의 일부 기능이다. 여권, 출생 증명, 전화, 이메일의 사용 없이 블록체인 기록은 처리 속도를 높여 많은 사람에게 더 나은 삶의 방식을 제공한다.

좀 더 작은 규모의 투자 및 많은 새로운 자본 형성 벤처 크라우드펀딩을 통해, 이전에는 성장하는 금융 시장의 경제에서 공유할 수 있는 기회가 없었던 사람들이 참여할 수 있다. 블록체인은 금융 민주화를 돕고 새로운 방식으로 삶에 영향을 준다.

요약

미래에는 창조, 혁신, 변화와 함께 글로벌 규모의 블록체인을 활용한 크라우드펀딩 같은 글로벌 영향력이 있게 될 것이다. EY와 이노베이트 파이낸스^{Innovate Finance}의 보고서는 자본 시장 환경을 들여다보고 있다. 크리스 스키너^{Chris Skinner}는 블로그('핀테크와 투자 은행의 세계^{Fintech and the World of Investment Banking}')에서 다음과 같이 언급했다. "자본 시장의 배경을 설계하고 있는 신기술과 이 신기술을 활용한 수백 개의 스타트업이 투자 은행 세계의 비효율을 지원하고 공격하기 위해 노력하고 있다. 이러한 변화를 무시하기보다는 가장 큰 은행이 투자를 하고 있다."[29]

골드만삭스^{Goldman Sachs}, 시티코프^{Citicorp}, JP모건^{JPMorgan}, 모건스탠리^{Morgan Stanley}, 웰스파고^{Wells Fargo}, 뱅크오브아메리카^{Bank of America}는 핀테크, 블록체인을 비롯한 그 밖의 기술 혁신에 수백만 달러를 투자하고 있는 거대 은행 및 투자 은행 중 일부다.

자본 시장의 붕괴는 빠른 속도로 진행되고 있다. 최근 「포브스^{Forbes}」의 기사는 현존하는 암호화폐의 수가 900개가 넘고 매일 더 많이 추가되고 있음을 지적했다. 가상화폐공개 시장은 이 책을 집필하는 2017년 중반 현재 지난 6개월 동안 벤처 캐피털 시장보다 더 많은 돈을 모금했다. 시장에 새로운 규제가 생겨나고 많은 미래 시장의 진입 및 하락이 있

---

29 https://www.thefinanser.com/2017/08/fintech-world-investment-banking-html/

을 것이며, 기술적인 발견 및 급속하게 변화하는 금융 자본을 경험하는 방식으로 많은 변화가 있을 것이다.

시장에 있는 혁신가, 몽상가, 개인, 그룹에게 특별한 갈채가 돌아가며, 모든 사람에게 더 나은 금융 세계의 미래를 보여준다. 블록체인의 효율성과 혁신을 위해 노력하는 창업 보육, 액셀러레이터, 대학, 투자 회사의 놀라운 헌신은 세계가 금융 자본을 보는 방식을 변화시킬 것이다.

혁신 사례는 어디에나 있다. 골드만삭스, JP모건, 나스닥, 트릴로마 시큐리티스^{Triloma Securities} 같은 특정 대체 투자 회사는 고유한 제품, 서비스, 혁신, 자본을 제공한다. 많은 지역 시장에서 일어나는 일은 기술 분야의 공동 목표를 위해 함께 구성되고 조정되는 그룹의 협업이다. 올랜도와 중부 플로리다 지역의 독특한 그룹 중 하나는 스타트업을 지원하고 블록체인 연구 및 애플리케이션을 지원하기 위해 함께 모였다. 이 그룹은 플로리다 엔젤 넥서스^{Florida Angel Nexus}, 머징 트래픽^{Merging Traffic}, 스타트업 네이션스 벤처^{StartUp Nations Ventures}, 시뮬레이션 앤 트레이닝 연구소^{Institute of Simulation & Training}, METIL^{Mixed Emerging Technology Integration Lab}, 의료 관광 협회^{Medical Tourism Association} 및 기타 여러 기관으로 구성되어 있다. 이들은 모두 시장에서의 이익을 위해 변화를 가져오는 강력한 공공–민간 협력 생태계에서 일하고 있다.

블록체인은 금융 자본의 독특한 기술 혁명을 가져올 것이다.

부록 A

헬스케어 컨소시엄
설립

지은이: 존 바스 [John Bass], 코리 토다로 [Corey Todaro]

편집자: 비크람 딜론 [Vikram Dhillon], 데이비드 멧칼프 [David Metcalf]

존 바스는 블록체인 기반 헬스 IT 컨소시엄인 해시드 헬스 [Hashed Health]의 창립자이자 CEO이다. 이 컨소시엄의 회원들은 헬스케어에서 적절한 사용 사례를 상용화하고 확장 가능한 개념 증명 [PoC]을 제공하기 위해 노력하고 있다. 부록 A에서는 존 바스와 함께한 긴 인터뷰를 다음과 같은 주제로 재현한다.

- 헬스케어 분야에서 존 바스의 배경과 이전 작업
- 해시드 헬스의 업무 대상
- 협력 및 컨소시엄 모델
- 높은 위험, 높은 보상 모델을 위한 워킹 그룹
- 해시드 헬스의 지배 구조
- 회원 참여

비크람 딜론: 그러면 존, 당신의 배경에 대해 독자들에게 말해줄 수 있나요? 그리고 왜 헬스케어 스타트업 설립에 관심을 갖게 되었나요?

존 바스: 헬스케어 기술 산업의 많은 종사자는 이해관계자(공급자, 벤더, 지불자, 소비자 등)가 의료 서비스를 향상하고 비용을 절감할 수 있는 기회를 이해하는 데 도움이 되는 애플리케이션 및 지능화 구축을 위한 전문 작업을 하고 있습니다. 우리는 커뮤니티의 형태로 시스템을 변경할 수 있기를 희망합니다. 우리는 불공정한 시스템을 다시 공정하게 만들 수 있습니다. 즉, 기술을 사용해 헬스케어가 기업의 이익보다 개인 소비자인 환자에 집중하도록 돌아갈 수 있습니다. 우리 모두는 환자의 마음과 정신을 사로잡고 효과적인 네트워크를 만들고 모든 것을 더 좋게 만드는 영원히 풀기 어려운 헬스케어 플랫폼을 꿈꾸고 있습니다. 국가 안보 문제인 가난한 의료 비용으로부터 우리 나라를 구하기를 꿈꿉니다. 접근하기 힘든 수백만 명을 돌보는 것에 대한 꿈을 꿉니다. 전 세계적인 규모로 치료가 필요한 수백만 명을 돕는 것이 꿈입니다. 우리는 깨어 있기를 원합니다. 우리는 한 번에 몇 주 동안 가족과 떨어져 있지만, 밝은 빛을 비추기를 원합니다.

비크람: 어떻게 블록체인 기반 헬스케어 회사를 설립할 생각을 하게 되었습니까?

존: 제가 참여한 스타트업은 공동 작업, 데이터 공유, 워크플로우 공유, 기업 간 임상 또는 재무 성과를 촉진하도록 웹 기반 제품에 중점을 두었습니다. 우리 팀은 B2B 플랫폼, 환자 포털, 협업 워크플로우 솔루션, 외과용 성능 솔루션, 업계를 변화시킬 것으로 생각되는 유행을 따르는 IT 솔루션을 구축했습니다. 대규모 헬스케어 기술에서 볼 수 있는 대부분의 솔루션과 같이 이러한 노력은 기존 인프라 위에 애플리케이션을 추가하는 데 중점을 둡니다. 이들은 본질적으로 기존 헬스케어 가치 사슬을 지원하며 좀 더 효율적으로 만드는 것을 목표로 합니다. 문제를 성공적으로 해결했지만, 수년간의 노력과 수백만 달

러의 비용이 우리 나라가 직면한 거대 비용 및 품질 문제에 거의 영향을 미치지 않는 것은 명확합니다. 킬러앱과 플랫폼은 여전히 거기에 있지 않습니다.

20년이 지난 후, 추가 기술을 통해 해결할 수 없는 근본적인 문제가 있음을 인식했습니다. 시간이 지남에 따라 중간 관리자, 관계형 데이터베이스, 관련 애플리케이션에 더욱더 의존적인 시스템을 구축했다는 사실을 알게 되었습니다. 구조적 진실은 이제 명확합니다. 구조적 진실은 불안정한 경제 동향, 불공정한 접근, 질병 예방 실패, 차선의 결과, 현금 지출 비용 증가, 의료 부채의 원동력입니다. 모든 시스템은 미국의 합리적인 자유 시장 특징이 없는 서비스 제공 수수료 시장인 컨테이너의 특징을 상속받습니다. 이 컨테이너에 구축된 모든 것은 이러한 특성으로 인해 제한됩니다. 기존 컨테이너에서 구축되고 있는 어떠한 것의 문제를 실제로 해결할 수 있다고 믿지 않습니다.

비크람: 기존 컨테이너가 현재로서는 잘 작동해왔다는 데 동의할 것이라고 생각합니다. 그렇지만 가까운 장래에 직면할 문제를 해결할 만큼 탄력적이지 않습니다. 이에 대해서는 어떻게 생각하십니까?

존: 저의 말을 오해하지 마십시오. 미국의 건강 시스템은 매우 성공적입니다. 전염병보다 노환으로 사망하는 사람이 더 많습니다. 우리는 급성 환자 부상 및 질병 치료에서 전문가가 될 것입니다. 의약품 산업은 현저하게 짧은 시간에 지카^{Zika} 백신을 생산했습니다. 우리의 시스템이 고장 났다거나 야단법석 떨 필요가 있다고 말하지 않을 것입니다. 우리가 작업을 설계한 대로 정확하게 동작하고 있습니다. 개발자를 위해 작성한 사용자 스토리와 요구사항을 표현한 것입니다. 전 세계 사람들이 미국을 방문해 세계적 수준의 치료를 받습니다. 그리고 우리의 (좋은 면과 나쁜 면의) 전문성을 세계 다른 지역으로 빠르게 수출하고 있습니다.

확실한 것은 더 이상 돈의 가치를 얻지 못한다는 것입니다. 미국의 지출은 5조 달러에 접근하고 있고 그중 1/3은 낭비되고 있습니다. 의료적 오류는 심장 질환과 암 사망의 세 번째 원인입니다. 미국을 비롯한 전 세계의 많은 사람이 매우 빈약한 의료 서비스에 접하고 있습니다. 우리 모두는 설탕 소비 같은 건강에 해로운 영향이 일상화된 환경에서 살고 있습니다. 우리가 만든 기존 시스템은 오늘날의 비용과 품질 문제의 주요 원인으로 떠오른 행동을 상쇄하기 위해 설계되지 않았습니다. 설계된 시스템 위에 새로운 응용 분야를 도입할 수 없다는 사실을 인식하고 있습니다. 오늘날 사회경제적 진실을 위해 최적화하면서 성공의 이점을 활용해 재건해야 합니다.

비크람: 그러면 재건은 어떠한 모습입니까? 새로운 사용자 스토리와 요구사항은 무엇입니까? 이 시스템의 새로운 개발자는 누구입니까? 미래를 위한 플랫폼의 재설계에 대해 현재 기업의 이익과 비교하여 신뢰할 수 있습니까? 우리는 어떻게 해야 합니까?

존: 해시드 헬스는 블록체인을 차세대 의료 솔루션의 프로토콜로 생각하고 있습니다. 프로토콜 계층에 대한 신뢰로써 좀 더 민첩한 치료 제공 모델, 지불 시스템, 가치 사슬, 소비자 경험을 위한 기반을 마련합니다. 이런 질문에 대한 대답은 아닙니다. 혁신자는 오늘날 제한된 요인 속에서 자유롭게 새로운 대화를 할 수 있습니다. IoT, 머신 러닝, 인공지능, 암호화폐, 디자인 싱킹^{design thinking}을 비롯한 다른 도구와 결합할 때, 진정한 혼란에 대한 처방이 블록체인입니다.

    헬스케어의 실제 변경 경로는 소비자를 통해 설정됩니다. 블록체인이 헬스케어의 혼란을 일으키는 한 가지 이유는 기존 건강 시스템과 소비자 관계를 변화시키는 잠재력 때문입니다. 오늘날의 기업 중심 환경에 대안을 제공하며, 이것으로 사회의 제한 요인이 되었습니다. 사용자는 모바일 디바이스를 통해 새로운 모델과 상호작용할 것입니다. 그리고 시간이 지남에 따라 점점 더 스스로 독립할 수 있는 '지갑' 소프트웨어를 활용할 것입니다. 소비자는 자신의 건강 자산을 통해 통제할 수 있는 프로슈머^{prosumer}가 될 것입니다. 치료를 계속할 때 일련의 환자 포털에 가입하라는 요청을 더 이상 받지 않을 것입니다. 이것은 개인과 관련된 건강, 사회, 사회경제적 사건에 대해 좀 더 전체론적인 접근법을 제공합니다. 한 사람의 건강 정보가 치료를 위해 방문하는 동안 발생하는 5%의 파편보다 많은 것을 갖고 있다는 사실을 알게 됐습니다. 환자는 자신의 정보를 통제하고 원하면 자신의 기록을 기부하거나 수익을 창출할 수 있는 권한을 갖습니다. 시간이 지남에 따라 의료 기록 데이터의 허니팟은 탈중앙화되고 배포되어 사용자의 정보가 도용되는 위험에 덜 노출됩니다.

비크람: 많은 표준에 의해 헬스케어 IT는 하나의 몸통으로 느리게 움직입니다. 이것은 설계 때문에 그런 것입니다. 그렇지만 헬스케어 IT 및 헬스케어에서 소비자와 제공자의 관계가 더 간단하지 않은 이유를 좀 더 자세히 논의할 수 있습니까?

존: 소비자 측면 헬스케어 IT는 복잡합니다. 헬스케어의 소비자화는 수년 동안 유행했지만 이제는 알기 힘든 것으로 입증되었습니다. 이것이 사실인 몇 가지 중요 이유가 있습니다. 첫째, 많은 수준에서 헬스케어는 다른 시장과 다릅니다. 헬스케어는 구매할 수 있는 전통적인 상품이나 서비스가 아닙니다. 나중에 더 많은 것에서 완전히 자유롭다 하더라도 소비자는 헬스케어 치료의 복잡성이나 보살핌의 필요성으로 인해 헬스케어 구매에 대해 최선의 판단을 내릴 수 있는 입장에 있지 않습니다. 또한 다른 제품이나 서비스와 달리 소비자가 항상 헬스케어 소비의 결과를 예측할 수는 없습니다. 예를 들어, 자동차 구매는 예상할 수 있는 결과를 가져옵니다. 명시된 기능과 규제 준수를 갖춘 운송 장비를 소유합니다. 반대로, 주어진 치료는 질병이나 상태를 적절하게 다루지 않을 수 있습니다.

이러한 경제적 기본 사항 외에도 자체 헬스케어 시스템의 구성으로 인해 소비자화는 복잡합니다. 헬스케어를 '우버화^{Uber-ize}'하려는 움직임은 미국의 지불 및 배송 시스템의 벽에 정면으로 부딪히고 있습니다. 소비자는 서비스 가격에 대한 지식이 없습니다. 공급자는 흔히 사전에 가격 제시를 할 수 없습니다. 또한 소비자는 가격 계약의 당사자가 아니며, 계약은 소비자를 대신하여 공급자와 지불자 사이에서 이뤄집니다. 이런 것들은 모두 미국 헬스케어와 관련해 잘 알려진 너무 진부한 문제입니다. 그 자체로써 잠재적으로 유용한 소비자 도구의 생성을 막지 못합니다. 대신 유틸리티를 사용하기 위해 소비자 도구는 헬스케어 서비스 제공 및 지불 시스템에 '플러그인'해야 합니다. 어지러운 배열의 공급자, 지불자, 서비스 제공자뿐만 아니라 상충되는 동기를 감안할 때, 소비자 도구는 종종 헬스케어 시장을 통제하는 기업의 반감으로 방해를 받습니다. 헬스케어의 소비자화는 도구의 부족 때문이 아니라 개방형 플랫폼의 부재 때문에 어렵습니다.

소비자 그룹이 전통적이고 혁신적인 방법으로 조직화하거나 소집되면서, 이러한 그룹은 미래 시장의 새로운 중심이 될 것입니다. 또한 커뮤니티나 그룹(마을, 고용주, 가치 기반 그룹, 양로원 등)은 조직, 집계, 공유 기능을 통해 권한을 부여받을 것입니다. 비슷하게 시장 매도자 측 제공자 그룹은 전통적이거나 혁신적인 새로운 집단에 따라 오늘날 비대한 시장 구조에서 제공할 수 있는 것보다 더 좋고, 빠르며, 경제적으로 합리적인 방식으로 보살핌을 제공하도록 조직화되거나 소집될 것입니다.

비크람: 거대 기업(제공자 그룹 및 보험 회사)이 블록체인으로 새로운 기회에 대응하기 위해 어떻게 진화할 것이라 생각합니까?

존: 기업은 시간이 지남에 따라 시장 구조 변화의 결과로 새로운 기회와 도전에 대한 영향을 받게 될 것입니다. 이 효과는 공급망, 매출 주기, 요청 생명 주기, 임상 연구, 보험 및 혜택, 임상 증상 등 현재의 헬스케어 가치 사슬 전반에 영향을 줄 것입니다. 감사와 규정 준수 활동은 자동화될 것입니다. 계약, 리베이트, 관리 수수료, 할인 제조는 변경 불가능한 투명한 공유 원장을 사용해 사라지거나 변형될 것입니다. EMR, ERP, 자재 관리 시스템 같은 폐쇄적인 관계형 데이터베이스는 회계 기능의 특성으로 시장 수준으로 이동함에 따라 진화할 것입니다. 임상 시험 프로그램은 정보 공유 및 간소화된 관리 프로세스를 통해 최적화될 것입니다. 보안은 향상될 것이며, 시간이 지남에 따라 데이터 허니팟은 탈중앙화 구조로 변화될 것입니다.

회사는 기존 데이터베이스를 버리지 않을 것입니다. 적어도 처음에는 그렇게 하지 않을 것입니다. 첫째, 이러한 구형 시스템은 API를 통해 블록체인과 거래하고, 시간이 지남에 따라 새로운 민첩하고 기초적인 시스템이 등장하는 모습을 보게 될 것입니다. 이러한 시스템은 시장 전반에 걸쳐 건강, 데이터, 임상, 금융 자산의 움직임에 대해 현재 생각하는 방식을 변화시킬 것입니다.

또한 기계가 건강에 있어 중요한 역할을 하기 시작할 것입니다. 연결된 건강 기기, 웨어러블, 웹 기반 모니터링 기기가 호스트 역할을 하는 모습은 이미 보고 있습니다. 블록체인은 더 안전하고 확장 가능한 헬스케어 IoT 환경의 기반을 제공합니다. 기기는 공유 원장으로 블록체인을 사용해 확장 가능하게 등록하고 유효성을 검사할 수 있습니다. 결과적으로 이러한 기계에서 발생한 정보는 신뢰할 수 있습니다. 또한 소유권 이전을 더 쉽게 추적할 수 있으며 기기의 운영 생명 주기를 기록할 수 있습니다. 가장 흥미로운 것은 기기 자체에 명령을 실행하고 자산을 전송하고 소비자나 기계 자체의 임상 및 금융 가치를 창출하는 방식으로 운영할 수 있는 일련의 스마트 계약과 지갑이 주어질 수 있다는 것입니다.

이러한 소비자, 커뮤니티, 기업, 기계에 대한 비전은 정말 혼란스럽습니다. 또한 많은 기술적, 비기술적 도전이 따르는 비전입니다.

비크람: 설명한 미래에 도달하는 방법은 무엇입니까? 소비자 주도의 미래 경로는 무엇입니까? 기술 가치를 증명하는 시연을 할 수 있는 방법은 무엇입니까? 사람들을 그러한 주류에 함께하게 하는 방법은 무엇입니까?

존: 헬스케어는 빠른 추종자 fast follower 입니다. 규제에 대한 고려, 복잡성, 위험에 대한 혐오 때문에 플랫폼과 '우버화'에 대해 역사적인 저항이 있습니다. 블록체인은 새로운 것입니다. 2009년에 사토시 나카모토가 비트코인 백서를 발표했습니다. 2015년 여름 이더리움이 발표되었습니다. 하이퍼레저 패브릭 Hyperledger Fabric , 텐더민트 Tendermint 및 기타 프로토콜 등 헬스케어 프로젝트를 위해 고려할 만한 그 밖의 프로토콜은 훨씬 새롭습니다. EOS, Tezos, NEO는 거버넌스, 합의, 확장성에 대한 기록 설정 토큰 판매와 새로운 아이디어로 이 시장에 접근하고 있습니다. 스마트 계약은 아직 스마트하지 않고 훨씬 불안전합니다. 5년에서 10년 사이에 승리자가 누가될지 추측할 수 없습니다. 선택이 주어진다면 헬스케어 기관 핵심 인력은 가만히 기술을 감시하는 것에 만족할 것입니다.

실제 제한 요인은 비기술에 관한 것일 수 있습니다. 첫째, 효과적인 블록체인 솔루션의 경우 참여자의 협력적인 네트워크가 필요합니다. 이것은 컨소시엄과 블록체인에 대해 많이 구독하는 이유이기도 합니다. 컨소시엄이나 참여자의 최소한의 가시적인 네트워크를 제외하고 기업용 블록체인에 대한 노력은 값비싼 학교 수업일 뿐입니다. 필요한 네트워크가 있더라도 성공적인 거버넌스는 어려울 수 있습니다. 이러한 협업 개념은 일부 익숙해져야 하며 대부분 패러다임 전환이 필요합니다. 둘째, 특정 사용 사례에 대해 생산적인 사용이 복잡한 심각한 규제 고려사항이 있습니다. 탈중앙화 시장을 결코 생각할 수 없는 규제 프레임워크는 많은 훌륭한 아이디어를 제한합니다. 셋째, 여전히 시장은 상당히 많은 교육 및 조직을 요구합니다. 컨소시엄을 운영한 지 1년 후, 많은 시장 주체가 블록체인이 무엇인지, 시장 구조에 어떤 영향을 미치는지, 네트워크가 성공의 열쇠인 이유에 대한 컨설팅의 필요성을 느낍니다. 넷째, 블록체인을 구현하기 위한 초기 노력에 대해 믿음을 가지고, 실행 가능한 솔루션으로서 분산 원장 기술의 가치에 대한 간단한 설명이 필요합니다. 이러한 초기 설명은 세계를 변화시키려고 고안하지는 않을 것입니다. 현재 건강 시스템에서 비협조적인 문제를 단순하게 해결할 것입니다. 결과적으로 이러한 제품은 블록체인이 원래 약속한 가치를 제공하지 못하고 초기 불만의 원인이 될 것입니다.

이러한 일들을 정리하는 데 시간이 다소 필요합니다. 헬스케어 블록체인 분야에서 초기 연구자인 우리에게, 이것은 우리가 직면한 복합한 현실입니다. 진정한 문제는 적시성입니다.

비크람: 그렇다면 블록체인이 주류가 되는 데 얼마나 걸릴 것이라 생각합니까? 캐즘^{chasm}[1]을 통과하는 데 걸리는 시간을 단축하는 방법은 무엇입니까?

존: 저는 종종 사람들에게 해시드 헬스를 시작하는 것이 가장 흥분되는 동시에 가장 무서운 전문가 경력이라고 말하곤 합니다. 혁신 주체의 관점에서 블록체인 헬스케어 공간은 꿈과 같습니다. 거기에 템플릿은 없습니다. 모든 것이 새롭습니다. 기술은 새롭고 미성숙합니다. 협력적인 비즈니스 모델은 새롭습니다. '팻 프로토콜^{fat protocol}'의 개념은 새롭습니다. 제품을 만들 뿐만 아니라 시장을 만들어야 합니다. 모든 면에서 혁신적입니다. 하루하루가 3D 체스 경기입니다. 높은 위험성과 높은 보상이 따르는 연구와 개발입니다. 해시드는 상상할 수 있는 가장 흥미로운 기회입니다.

협력 비즈니스 모델을 선택한 이유는 블록체인의 정신에 알맞고 2016년 회사를 시작했을 때 성공할 수 있는 유일한 길로 생각했기 때문입니다. 이전 스타트업과 다르게 이것은 '제품을 만들고, 제품을 판매하는' 모델이 아닙니다. 대기열의 많은 강력한 사용 사례가 있지만 모든 것을 투자할 수 있는 상황이 아님을 알고 있습니다. 시장은 준비되어 있지 않았습니다. 더 적은 것을 가지고 더 많은 것을 해야 한다는 사실을 알았습니다. 협력 모델을 통해 공유 가치 생태계에 기여할 수 있는 산업계 선도자들과 함께할 수 있습니다.

---

1   기술 개발 후 사업화를 하는 데 있어 초기 시장에서 더 이상 시장이 성숙하지 않는 상태 – 옮긴이

제품을 사용하는 회사와 몇몇 성공적인 프로젝트에 참여해 우리의 제품이 생산적으로 사용될 수 있는 확률을 높입니다. 또한 위험을 낮추고 고객에 대한 보상을 증가시킵니다. 이 모델은 새롭고 복잡한 시장에서 특별하게 작용하는 유일한 방법이었습니다.

이 결정을 했을 때, 컨소시엄은 빠르게 브랜드화되었습니다. 더 좋은 것을 향해 노력했지만 이 레이블에 결코 익숙해지지 않았습니다. 우리는 메시 네트워크나 제품 스튜디오와 더 비슷합니다. 일과의 마지막에 해시드 헬스는 포트폴리오에 있어 많은 성공적인 솔루션을 가진 제품 회사입니다. 다양한 방식으로 블록체인 제품을 구축하는 회사가 성공하기를 원하는 경우, 컨소시엄의 형태일 것입니다. 네트워크는 대개 제품 자체보다 훨씬 중요합니다. 많은 에너지를 소비하는 둘 간의 관계입니다. 왜냐하면 성공이 있는 곳이기 때문입니다.

비크람: 그러면 어떻게 네트워크 구축을 시작합니까? 현재 헬스케어 공간에서 블록체인 기술에 대한 인식과 이해는 매우 낮은 상태입니다. 어떻게 제공자를 신속하게 이끌고 관심을 갖게 합니까?

존: 시작을 위해서는 산업에 대해 교육하고 조직화하기 위해 많은 지도력을 발휘해야 한다는 사실을 알았습니다. 기술 연구에 열중하고, 헬스케어 이외에 발생할 수 있는 전문적이며 개인적인 헬스케어에 대한 경험을 할 수 있습니다. 더 많은 투자를 했습니다. 시간이 지난 후 지도력 작업을 시작했습니다. 블로그 작업을 하고 뉴스레터를 작성하고 컨퍼런스에서 발표했습니다. 피드백을 경청하고, 아이디어와 초기 제품을 만드는 작업을 반복했습니다. 초기 제품을 사용해 초기 회원을 모집했습니다. 작업 그룹과 제품 기반으로 필요에 따라 거버넌스, 비즈니스, 기술 요구사항을 유연한 구조로 발전시켰습니다. 이것으로 무섭고 불편한 계약상의 경로를 따르지 않고 고객을 만날 수 있습니다. 더 큰 조직으로 시작했으며 지금은 초기 회사, 대학, 기업가, 사상가 등 회원 및 작업 그룹 활동을 시작해 더 많은 공헌자를 탄생시키도록 네트워크에 참여시킬 수 있습니다.

비크람: 해시드 헬스 모델이 회원에게 이익을 주는 방법에 대해 더 논의할 수 있을까요? 해시드 헬스의 현재 구조는 무엇입니까?

존: 우리와 회원의 목표는 블록체인과 분산 원장 기술의 강점을 사용하는 커뮤니티와 제품을 만드는 것입니다. 그룹에서 가치를 도출할 뿐만 아니라 프로젝트와 대화에 기여할 회원을 찾습니다. 우리 스스로 헬스케어 회사라고 생각합니다. 그래서 작업하고 있는 이 프로젝트는 환자의 최상의 이익을 고려해야 합니다.

회원들은 대개 블록체인 구축을 위한 준비 전 일부 컨설팅이 필요한 일반적인 회원으로서 관여합니다. 헬스케어 기관 내부의 비즈니스와 기술적인 전문성 수준은 매우 낮은 상태입니다. 그래서 컨설팅을 통한 접근이 필요합니다. 회원들은 대개 다루고 싶어하는 개념을 하나 이상 갖고 있습니다. 그렇지만 개발에 앞서 항상 일부 지침과 준비가 필요합니다. 헬스케어 전문성과 블록체인 전문성으로 좀 더 효율적인 방식으로 생산적인 사용 사례 개념을 발전시켜 독창적인 제품을 제공할 수 있습니다. 협력에 동의함으로써 개념에서 생산적 사용으로 가는 길에 합리적인 이정표를 세우도록 지원하는 보상을 만들 수 있습니다.

각 네트워크는 자체 구성, 보조, 비즈니스 계획, 기술 계획, 지배 구조, 특성을 가집니다. 각각은 특정 비즈니스 문제를 해결하는 데 초점을 두고, 비즈니스 필요에 맞춰 프로토콜을 선택합니다. 현재 하이퍼레저 패브릭, 이더리움, BitSE라는 상업용 플랫폼, 텐더민트, 이더민트^{Ethermint}에 제품 및 데모를 구축했습니다. 현재 젬^{Gem}, 블로크^{Bloq}, 누코^{Nuco}, 스트라텀^{Stratumn}, 테조스^{Tezos}, EOS, IOTA를 포함해 다양한 미들웨어 제품과 그 밖의 프로토콜에 대해 연구하고 있습니다. 작업 그룹은 프로젝트 전반에 걸쳐 번역한 공통 학습과 최선책 모두를 공유합니다. 제품을 발전시키는 데 필요한 토론(기술, 비즈니스, 법률, 규제)을 지원할 수 있는 내/외부 전문가가 있습니다.

캐즘을 거쳐 가치의 간단한 설명으로 시작하는 것이 매우 중요하다고 생각합니다. 가장 단순한 것이 가장 좋은 것입니다. 정치적이지 않고 보호받는 정보가 필요하지 않고 미래 비전을 세우며 현재 환경에서 문제 해결을 하는 프로젝트를 선호합니다.

비크람: 이제 해시드 헬스의 운영 작업 그룹과 현재 목표 영역에 대한 포트폴리오를 봤습니다. 사용 사례 중 일부와 블록체인을 사용하는 방법을 설명해줄 수 있습니까?

존: 책을 집필하는 시점에 해시드 헬스는 5개의 활동적인 기업용 그룹을 보유하고 있습니다.

1. 제공자 신원

2. 환자 신원

3. 지불

4. 공급망 IoT

5. 임상 IoT(웨어러블)

또한 곧 운영할 것으로 예상되는 일부 새로운 기업용 그룹을 구성하고 있습니다.

1. 질병 레지스트

2. 임상 시험

3. 의료 기록

4. 제약 매출 주기

5. 기업용 자원 관리 시스템

이러한 것들은 해시드 팀이 전문성과 고객 관심 모두를 갖고 있는 영역입니다. 일반 회비는 초기 비즈니스 사례와 기술 연구를 지원합니다. 구축 결정을 하면 고객은 프로젝트에 관련된 2차 개발 계약을 해야 합니다.

아마도 가장 인기 있는 작업 예제는 탈중앙화된 의사 신원일 것입니다. 제공자 신원 및 관련 데이터는 현재 및 미래 의료 서비스의 기초입니다. 대학원의 의학 교육에서 통계 라이선스, 의료 직원 자격 증명, 지불자 계약까지 공급자 신원, 자격 증명, 평판에 대한 데이터의 준비된 가용성과 신뢰성은 환자 안전과 고품질 치료를 보장하는 데 가장 중요합니다. 전 세계적으로 자격 있는 의료 종사자가 부족한 상황에 처해 있습니다. 이 부족 가운데 중요한 문제는 원격지 근로자에 대한 식별, 위치, 의사소통할 수 있는 능력입니다. 단일 제공자의 신원은 데이터 관점에서 복잡한 문제입니다. 의과 대학, 주정부 면허

위원회 등 다수의 이질적인 이해관계자가 보유한 여러 요소들이 있습니다. 일부 요소는 시간이 경과함에 따라 정적 상태를 유지하고(예: 대학원 학위), 또 어떤 요소는 동적 상태(예: 면허, 소속, 거주, 계약 정보)를 유지합니다.

이 사용 사례에서 개별 데이터 자산으로서 데이터 필드를 취급합니다. 제공자와 자격 증명된 이해관계자는 분산 제공자 프로필 레지스트리를 공동으로 관리합니다. 암호화 서명은 필수 자격 증명 및 인증에 대한 1차 소스 검증을 보장합니다. 그리고 분산 네트워크는 중요 데이터의 실시간 갱신을 공유할 수 있게 합니다. 이 절차는 시간, 비용, 현재 발생하고 있는 낭비적인 수작업을 상당히 줄여줍니다. 이 사용 사례는 기술적으로 매우 간단하고 정치적이지 않으며 데이터가 민감하지 않고 핵심 이해관계자가 경쟁적인 관심을 갖고 있지 않기 때문에 매력적입니다. 제공자 신원은 중앙집중식이지 않고 현재 극복해야 할 신뢰 및 보상의 문제가 있기 때문에 좋은 블록체인 사용 사례라고 주장할 것입니다. 현재 이 정보를 중앙집중화하려는 노력이 진행되고 있지만 다양한 데이터 요소가 중앙에서 승인, 관리, 소비되지 않습니다. 감사하기 쉬운 시장 수준의 데이터 구조는 현재 존재하지 않는 시장에서 신뢰와 효율을 제공할 것입니다.

이 예에서는 해시드 헬스가 단순하면서 영향력 있는 사용 사례에 기반한 간단한 제품을 시장에 뿌리내린 방법을 확인할 수 있습니다. 블록체인으로 이전에는 상상할 수 없었던 방식으로 이 문제를 해결할 수 있습니다.

그 밖의 기본적인 사용 사례에도 똑같이 관심을 갖고 있습니다. 우리는 환자 등록 기관 제품에 대한 제공자와 협력하고 있습니다. 구글은 수익과 행동에 대한 지불을 연결하는 흥미로운 지불 모델로 다자간 작업 그룹과 협력하고 있습니다. 공중 보건 감시와 임상 시험의 탈중앙화를 위해 정부 기관과 협력하고 있습니다. 블록체인과 특정 헬스케어 주제 문제에서 부가적인 전문성과 새로운 아이디어, 추진력을 지속적으로 선정하는 흥미진진한 여정을 시작했습니다.

비크람: 헬스케어에 블록체인을 통합하는 한 가지 주요 문제는 프라이버시에 대한 생각입니다. 블록체인을 익명화되도록 설계했지만, 헬스 데이터에 대해 신뢰할 수 있는 채굴,

완전히 개인적인 거래, 블록체인에 대한 네트워크 합의 등 흥미로운 조합이 필요합니다. 프라이버시의 진화에 대한 생각은 무엇입니까?

존: 헬스케어가 막 시작되었으며 초기 단계로 완벽하지 않음을 처음으로 인정합니다. 미성숙의 좋은 예는 공개 블록체인과 사설 블록체인에 관한 대화에서 명백히 확인할 수 있습니다. 핵심적인 구별점은 허가된 블록체인은 단지 분산 솔루션이지만, 개방된 블록체인은 진정한 탈중앙화를 제공한다는 것입니다. 기술적인 관점에서 해결하고 있는 문제 기반의 프로토콜을 선택합니다. 개방형 탈중앙화에서 사설 분산형까지 다양한 신뢰 기반 거래 시스템을 실제로 대표하는 블록체인의 개념에 만족하고 있습니다. 산업이 개방형 공개 블록체인으로 움직일 것이라 믿지만, 다소 시간이 걸릴 것입니다. 금융 서비스 및 여타 기업과 같이 헬스케어 기업은 높은 통제 수준을 가지고 가장 중요한 수준의 기밀성을 현재 개방형 탈중앙화 블록체인에서 유지하기는 불가능할 것입니다. 다양한 비즈니스 사용 사례에서 승인된 블록체인이 이상적으로 최적화되는 것은 명백한 사실입니다. 가장 큰 보안을 제공하는 모델이 분명하더라도 회사가 좀 더 전통적인 블록체인 모델에 만족하는 데 시간이 걸릴 것입니다.

통제에 대한 선호가 손상받고 자해하는 편견이 될 수 있는 곳을 비판적으로 검사하는 것은 중요합니다. 개방적이고 탈중앙화된 블록체인은 계속해서 관심을 가집니다. 상위 2개의 암호화폐는 시가 총액이 650억 달러입니다. 또한 가상화폐공개^{ICO, Initial Coin Offering}의 새로운 경향은 주로 오픈소스의 탈중앙화 블록체인 플랫폼에 대한 크라우드펀딩을 통해 10억 달러 이상을 모금합니다. 이러한 공개 플랫폼에 대한 압도적인 관심과 금융 지원은 무시할 수도 무시해서도 안 될 대상입니다. 개인과 비즈니스 모두에 대해 소유권, 네트워크 통제, 공통의 선을 지원하는 인프라에 대한 자금 조달 개념을 다르게 생각할 거대한 기회를 제공합니다. 이것은 현재 기업주의^{corporatocracy}에 도전하는 자금 조달 플랫폼에서 매우 중요해질 것입니다. 헬스케어 분야에서 진정한 고객 측면의 건강과 웰빙을 목적으로 하는 대규모 인프라 프로젝트에 자금을 투자할 수 있습니다. 그것은 강력합니다. 그리고 전통적인 수단을 통해 어떻게 자금을 모집하는지 상상하기 어렵습니다.

블록체인에서 기밀 거래와 PHI의 기술적 문제 측면에서 설정의 경우 개방형 네트워크에서 운영하는 헬스케어 비즈니스의 전망은 많은 비즈니스에 진정한 위협입니다. 헬스케어 네트워크에 대한 중앙화, 통합, 끊임없는 통제는 미국 건강보험개혁법^{Affordable Care}^{Act} 도입 이후 업계에서 수십 년간 지배적인 비즈니스 전략이었습니다. 헬스케어 분야의 비즈니스 성공은 주로 생명보험, 의약품, 보험금 청구, 특수 네트워크, 외래 환자 시설 및 용품에 중점을 둔 가치 사슬에 대한 더 강화된 통제에서 나옵니다. 오늘날 가치 사슬 참여자가 추출한 많은 가치는 분명합니다. 개방형 블록체인 솔루션은 이러한 관계를 보여주고, 더 가볍고 더 민첩한 부가가치를 가진 행위자로 다시 중개를 할 수 있게 합니다. 블록체인 기술이 헬스케어 산업에 제기한 불편한 질문은 개방적이고 탈중앙화된 네트워크가 진실한 부가가치를 주는 헬스케어 서비스를 제공한다는 틀에 얽매이지 않는 기회라는 것입니다.

비크람: 블록체인이 성숙할 때, 주요 가치가 생성되는 것을 어디에서 확인할 수 있습니까? 아키텍처 수준으로 가치를 생성하고 포착하는 팻 프로토콜에 대해 이전에 말했습니다. 그러면 네트워크는 무엇입니까?

존: 오늘날 헬스케어 산업에서 네트워크를 소유하는 것과 운영하는 것은 궁극적인 비즈니스 목표입니다. 헬스케어 서비스의 소비자는 매우 작은 시장의 힘을 갖고 있습니다. 따라서 오늘날 헬스케어 네트워크를 정의하는 비밀스럽고 불투명한 계약 관계로 제한된 선택을 가집니다. 소비자는 자신의 제공자 및 서비스 네트워크를 구성할 수 없습니다. 가격 면에서나 다른 부가가치 서비스에서 협상을 할 수 없음을 의미합니다. 대신 소비자는 '조정'을 하고 있습니다. 그러지만 헬스케어 서비스의 개방형 탈중앙화 시장은 소비자가 합리적인 경제 결정을 하는 데 있어 자유로울 수 있습니다. 현상 유지와 탈중앙화 네트워크 사이의 근본적인 차이점은 다음과 같습니다. 탈중앙화 네트워크를 운영하는 것은 그 자체가 비즈니스는 아닙니다.

지금까지 헬스케어는 플랫폼 운동에 대항했습니다. 짧은 기간에 우버, 에어비앤비 등이 일부 전통적인 산업을 혼란에 빠뜨리는 것을 지켜봤습니다. 헬스케어 지도자는 기존 헬스케어 가치 가슬이 너무 복잡하고 너무 규제적이며 실패에 매우 민감하다는 사실에 어쩌면 안도하면서 그러한 시장 변화를 지켜보고 있습니다. 이러한 추측으로 쉬고 있는 것은 실수일 것입니다. 비용은 지속 불가능해지고 소비자는 다른 방법을 요구할 것입니다.

개방형 블록체인 플랫폼은 헬스케어가 인식하고 받아들여야 할 새로운 현실입니다. 해시드 헬스는 이러한 방향으로 움직이는 계획을 갖고 있고, 개방형 솔루션에 대한 홍보를 지속적으로 할 것입니다. 이러한 시스템, 프로토콜, 도구는 빠르게 성숙하고 있고, 사라지지 않을 것입니다. 경제적 생존 능력을 입증할 것입니다. 플랫폼 자체는 오픈소스 소프트웨어 기반입니다. 현재 비영리 재단 같은 조직은 이러한 플랫폼 개발 착수를 위해 충분한 자금 모금을 위한 수단을 갖고 있습니다. 진정한 자급자족 플랫폼 형태로 진행 중인 운영에 자금 지원으로 보상과 수수료 구조를 구현할 수 있습니다. 일반적인 거래 시스템을 지원하는 탈중앙화 네트워크에 대한 핵심적인 블록체인 혁신은 플랫폼을 단일 개체의 중앙 통제로 유지할 수 있습니다. 개방형 거버넌스 모델은 계속해서 재정의되고 있습니다.

제공되는 서비스의 경제적 기본으로 개방형 네트워크의 가치를 정의합니다. 반대로 헬스케어 산업의 폐쇄형 생태계는 선택의 제한으로 실제 가치를 왜곡하는 것으로 번창하고 있는 것처럼 보입니다. 매우 높은 비용과 값비싼 관리 비효율은 어떤 의미에서 네트워크 자체를 통한 통제의 필요성으로 설계된 것입니다. 기본 플랫폼 자체를 포기함으로써 헬스케어 기업은 가치 있는 서비스의 오버헤드 및 관리 비용을 훨씬 낮춰 경제적인 보상을 받습니다.

가장 중요한 것은 프라이버시와 규제 고려사항에도 불구하고 개방형 탈중앙화 네트워크가 헬스케어와 기본적으로 맞지 않는다는 점입니다. 기술적 장벽은 곧 '영 지식 증명'과 기밀 블록체인 거래를 수행하는 다른 수단과 같이 혁신에 대한 방향을 제시할 것입니다. 실제 장벽은 시대에 뒤떨어지게 될 확고한 비즈니스 정신입니다. 그것이 문제는 아닙니다. 그렇지만 개방형 헬스케어 네트워크가 자리 잡을 때가 문제입니다. 단기적으로 가치를 설명하고 대화를 앞당기기 위해 사설 네트워크가 필요합니다. 해시드는 이러한 네트워크 개발의 선도자가 될 것입니다. 해시드는 개발형 블록체인이 가장 파괴적이고 효과적인 솔루션을 제공한다는 최종 현실에 단계별 접근 방식을 취할 것입니다. 가장 큰 기회를 얻을 수 있는 곳은 네트워크의 불안한 통제를 포기할 수 있는 기업입니다.

비크람: 마지막으로, 최근 가상화폐공개 열풍에 대해 말씀해주십시오. 모든 블록체인 회사가 1990년대 말 무렵에 대한 기억이 있는 가상화폐공개를 시도하려 합니다. 해시드 헬스가 가상화폐공개를 할 예정입니까? 토큰은 무엇이며 어떻게 사용합니까?

존: 우리는 토큰화에 있어서도 전문성을 개발했습니다. 하나 이상의 제품이 의미를 갖게 되고 토큰 중심 아키텍처를 갖는 것에 대한 믿음이 있습니다. 토큰 공개의 개념은 매우 흥미롭습니다. 왜냐하면 공중 보건을 위한 인프라 개념에 자금 모집의 잠재력을 지니고 있기 때문입니다. 효과적으로 설계된 토큰은 또한 헬스케어에서 지능적인 가치 교환에 대한 약속을 이행하는 데 도움이 될 수 있습니다. 프로그램 가능한 지불은 오늘날 헬스케어에서 금전 흐름을 개선하는 믿을 수 없는 기회입니다. 그리고 의사와 환자의 행동에 관해 오랫동안 놓치고 있는 더 좋은 인센티브 구조를 만들고 있습니다. 라수 쉬레스타[Rasu Shrestha] 박사는 다음과 같이 말했습니다. "일과의 마지막에서 혁신은 실제 행동의 변화에 대한 것입니다. 그것은 임상의가 주문을 하거나 방사선 전문의가 특정 진단을 하거나 전화를 거는 것이고, 환자가 머핀을 먹지 말고 샐러드를 먹을 것인지 대한 것입니다. 혁신은 행동의 변화에 관한 것입니다."(https://www.healthcare-informatics.com/article/upmc-s-rasu-shrestha-innovation-about-behavior-change-technology-should-be-invisible 참조)

우리는 가상화폐공개 광풍에 뛰어들지 않습니다. 시간을 가지고 토큰 메커니즘이 제품에 필수적인지 확인합니다. 토큰을 사용하는 사람들의 손에 맡기는 동시에 구성원의 이익을 충족시키는 방식으로 토큰을 판매합니다. 어떤 사람도 이런 혁신의 힘을 무시할 수 없습니다. 전 세계 어느 곳이든 엔지니어 팀은 오늘날 존재하는 것을 넘어 명확한 이익과 함께 안전한 금융 시스템을 사용하게 할 수 있습니다. 전통적인 시스템과 기존 기금으로 운영되는 스타트업이 경쟁하는 것을 어렵게 만드는 모델입니다.

몇몇 사용 사례와 협력관계가 토큰화 기회를 준다고 확신합니다. 지금 갖고 있는 것보다 새롭고 훨씬 좋은 컨테이너로서 토큰을 보고 있습니다. 헬스 산업에서 회사와 토큰

간에 부각되고 있는 관계에 굉장한 관심과 흥미를 갖고 있습니다. 또한 토큰 배포 개념, 특히 거버넌스 및 조정 모델의 영역에서 동일한 협력 원칙을 적용할 수 있는지 여부를 관심 있게 보고 있습니다.

　해시드 헬스가 전달하는 가치는 시장 및 제품 구축 단계에서 간단하고 필수적입니다. 해시드 헬스는 환자를 우선 고려대상으로 생각하는 첫 번째 헬스케어 회사입니다. 우리 팀은 헬스케어 기술에 있어 평균 15년의 경험을 쌓아왔습니다. 헬스케어를 알고 있고 블록체인의 가능성과 헬스케어 분야의 도전과제를 연결할 수 있습니다. 이런 연결은 실제 헬스케어에 블록체인을 활용한 좋은 사례입니다. 둘째, 기술이 빠르게 변화하고 있는 세계에서 특정 기술에 소비자를 묶어 놓지 않습니다. 모든 프로토콜이나 미들웨어 솔루션이 특정 비즈니스 문제에 완벽하지는 않습니다. 해시드에서 프로토콜은 문제를 지원합니다. 셋째, 우리의 협력적인 접근 방식은 위험을 낮추고 프로젝트의 성공 가능성을 높여줍니다. '그것을 만들면, 그들이 올 것이다' 모델은 값비싼 학교 교육의 결과입니다. 성공을 중심으로 구성된 협력자 네트워크를 통해 비용과 보상을 분배할 수 있는 더 좋은 경로가 있습니다. 구축한 탈중앙화 헬스 솔루션의 정신에 맞춘 회사 및 비즈니스 모델을 만들었습니다. 함께 혁신할 것이며 함께 의미 있고 생산적인 사용을 촉진할 것입니다. 그리고 헬스케어에서 블록체인의 잠재력을 실현할 것입니다.

부록 B

참고문헌

부록 B에는 각 장을 준비하는 데 사용한 상세한 참고문헌을 실었다.

1장

1. Nakamoto, Satoshi. "Bitcoin: A peer-to-peer electronic cash system." (2008): 28.

2. Nakamoto, Satoshi. "Re: Bitcoin P2P e-cash paper." The Cryptography Mailing List (2008).

3. Velde, François. "Bitcoin: A primer." Chicago Fed Letter Dec (2013).

2장

1. Böhme, Rainer, Nicolas Christin, Benjamin Edelman, and Tyler Moore. "Bitcoin: Economics, technology, and governance." The Journal of Economic Perspectives 29, no. 2 (2015): 213-238.

2. Bulkin, Aleksandr. "Explaining blockchain—how proof of work enables trustless consensus." Keeping Stock. May 3, 2016. https://keepingstock.net/

explaining−blockchain−how−proof−of−work−enables−trustless−
consensus−2abed27f0845.

3. Kroll, Joshua A., Ian C. Davey, and Edward W. Felten. "The economics of
Bitcoin mining, or Bitcoin in the presence of adversaries." In Proceedings of
WEIS, vol. 2013. 2013.

4. Nielsen, Michael. "How the Bitcoin protocol actually works." Data−driven
Intelligence. December 6, 2003. http://www.michaelnielsen.org/ddi/how−
the−bitcoin−protocol−actually−works/.

5. O'Dwyer, Karl J., and David Malone. "Bitcoin mining and its energy
footprint." (2014): 280−285.

3장

1. "Bitcion Developer Reference." https://bitcoin.org/en/developer−guide.

2. Becker, Georg. "Merkle signature schemes, merkle trees and their
cryptanalysis." Ruhr−University Bochum, Tech. Rep. (2008).

3. Franco, Pedro. Understanding Bitcoin: Cryptography, engineering and
economics. John Wiley & Sons, 2014.

4장

1. Buterin, Vitalik. "Ethereum: A next−generation smart contract and
decentralized application platform." URL: https://github.com/ethereum/wiki/
wiki/White−Paper (2014).

2. Delmolino, Kevin, Mitchell Arnett, Ahmed Kosba, Andrew Miller, and Elaine
Shi. "A programmer's guide to ethereum and serpent." URL: https://mc2−
umd.github.io/ethereumlab/docs/serpent_tutorial.pdf (2015).

3. Ethereum Community. "Ethereum Homestead Documentation." Readthedocs.
March 1, 2017. https://media.readthedocs.org/pdf/ethereum−homestead/

latest/ethereum-homestead.pdf.

4. Wood, Gavin. "Ethereum: A secure decentralised generalised transaction ledger." Ethereum Project Yellow Paper 151 (2014).

5장

1. Atzori, Marcella. "Blockchain technology and decentralized governance: Is the state still necessary?." (2015).

2. Cuende, Luis, and Jorge Izquierdo. "Aragon Network: A Decentralied Infrastructure For Value Exchange." GitHub. April 20, 2017. https://github.com/aragon/whitepaper/blob/master/Aragon%20Whitepaper.pdf.

3. Merkle, R., 2015. DAOs, Democracy and Governance.

7장

1. Bonomi, Flavio, Rodolfo Milito, Jiang Zhu, and Sateesh Addepalli. "Fog computing and its role in the internet of things." In Proceedings of the first edition of the MCC workshop on Mobile cloud computing, pp. 13-16. ACM, 2012.

2. Bylica, Paweł, L. Glen, Piotr Janiuk, A. Skrzypcaz, and A. Zawlocki. "A Probabilistic Nanopayment Scheme for Golem." (2015).

3. Dannen, Chris. "Smart Contracts and Tokens." In Introducing Ethereum and Solidity, pp. 89-110. Apress, 2017.

4. IEx.ec Team. "Blueprint For a Blockchain-based Fully Distributed Cloud Infrastructure." iEx.ec project. March 18, 2017. https://iex.ec/app/uploads/2017/04/iExec-WPv2.0-English.pdf.

5. Merriam, Piper. "Ethereum Computation Market 0.1.0 documentation." 2016. http://docs.ethereum-computation-market.com/en/latest/.

6. SOMN Team. "Supercomputer organized by network mining." SONM. March 19, 2017.

7. Teutsch, Jason, and Christian Reitwießner. "A scalable verification solution for blockchains." (2017).

8장

1. Aarts, A. A., J. E. Anderson, C. J. Anderson, P. R. Attridge, A. Attwood, and Anna Fedor. "Estimating the reproducibility of psychological science." Science 349, no. 6251 (2015): 1–8.

2. Baker, Monya. "1,500 scientists lift the lid on reproducibility." Nature News 533, no. 7604 (2016): 452.

3. Begley, C. Glenn, and John PA Ioannidis. "Reproducibility in science." Circulation research 116, no. 1 (2015): 116–126.

4. Dreber, Anna, Thomas Pfeiffer, Johan Almenberg, Siri Isaksson, Brad Wilson, Yiling Chen, Brian A. Nosek, and Magnus Johannesson. "Using prediction markets to estimate the reproducibility of scientific research." Proceedings of the National Academy of Sciences 112, no. 50 (2015): 15343–15347.

5. Etz, Alexander, and Joachim Vandekerckhove. "A Bayesian perspective on the reproducibility project: Psychology." PLoS One 11, no. 2 (2016): e0149794.

6. Gezelter, J. Daniel. "Open source and open data should be standard practices." (2015): 1168–1169.

7. Open Science Collaboration. "Estimating the reproducibility of psychological science." Science 349, no. 6251 (2015): aac4716.

8. Pashler, Harold, and Eric-Jan Wagenmakers. "Editors' introduction to the special section on replicability in psychological science: A crisis of confidence?." Perspectives on Psychological Science 7, no. 6 (2012): 528–530.

9. Scannell, Jack W., and Jim Bosley. "When quality beats quantity: decision theory, drug discovery, and the reproducibility crisis." PloS one 11, no. 2 (2016): e0147215.

9장

1. Dubovitskaya, Alevtina, Zhigang Xu, Samuel Ryu, Michael Schumacher, and Fusheng Wang. "How Blockchain Could Empower eHealth: An Application for Radiation Oncology." In VLDB Workshop on Data Management and Analytics for Medicine and Healthcare, pp. 3–6. Springer, Cham, 2017.

2. Emily Vaughn. "A Universal Library for Health Care: Health Data Meets Blockchain Technology." Gem HQ Blog. June 20, 2016. https://blog.gem.co/blockchain−health−data−library−e53f930dbe93.

3. Ekblaw, Ariel, Asaph Azaria, John D. Halamka, and Andrew Lippman. "A Case Study for Blockchain in Healthcare: "MedRec" prototype for electronic health records and medical research data." In Proceedings of IEEE Open & Big Data Conference. 2016.

4. Mettler, Matthias. "Blockchain technology in healthcare: The revolution starts here." In e−Health Networking, Applications and Services (Healthcom), 2016 IEEE 18th International Conference on, pp. 1–3. IEEE, 2016.

5. Kuo, T. T., C. N. Hsu, and L. Ohno−Machado. "ModelChain: Decentralized Privacy−Preserving Healthcare Predictive Modeling Framework on Private Blockchain Networks." In ONC/NIST Blockchain in Healthcare and Research Workshop, pp. 26–7. 2016.

6. Yue, Xiao, Huiju Wang, Dawei Jin, Mingqiang Li, and Wei Jiang. "Healthcare data gateways: found healthcare intelligence on blockchain with novel privacy risk control." Journal of medical systems 40, no. 10 (2016): 218.

10장

1. Cachin, Christian. "Architecture of the Hyperledger blockchain fabric." In Workshop on Distributed Cryptocurrencies and Consensus Ledgers. 2016.

2. Chen, Lin, Lei Xu, Nolan Shah, Zhimin Gao, Yang Lu, and Weidong Shi. "On Security Analysis of Proof-of-Elapsed-Time (PoET)." In International Symposium on Stabilization, Safety, and Security of Distributed Systems, pp. 282-297. Springer, Cham, 2017.

3. Manuel Garcia. "Introduction to Blockchain and the Hyperledger Project." SlideShare. May 6, 2016. https://www.slideshare.net/ManuelGarcia122/introduction-to-blockchain-and-the-hyperledger-project.

4. Morgen Peck. "Do You Need a Blockchain?" IEEE Spectrum. September 29, 207. https://spectrum.ieee.org/computing/networks/do-you-need-a-blockchain.

5. Prisco, Giulio. "Intel develops 'Sawtooth Lake' distributed ledger technology for the Hyperledger project." Bitcoin Magazine (2016).

6. Sankar, Lakshmi Siva, M. Sindhu, and M. Sethumadhavan. "Survey of consensus protocols on blockchain applications." In Advanced Computing and Communication Systems (ICACCS), 2017 4th International Conference on, pp. 1-5. IEEE, 2017.

7. Sebastien Meunier. "When do you need blockchain? Decision models." Medium. August 4, 2016. https://medium.com/@sbmeunier/when-do-you-need-blockchain-decision-models-a5c40e7c9ba1.

8. Tracy Kuhrt. "Oscon 2017: Contributing to Hyperledger." SlideShare. May 12, 2017. https://www.slideshare.net/tkuhrt/oscon-2017-contributing-to-hyperledger.

9. Underwood, Sarah. "Blockchain beyond bitcoin." Communications of the ACM 59, no. 11 (2016): 15-17.

10. Vukolić, Marko. "Rethinking Permissioned Blockchains." In Proceedings of the ACM Workshop on Blockchain, Cryptocurrencies and Contracts, pp. 3–7. ACM, 2017.

11. Wüst, Karl, and Arthur Gervais. "Do you need a Blockchain?." IACR Cryptology ePrint Archive 2017 (2017): 375.

11장

1. Bob Summerwill, and Shahan Khatchadourian. "Enterprise Ethereum Alliance Technical Roadmap." Ethereum Enterprise Alliance. February 28, 2017. https://bobsummerwill.files.wordpress.com/2017/02/enterprise-ethereum-technical-roadmap-slides-final.pdf.

2. Chain Team. "Chain Protocol Whitepaper." Chain Developer Documentation. 2017. https://chain.com/docs/1.2/protocol/papers/whitepaper.

3. Chain Team. "The Ivy Language." Chain Developer Documentation. 2017. https://chain.com/docs/1.2/ivy-playground/docs.

4. Daniel Larimer. "EOS.IO Technical White Paper." GitHub. June 26, 2017. https://github.com/EOSIO/Documentation/blob/master/TechnicalWhitePaper.md.

5. David Voell. "Quorum Architecture." GitHub. October 16, 2017. https://github.com/jpmorganchase/quorum-docs/blob/master/Quorum_Architecture_20171016.pdf.

6. David Voell. "Quorum Whitepaper." GitHub. November 22, 2016. https://github.com/jpmorganchase/quorum-docs/blob/master/Quorum%20Whitepaper%20v0.1.pdf.

7. David Voell. "Quorum Blockchain: Presentatino to Hyperledger Project." GitHub. November 21, 2016. https://github.com/jpmorganchase/quorum-docs/blob/master/Blockchain_QuorumHyperledger_20160922.pdf.

8. Ian Grigg. "EOS – An Introduction." EOS. July 5, 2017.

에이콘출판의 기틀을 마련하신 故 정완재 선생님 (1935-2004)

블록체인 기술과 혁신적 서비스 개발 활용

비트코인, 이더리움 기술 그리고 ICO, 암호화폐, 헬스케어, 오픈 사이언스까지

발 행 | 2019년 1월 2일

지은이 | 비크람 딜론 · 데이비드 멧칼프 · 맥스 후퍼
옮긴이 | 차 연 철

펴낸이 | 권 성 준
편집장 | 황 영 주
편 집 | 이 지 은
디자인 | 박 주 란

에이콘출판주식회사
서울특별시 양천구 국회대로 287 (목동)
전화 02-2653-7600, 팩스 02-2653-0433
www.acornpub.co.kr / editor@acornpub.co.kr

한국어판 ⓒ 에이콘출판주식회사, 2019, Printed in Korea.
ISBN 979-11-6175-234-1
http://www.acornpub.co.kr/book/blockchain-application

이 도서의 국립중앙도서관 출판시도서목록(CIP)은 서지정보유통지원시스템 홈페이지(http://seoji.nl.go.kr)와
국가자료공동목록시스템(http://www.nl.go.kr/kolisnet)에서 이용하실 수 있습니다.(CIP제어번호: CIP2018037828)

책값은 뒤표지에 있습니다.